世纪波
Century Wave

用管理驱动销售

Drive Sales with Management

构建支持战略的销售体系

孙宏伟 著

電子工業出版社
Publishing House of Electronics Industry
北京 · BEIJING

图书在版编目（CIP）数据

用管理驱动销售：构建支持战略的销售体系 / 孙宏伟著. —北京：电子工业出版社，2020.11

ISBN 978-7-121-39851-3

Ⅰ. ①用… Ⅱ. ①孙… Ⅲ. ①销售管理—研究 Ⅳ.①F713.3

中国版本图书馆 CIP 数据核字（2020）第 207998 号

责任编辑：卢小雷　　　　特约编辑：田学清
印　　刷：三河市鑫金马印装有限公司
装　　订：三河市鑫金马印装有限公司
出版发行：电子工业出版社
　　　　　北京市海淀区万寿路 173 信箱　　　邮编：100036
开　　本：720×1000　1/16　印张：15.25　　字数：325.1 千字
版　　次：2020 年 11 月第 1 版
印　　次：2020 年 11 月第 1 次印刷
定　　价：66.00 元

凡所购买电子工业出版社图书有缺损问题，请向购买书店调换。若书店售缺，请与本社发行部联系，联系及邮购电话：（010）88254888，88258888。

质量投诉请发邮件至 zlts@phei.com.cn，盗版侵权举报请发邮件至 dbqq@phei.com.cn。

本书咨询联系方式：（010）88254199，sjb@phei.com.cn。

谨以此书献给销售管理者，

期望本书能够为他们的销售管理工作提供些许帮助，

为企业的组织发展提供更好的驱动力。

销售体系结构图

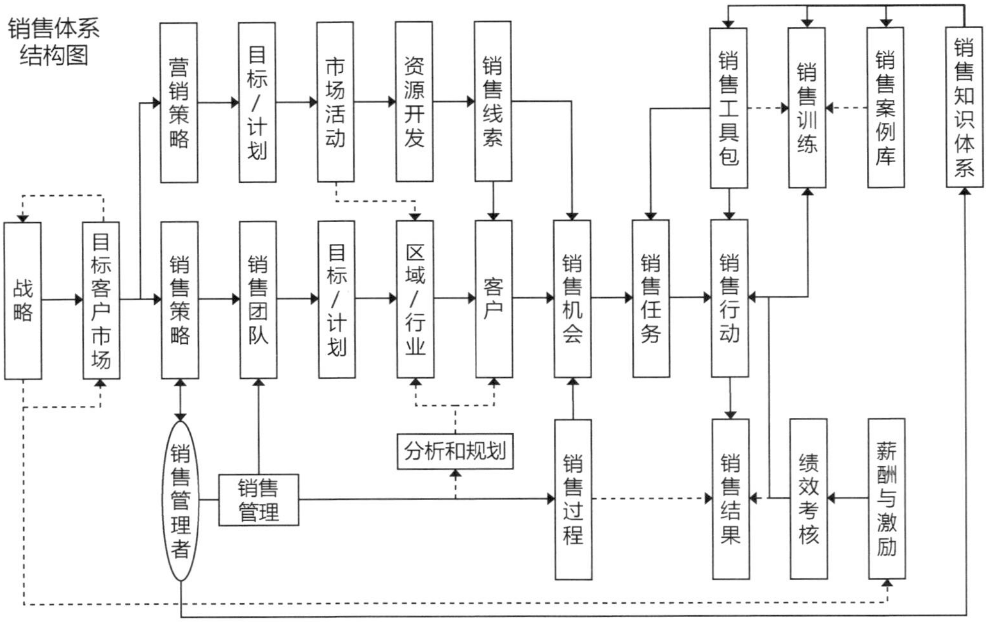

战略
目标客户市场
营销策略
目标/计划
市场活动
资源开发
销售线索
销售策略
销售团队
目标/计划
区域/行业
客户
销售机会
销售任务
销售行动
销售工具包
销售训练
销售案例库
销售知识体系
销售管理者
销售管理
分析和规划
销售过程
销售结果
绩效考核
薪酬与激励

前 言

为了使本书对企业的销售组织建设发挥更好的作用，我们专门设计了一套“企业销售组织健康度评估测试”。此前，结合本套评估测试，我们进行过一次小规模的测试，我们将借助该测试的结果及对其的解读先与大家一起来了解一下本书的主要内容。

在本次测试中，我们一共拿到了 32 份有效问卷，企业销售组织健康度评估测试的总体得分情况如图 0.1 所示。

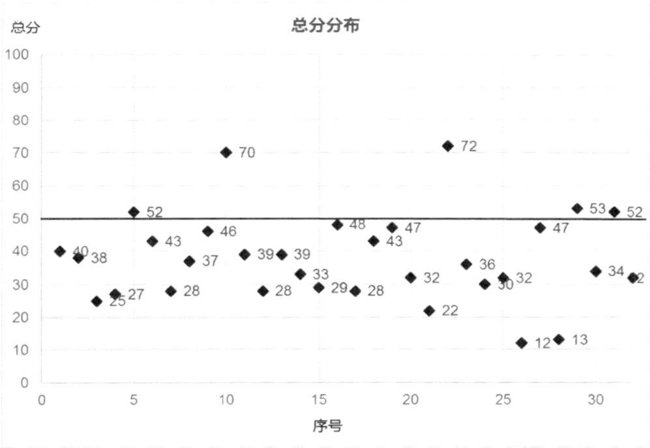

图 0.1

虽然测试结果不太理想，但是我们认为这基本符合目前国内企业销售组织的情况。

另外，在测试中出现了一个有趣的现象。我们在最后提了一个主观问题：“您填写时的感受如何？”打分越高的人，越觉得在答完题之后能引发他的思考；而打分越低的人，越觉得题目的设置有问题。

这恰恰反映了我们想说的第一个重点：这套评估测试不是用得分来判断企业销售组织的健康度，而是看企业销售管理者的意识状态是怎样的。

在本书中，我们提到一个核心观点：体系化的销售管理不是职位的设置，而是在销售管理者的头脑中有一种销售体系的意识。只有想到了，想对了，才有可能做对。

如图 0.2 所示，我们从以下五个维度对企业的销售组织进行了评估：

- 主脉络（战略—销售策略—销售机会—销售任务—销售行为）。
- 销售管理。
- 市场营销。
- 销售建设（销售人员培养）。
- 销售支持（销售绩效）。

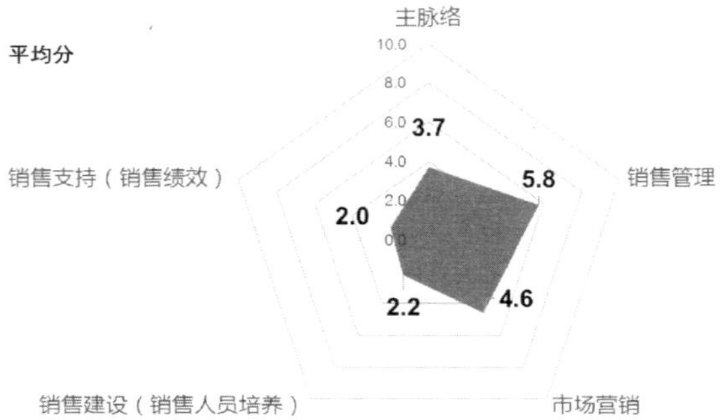

图 0.2

得分比较高的两家公司如图 0.3、图 0.4 所示。

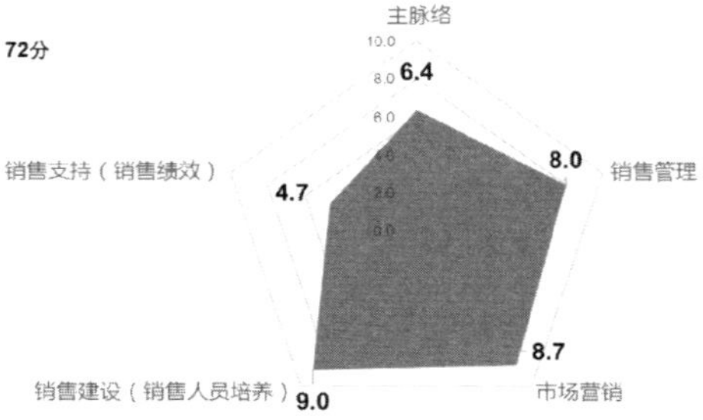

图 0.3

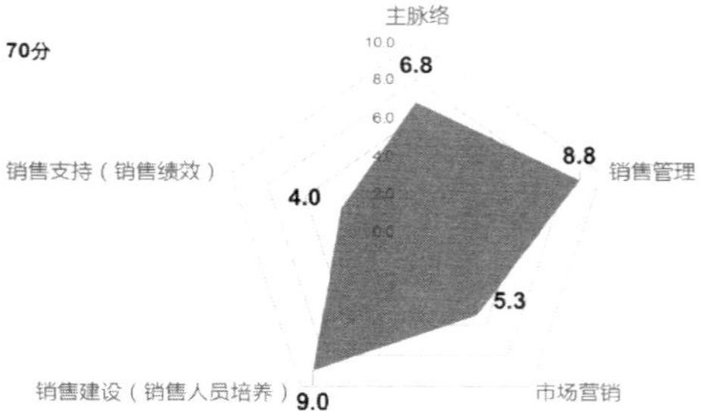

图 0.4

在测试的时候，这五个维度的重要性并不是相同的，其关系也不是孤立的。其中，“战略—销售策略—销售机会—销售任务—销售行为”这条主脉络是核心。我们认为，如果一个销售团队不能认可公司的战略，不能制定相应的团队销售策略，不能明确关键的销售任务，不清楚有效的销售行为，就不能很好地为企业创造利润。不明晰公司的战略，甚至对公司的战略有误解，没有相应的策略，都是造成销售团队效率低下的重要因素。所以，方向正确是非常重要的事情。

图 0.5 显示了得分大于 45 分的前九家公司的五维度评估对比图。通过对比图我们发现，大部分公司在主脉络方面的得分还是不错的。

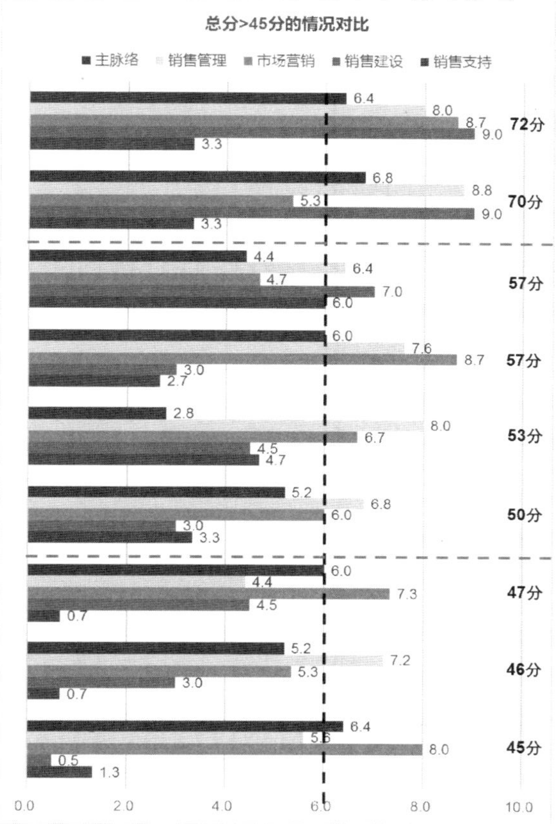

图 0.5

从图 0.6 所示的主脉络得分中我们可以看出，各家公司的情况各不相同，甚至出现了一个负分。在这里，有一个真实的故事可以分享给大家。在 2018 年年初，一家公司组织了中层领导就公司 2018 年十大重点事务进行了为期一天的讨论，然后把讨论结果拿给领导看。看了讨论结果后，领导大怒，因为有六项评估的结果与领导的认识是不同的。大家想想，如果没有这次沟通，发现不了这些差异，在后面的实际执行过程中会出现什么情况呢？领导觉得你懂了，你也觉得自己懂了，可是怎么做都不对，领导还不满意。所以，主脉络搞不清楚，做其他事都是在做“无用功”。不过，在实践过程中，我们可以用其他方法在某种程度上解决这个问题，那就是加强销售管理工作。

从图 0.7 中我们不难看出，各家公司的销售管理得分还是不错的。销售管理也是五维度评估中得分最高的一个维度。但是，这五个维度不是孤立的，是有联系的，如果销售管理的得分高，但是市场营销维度、销售建设维度、销售支持维度的得分太低的话，那么销售管理工作也会面临很多困难。对于销售人员而言，销售管理可能是一种负面压力，尽管你的管理方法和手段是对的。

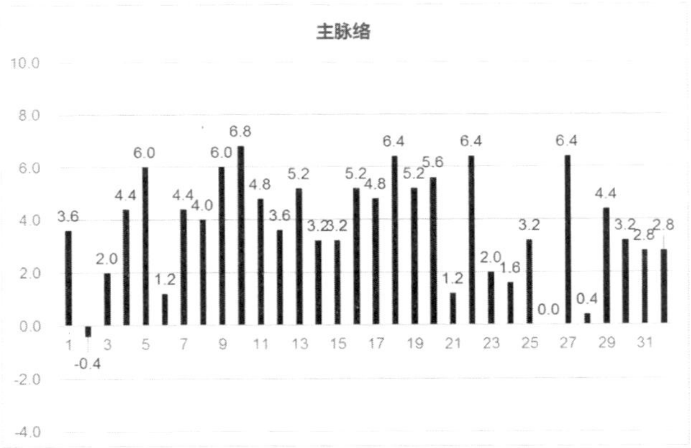

图 0.6

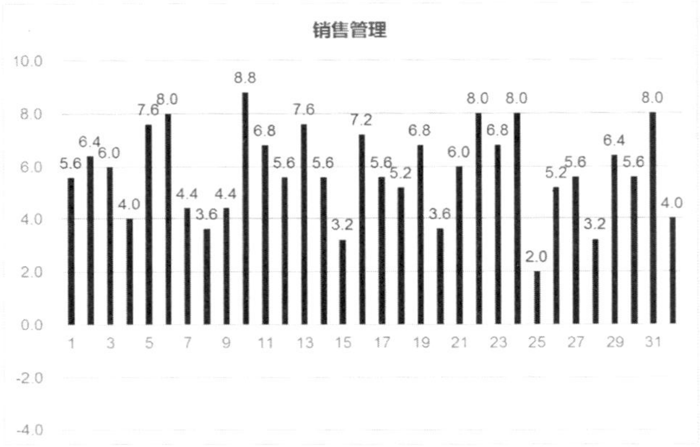

图 0.7

大家可以看看两家五维度得分较高的公司（见图 0.3 和图 0.4）。这两家公司在主脉络得分还可以的情况下，销售管理得分非常高，而且销售建设得分也比较高，甚至两家公司的市场营销得分也比较高（得分最高的公司比较特殊，其团队只有销售总监和销售人员两人）。

这就是我们要说的第二个重点：销售管理是体系化的，不是单纯靠在某个维度发力就能变好的。

接下来，我们看看市场营销维度。从图 0.8 可以看出，对于大多数面向企业客户进行销售的企业，在市场营销方面的工作主要还是开展会和印制宣传册，缺少有效的市场活动。B2B 市场营销的主要任务包括：

- 提升产品品牌在客户和用户中的认可度和接受度。
- 针对具体的目标客户和行业展开相应的市场推广活动，如展会、研讨会、路演等。

- 通过各种渠道获取更多的商机和销售线索，如行业协会、客户商会、合作伙伴等。
- 为销售队伍提供各种辅助性资源支持，如政府、行业协会、行业领军人物等。
- 提供目标市场发展动向、趋势的反馈；将这些信息提供给产品研发部门和销售人员做参考。
- 引领（区域或行业性）行业发展（标准、趋势），并引导客户共同发展。

我们曾经在 2016 年帮助一个客户做了一次直播形式的市场活动，第一次直播就有 2400 人同时在线，真的超出了我们的预期。一直到现在，该客户每周都会做一次直播形式的市场活动，基本上都有一千多人在线。活动很简单，就是专业交流，这也使该客户的市场竞争力大大加强。

如果市场活动跟不上，销售线索拿不到，销售人员将更多的精力放到了挖掘线索上，怎么能够提升销售效率和效果呢？这就是我们为什么说，销售管理者在接手业务后，首先要做的是与领导达成战略共识，其次分析、规划目标市场，最后制定销售策略。只有这样，销售人员行动起来才有方向，有了反馈之后才能够有对照的依据。

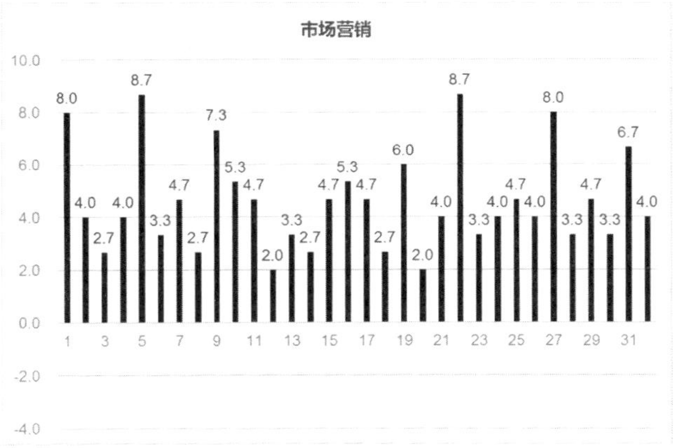

图 0.8

图 0.9 给出了销售建设（销售人员培养）维度的得分情况。从测试结果来看，这也是得分分化最大的一个维度。

很多销售管理者觉得销售人员这不行、那不好，这真的是因为销售人员的业绩不行吗？“其实，是因为他们不会，甚至不愿意去帮助销售人员，因为那样会很累，帮助别人和自己做单子是两回事。”这是我发的一条朋友圈，主要想说：对于销售管理者来说，管理销售团队和培养销售人员所需要的能力是不同的。我们在课上做销售教练演练的时候，最大的问题就是在五步练习过程中，基本上到第三步，销售管理者就回到了平时的销售管理状态，也就是给销售人员出主意，甚至大包大揽地进行指点、决策，而不是开发销售人员的自我思考能力。

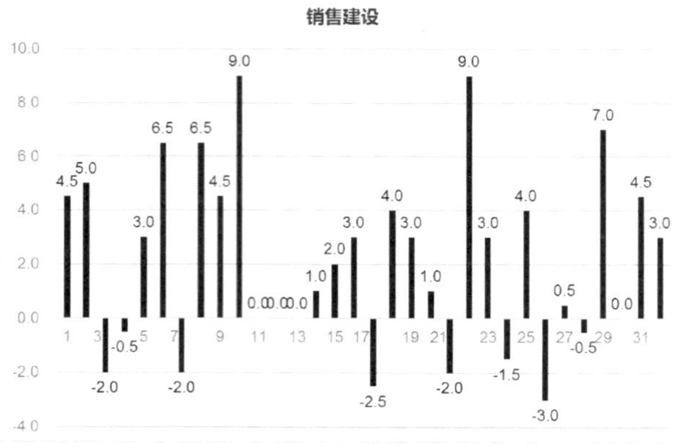

图 0.9

大家都说招聘难，当然了，好的销售人员要的薪资一定高。那么怎么办，只能自己培养。阿里巴巴的“中供系”很牛的原因在于，其销售人员都是自己培养出来的。“中供系”的“百日大学”用一半以上的时间来统一价值观和文化，不合格的人员被淘汰，留下来的人自然愿意接受培养和管理，然后即便用再笨的办法（一直灌输）都会有成效。

这也是我们要提的第三个重点：企业的销售组织要有自己的销售方法和销售知识体系。这并不是说要像 IBM 和施乐公司一样搞一套自己的方法论，拿市面上现成的方法论进行内化就好了。此外，企业的销售组织还要有基于销售方法开发的销售工具和案例沉淀。所以，在我看来，销售建设和销售管理同样重要，销售建设做好了，销售管理就容易了。

图 0.10 给出了销售支持维度的得分情况，通过测试结果来看，这个维度的得分是五个维度中最低的。大家似乎对绩效的情况都不满意，其实，这是因为很多公司设定的指标还停留在绩效考核层面，而不是绩效管理层面。

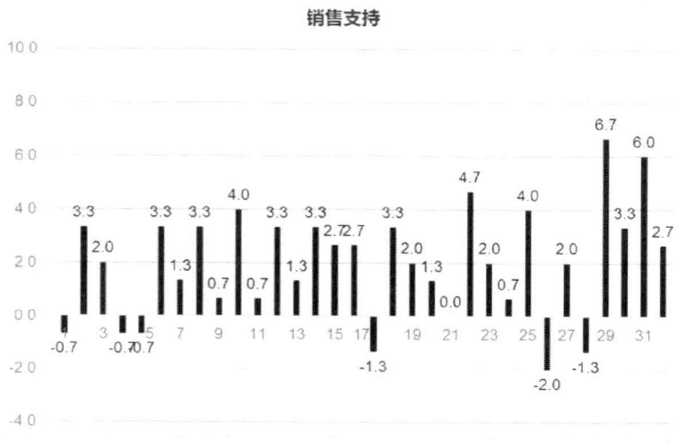

图 0.10

绩效结果=工作行为×工作态度（情绪）

工作行为=行为方向（+/−）×行为效率（%）

工作态度=主动态度（+/−）×被动态度（+/−）

绩效结果=行为方向（+/−）×行为效率（%）×［主动态度（+/−）×被动态度（+/−）］

上述公式和图 0.11 说明了绩效结果是怎样产生的。图 0.11 说明了针对绩效结果的各个影响因素，你应该怎么办。

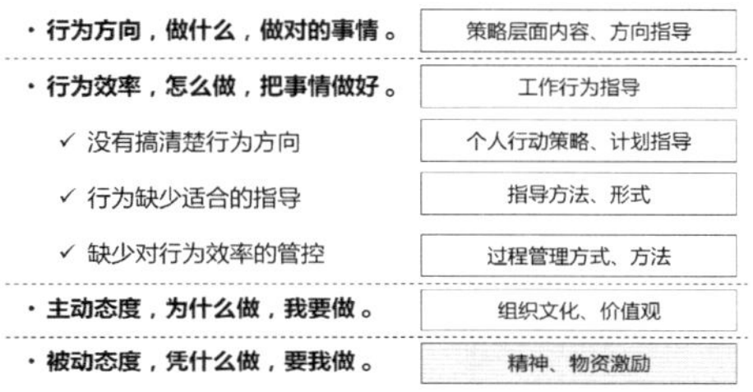

图 0.11

这五个维度之间是有联系的，单独调整其中一项，并不会使企业的销售体系变得更好，这也是为什么我们总是觉得公司的销售组织有问题，但是改来改去还是不行。因为逻辑没有梳理清楚，无论怎么改，都无济于事。

我曾经了解过一位销售人员的困惑。这位销售人员销售多种产品。2018 年，目标销售额是 800 万元，实际销售额是 1058 万元，成交量是 260 单；2019 年，目标销售额是 1500 万元……两个月过去了，该销售人员完全没感觉了。我细问之下才知道，公司来了两位新高管，上来就把他的任务翻番了，然后就让他去干。这种情况在很多公司中都存在，属于典型的“年会老板一杯酒，整年销售跑断肠”。

后来我给这位销售人员出了主意：

- 高单价产品
- 高价值客户
- 深挖老客户
- 销售行为能力

为什么要出这样的主意呢？我们先来算一下：

2018 年：4.07 万元/单；260 单/232 天=1.12 单/天

2019 年：1500 万元/4.07 万元/单=368.55 单；368.55 单/250 天=1.47 单/天

在 2018 年的基础上提升销售额显然是不现实的，所以我给销售人员提供了上述四条建议，具体解释如下。

- 无论任务额是多少，你所拥有的时间是不变的，甚至更少了。
- 任务的目标高了，就要求在单位时间内产出更高的价值。

- 什么样的价格算是高价格？去年的平均订单额是 4 万元，订单额的分布情况是什么样的？（可以用 Excel 做一下分析）那么如果我们能把平均订单额提升到 8 万元是不是会比去年干得轻松一些？
- 公司高价格的产品都有哪些？都是什么产品？它们适合的目标客户群体是什么样的？高价格的产品能给客户带来什么价值？
- 如何找到这些高价值的客户？
- 在老客户中有哪些客户适合这些高价格的产品，并有这样的需求？毕竟，促成他们成交的成本要低得多。
- 基于高价格的产品和高价值的客户，需要销售人员具备什么样的销售行为能力？在去年，你的销售行为能力有什么特点，哪些可以保留，哪些需要改善？还需要你做什么？

所以，一个销售组织要从系统的角度去思考以了解应该如何发展销售团队。

这也是我们为什么说，销售管理者在接受业务之后，先要与领导达成战略共识，然后分析、规划客户市场，最后制定销售策略。同时，针对销售目标就销售人员的销售任务和销售行为进行管理和培养。只有这样，销售人员行动起来才有方向。

最后我们要说的一点是：作为销售管理者，你要有销售体系的思维意识，但是销售体系不是一蹴而就的，要先针对重要的、紧急的问题下手，然后将销售人员的培养贯穿于日常销售工作中。

为了更好地帮助大家阅读本书，我们提供了“企业销售组织健康度评估测试”，您可以发邮件至 peixun_sun@163.com 获取链接来参与测试，并结合测试结果带着思考阅读本书。

如果需要详细的测试解读，可以将测试人员的姓名（昵称）发给作者，我们将会给予您更详细的反馈。

目录

第 1 章　销售体系的构成——销售管理者要有销售体系的意识 1
1.1　战略与销售的思考 3
1.2　企业销售队伍不堪的状况 6
1.2.1　来自客户的真实问题（1） 10
1.2.2　来自客户的真实问题（2） 11
1.3　当前企业销售体系的典型情况 13
1.3.1　病状 1：销售结果不能够支撑战略目标的达成 18
1.3.2　症状 2：销售人员抱怨客户不好找 19
1.3.3　症状 3：销售管理者对业绩提升无力 20
1.3.4　症状 4：销售团队士气不好，积极性不强 21
1.3.5　症状 5：缺乏销售管理，很多政策执行不下去 22
1.3.6　症状 6：年年招聘，销售人员不好找 23
1.3.7　症状 7：只关注结果，缺少销售行动的指导 24
第 2 章　销售体系中的主线 26
2.1　十问“打通战略—销售的脉络” 27
2.1.1　战略—销售脉络中常见的问题 28
2.1.2　十问战略—销售脉络解读 30
2.2　销售机会——销售体系的核心 33
2.2.1　销售机会的作用 35
2.2.2　销售机会的形态 37
2.3　战略解读与落地 38
2.3.1　华为的战略 38
2.3.2　战略解读工作坊 42
2.4　目标市场/客户 42
2.5　销售目标与销售策略 47
2.5.1　OGSMT 目标制定法 48
2.5.2　各层级（角度）目标之间的联系 53
2.5.3　销售策略 54

2.5.4 通用型销售策略......56
2.5.5 盘点型销售策略......58
2.6 分析——销售策略的根......60
2.6.1 销售工作开始前的分析......63
2.6.2 销售工作开始前的规划......63
2.6.3 组织“战略—销售”系统思考......66
第 3 章 销售管理——销售管理者，销售体系的发动机......69
3.1 销售管理者行为能力要求......71
3.1.1 销售管理者的主要工作职责......71
3.1.2 销售行为能力要求......72
3.2 你是什么样的销售管理者......73
3.2.1 标准型销售管理者......73
3.2.2 榜样型销售管理者......75
3.2.3 专业型销售管理者......76
3.2.4 通用型销售管理者......76
3.2.5 典范型销售管理者......77
3.3 销售管理者的一周......77
3.4 沟通——销售管理行为的核心动作......79
3.4.1 沟通之认知......81
3.4.2 沟通之倾听......83
3.4.3 沟通之提问......83
3.4.4 沟通之表达......89
3.5 销售管理者的自我修养......90
3.6 销售管理者自身的问题......95
第 4 章 销售管理——销售机会管理......99
4.1 基于阶段划分的销售过程管理......99
4.2 基于销售冰山模型的销售过程管理......105
4.3 不得不说的销售漏斗......110
4.3.1 销售漏斗......112
4.3.2 销售漏斗案例分析......118
4.4 复盘......122
4.4.1 销售工作为什么要复盘......123
4.4.2 销售应该如何复盘......123
4.4.3 销售复盘过程中应该注意的事项......126

第 5 章 销售管理——销售任务与销售行为 130
5.1 拜访客户 131
5.2 销售人员拜访客户容易出现的问题 134
5.3 销售提问，不得不说的痛 138
5.3.1 提问在拜访客户过程中的九大作用 139
5.3.2 提问在销售行动策略制定中的作用 145
5.3.3 常见的销售提问存在的六大问题 146
5.4 销售行动策略 149
5.4.1 直接销售路径 150
5.4.2 客户情绪价值路径 150
5.4.3 产品优势价值路径 151
5.4.4 客户关系价值路径 152
5.4.5 系统销售路径 153
5.4.6 制定销售行动策略 154
5.4.7 销售进程中的风险 155
第 6 章 市场策略——市场营销的作用和威力 157
6.1 B2B 销售业态的市场营销 158
6.2 销售线索 163
第 7 章 销售建设——销售辅导与培养 165
7.1 销售教练与训练 166
7.1.1 销售教练方法 169
7.1.2 开发式反馈 171
7.1.3 开发式教练 175
7.2 销售知识体系 181
7.3 没有一个销售理论完全适合你 185
7.4 场景化 190
7.5 销售案例 193
7.5.1 【销售经验交流】案例的撰写 194
7.5.2 【销售交流】案例研讨 195
7.5.3 【客户证明】案例的编写与应用 197
7.6 销售培养机制 198
第 8 章 销售支持——销售绩效与管理 202
8.1 销售团队 206
8.1.1 常见的销售团队结构 208

8.1.2 销售团队构建原则......211
8.2 销售绩效管理......212
8.3 销售人员的收入......215
8.3.1 销售收入结构设计原则......216
8.3.2 销售绩效政策示例......218
8.4 销售指标结构......221
第 9 章 销售体系梳理流程及方法......224
9.1 策略层面的梳理......224
9.2 执行层面的梳理......226
写在后面......228

第 1 章 销售体系的构成——销售管理者要有销售体系的意识

本章提要

销售是一项非常有意思的工作，所有活动几乎都指向了业绩结果这个指标；业绩好的时候“一俊遮百丑”，看不到问题所在；业绩不好的时候，矛头就指向了销售人员；可是真的是这样吗？一家公司的销售组织体系就像人体一样，虽然表现出来的是各种不适的症状，但是真正的“症结”并不在表现出来的地方，而是在体系中的某个环节；本章我们将与大家一起来看看一家公司的销售体系应该是怎样的，针对销售人员出现的问题，其“症结”究竟在哪里。

一位 2018 年的销售冠军，在面对公司制定的 2019 年销售目标的时候，经过了两个多月的努力却发现不知道如何完成这个销售目标了，并且几乎销售团队中的每个人都是这样的情况，出现这种情况的原因是什么呢？公司新来了两个高管，将销售人员 2019 年的目标任务几乎都翻倍了，结果搞得大家都不知道怎么干了，看不到完成任务的曙光。这是典型的销售管理不到位的问题，销售任务目标的制定不是数字游戏，直接将其告诉销售人员就好了。这就好比将一栋大楼的建设任务交给了建筑工人，告诉他们每个人需要垒多少砖就不管了，试想一下，这座大楼能盖起来吗？（在后面的章节会具体解读该案例。）

销售职能几乎是每个企业中必然存在的职能，也是绝大多数企业中重要的开源职能部门。如何将销售业务单元建设得更好、帮助企业实现战略目标是每个企业要从组织发展的角度思考的问题。销售的问题绝不是“重赏之下必有勇夫”“胡萝卜加大棒”就能够解决的，也不是一个经理带着一批销售人员说干就能干好的，更不是简单的勤跑动、多开会、下指标、严奖惩就一定能够见效的；一个有效的销售业务单元需要有系统、有体系地开展工作，为一线销售人员提供全方位的支持和帮助，这样销售人员才能取得好的销售业绩。

销售业绩只是一个结果，是组织销售意识的最终呈现。销售业务单元作为企业战略达成的重要职能单元，销售意识形态首先要在企业战略方向的指导下建立组织，进而指导销售业务单元的管理和销售工作的实施和促进，这个意识就是“支持战略的销售体系”，销售体系是全面展开销售和管理工作的基础。

如图 1.1 所示，一个有效的销售体系应该包括六个部分。

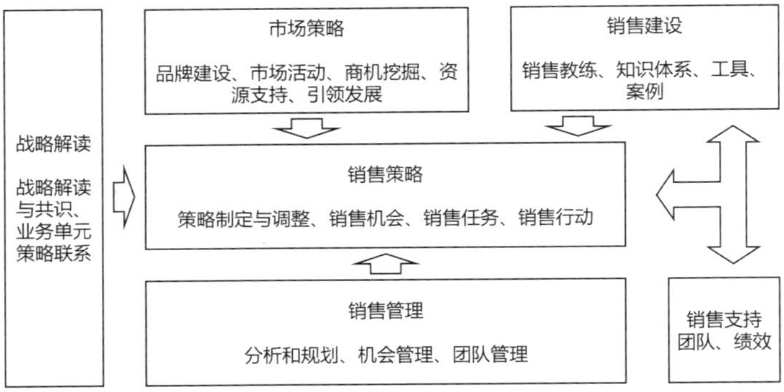

图 1.1

- 战略解读单元

要想让战略目标能都实现，必须让战略目标的方向和意图落实到企业中每一个人的工作行为当中，保证每一个人的工作方向和内容都能够趋向战略目标的实现。战略目标解读不是贴个标语、喊个口号那么简单，必须使每个人清楚地认识到为什么做、做什么、怎么做才是对的。回想一下，我们的公司是如何展开战略解读、战略落地的？个人从中有哪些收获？

1．销售策略单元

一线销售人员就像单兵作战的士兵，不仅需要过硬的单兵作战能力，更需要来自团队的指导和帮助；需要有明确战略、策略，销售人员才能够更好地实施战术动作。销售策略就是指导战术动作的依据。

2．市场策略单元

市场营销就像一个战役的侦查和炮火支援部队，为地面进攻部队（销售人员）提供支持，使销售人员更容易收获销售成果。营销策略需要与销售策略相互配合，为达成战略目标提供保障。

3．销售管理单元

销售管理工作是销售业务单元最核心的工作，由销售经理来承担，销售管理工作管理的不仅仅是销售人员，还有销售机会。销售经理通过对销售人员销售过程的管理，能够更好地将销售机会转化为销售结果。

4．销售建设单元

市场是不断变化的。销售和销售管理工作是一项与实践相结合，不断学习、提升的工作，理论和实践相结合，并从实践工作中总结、丰富、具体化销售方法、工具的应用经验，从实践中来，总结提炼，回到实践中去，不断提升销售团队的行为能力。

5. 销售支持单元

销售团队结构设置、绩效（管理、支持、考核等）、支持性工作（技术、商务、运营等）都将为销售业务单元工作更好地开展提供充分的、必要的支持和帮助。

销售体系就像人体脉络一样存在于企业当中，只有脉络打通了人体才能够健康、强壮；同样，只有企业内的脉络打通了，组织才能够更好地发展。要想打通企业内的脉络首先要清楚脉络的走向，如何打通；因为组织的脉络和人体的脉络一样是无形的，我们能看到的只是各种肌体表象，只有意识到脉络的存在，清楚其走向及对应“穴位”的作用才能够有针对性的进行调整，进而构建企业“自我造血能力”，促进企业自我成长。

1.1 战略与销售的思考

如果您愿意，可以用下面的“战略—销售系统思考轮”（见图 1.2）来看看自己企业的情况。这个过程将有助于您更好地阅读本书，具体做法如下。

① 将下面的图放大到白纸或者白板上。

② 请结合企业情况针对各个组成部分列出你的认知、理解、想法、困惑，并逐条将其写到便笺纸上，贴到相应的组成部分的位置（组成部分包括文字和箭头线）。

③ 便笺纸贴完之后，浏览所有内容，把你看到的、你的感受和思考总结到文档中，看看是否有什么新的发现。

④ 相关词汇的阐述请参见下面的销售体系关键词。

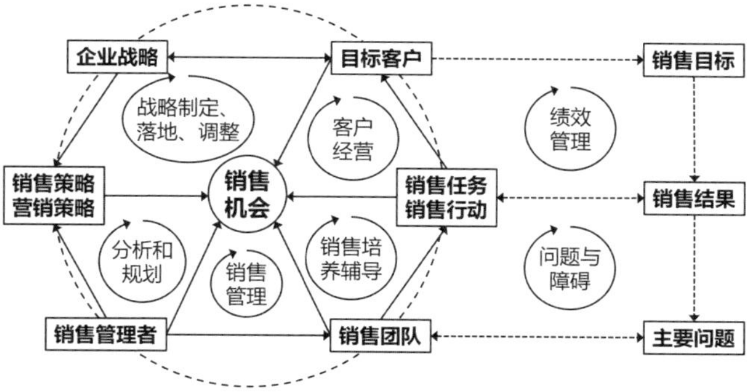

图 1.2

看到的、感受和思考的：

____

____

____

销售体系关键词

1. 销售机会

销售机会是指销售人员在销售过程中可能获取的订单机会，销售人员需要通过销售行动将销售机会转化为销售结果（拿单或丢单）。销售机会是所有销售工作和销售管理工作的核心，所有销售相关的工作都是围绕着获取、转化销售机会展开的，您可以把您对企业销售机会的分析和看法写到便签纸上贴到图中的位置，如销售机会不足，销售机会转化率低等。

- 销售体系内所有的活动和内容都是围绕着销售机会展开的。
- 销售机会是销售体系的核心。
- 销售任务和行为将销售机会转化为销售成果。
- 销售管理基于销售机会的转化过程展开管理。
- 销售机会的质量和数量将决定销售目标和战略目标达成的效果。

2. 企业战略

企业战略是企业为了更好地发展而提出的企业发展方向。当下企业的战略具体内容是什么；企业战略和目标市场（客户）是互为支撑的，企业的能力决定了其目标市场（客户）的方向和业务范围，同时目标市场（客户）发展趋势将决定企业战略（发展）的重点，二者的关系将直接决定企业的销售策略和行动方向。

3. 目标客户

目标客户是企业战略所指向的客户群体，对市场的分析和目标客户的选择决定了企业的战略方向，企业的战略方向又指引销售人员去占领目标客户市场。

4. 销售策略和市场策略

销售策略是指企业为了达成企业战略在销售职能方面部署的战法，目的是通过销售工作的实施更好地达成企业战略。

市场策略是指企业为了达成企业战略，和销售策略互为配合，使销售策略更好地实现。

5. 战略制定落地和调整

通过企业战略解读和落地过程使企业内所有人员都能够对战略方向达成共识，进而保证自己的工作行为是为了实现战略而实施的；这就需要企业高层向中层、基层逐级传达、解释企业战略的意图，以使企业战略能够根植于每一个员工心中。所以，你可以回想一下，公司里是否有这样一个战略解读和落地的过程，如果没有，更不要提调整战略的过程了。

6. 销售经理

在本书中我们的观点之一就是销售经理是销售体系中的核心岗位；那么在您的企

业中销售经理的情况是怎样的？是由屁股决定大脑，还是带着团队向前进？

7．分析

任何一位销售经理在制定和实施销售策略的时候都需要一个分析的过程，销售经理通过分析自己负责的业务范围内的目标客户情况，明确当下为了完成销售目标所需要做的工作和实施销售行为是什么，缺少了这个分析过程，团队中的销售人员就不知道该做什么、该怎样做。

8．销售团队

在销售团队中除了有销售经理和销售人员，还可以有其他的岗位，如售前技术支持等，那么一个销售团队的结构应该是怎样的，为什么华为要采用"铁三角"的模式，"铁三角模式"真的就适合你们公司的销售业态吗？你们的销售团队现在是什么情况，存在哪些问题？

9．销售管理

管结果、管过程、管行为；理方向、理方法、理人员。

销售管理者的主要工作就是对销售团队和销售机会进行管理，特别是对（单一或全部）销售机会的过程管理。我们的销售管理工作都是什么样的？哪些工作是管理销售人员行为的，哪些工作是管理销售过程的，哪些是管理销售结果的，销售管理工作是"胡萝卜加大棒"吗？有效吗？为什么？

10．销售任务和销售行动

我们想完成一项销售工作需要完成哪些任务，需要销售人员实施哪些销售行动。现在我们的销售任务和行动都是什么？销售人员清楚吗，其效率如何？

11．销售人员的培养与辅导

销售人员的培养与辅导是销售管理者日常重要工作之一。我们不能总指望招聘那些成熟的销售人员来完成销售目标，而且聘请成熟的销售人员的成本是很高的，一个优秀的销售团队需要具备"自我造血"功能，自己培养销售人员。这也是我们本书的第二个主要观点——我们提倡在工作中开展销售人员的培养和辅导，这就需要我们清楚地认识到：企业是否有统一的销售方法？销售经理、销售教练们是否掌握了合适的培养、辅导销售人员的方法？

12．客户经营

客户经营是指销售人员平时是如何开发、维护和发展客户的，针对不同的客户，我们销售行为也应有所不同。

13．销售目标、销售表现、主要问题

销售目标是指企业为了实现企业战略而制定的销售职能方面的目标，在很多企业中这个目标只是一个销售额。

销售表现是指我们销售人员在销售过程中的行为表现，它在一定程度上决定着销售结果。

在目前销售工作的开展过程中销售人员及销售管理人员存在哪些主要问题。

14. 绩效管理

为了更好地展开销售工作，企业在绩效方面的政策和管理工作是什么样的，绩效如何能沟通调动销售人员的积极性，促动销售人员的行为改变。

我们的绩效政策和管理办法是什么样的？能够促动销售人员的行为改变吗？有什么比较大的漏洞、缺失和不合理的地方吗？

15. 主要问题和障碍

从组织发展角度看，我们在销售业务方面临的主要问题和障碍有哪些。

1.2 企业销售队伍不堪的状况

在国内阿里巴巴的“中供系”（中供，即“中国供应商”，为阿里巴巴的一个子系统，也是早期阿里巴巴实现收入和利润的主要销售团队）在国内被称为销售铁军，也是销售体系构建的典范。从阿里巴巴的“中供系”走出了很多牛人，这些都离不开当年阿里巴巴对“中供系”销售体系的打造。

- “中供系”牛在“系（统）”，而不是个人，阿里巴巴通过一套有机的体系制度打造了这只铁军，使销售队伍能够高效运转、蓬勃发展。尽管如此，“中供系”还是出现了导致卫哲辞职的诚信事件，幸亏阿里巴巴方面及时做出了反应并采取了应对措施，才扭转了局面。
- 在中供系的“百日大学”（百日大学，入职后三个月的培训）中，更多的是强调阿里巴巴的价值观和企业文化，并且通过企业价值观和文化在实践工作中的落地，刷掉了大量的销售人员。基于阿里巴巴的价值观和企业文化不断完善的销售体系，使“中供系”的销售活动有目标、有方向、有执行、有管控，使销售人员能够畅所欲言、保留意见、坚决执行、敢于担当。
- “百日大学”培训+师徒制+（严格的）工作制回顾+高提成（及其发放办法）+（股权）激励的成长体系，支持着阿里巴巴快速成长和发展，从入职到日常的销售过程到销售结果，全面保证了销售队伍的成长。
- 产品的高利润+严格的管理制度+精细的筛选过程；产品的高利润使得销售人员的付出能够有足够的回报，严格的管理制度制定了高压线似的铁律，销售管理岗位的轮换在很大程度上避免了非正式组织、裙带关系的滋生，招聘入口的价值观取向筛选和转正后的业绩与铁律筛选，使之能够留下来的人都是符合阿里巴巴企业文化的。

- “草根逆袭”成为“中供系”成长的法宝——只要你努力了、做到了，就能得到相应的甚至超出预期的收获，在很大程度上规避了诸如不利于公司发展的公司内部斗争等事情的发生。

获取更多的利润和利润率及更久的盈利时间是一家公司存在的根本意义，这就要求作为组织形态存在的公司能够持续地发展、变革，以适应客户和市场发展的不断变化。在每家公司系统性的发展、变革过程中，销售收入和盈利水平作为组织发展的重要指标体现着公司发展的质量，支持战略目标达成的销售体系则是一家公司实现销售收入的根本保障。

本书以“销售体系结构图”作为基础（见图 1.3），详细地阐述了在一个以企业型客户为主的公司（或者是个人消费中的大额消费，如保险等）里应该具备一个什么样的销售体系。也就是如何利用一套体系来保证公司战略目标的达成。这就像我们要建设一个城市需要有各种与城市建设和发展配套的系统一样。在历史的长河中，无论是一个市场的发展和演变，还是一个城市的兴起与没落，都存在着与之配套的体系，同样作为组织形态存在的公司也有各种职能（体系）与公司的发展共生共存，特别是在中国快速发展 40 年之后的今天，过去粗狂式的经营管理方式（销售及销售管理等）已经不能够适应高度市场化发展的需求，现在我们需要在公司经营管理（销售及销售管理等）方面精耕细作，有意识地完善各个职能体系的功能，才能够支持公司的发展。销售作为公司重要的（开源）职能更需要通过体系化的建设来支持公司战略目标的实现，检验公司战略发展方向的正确性。

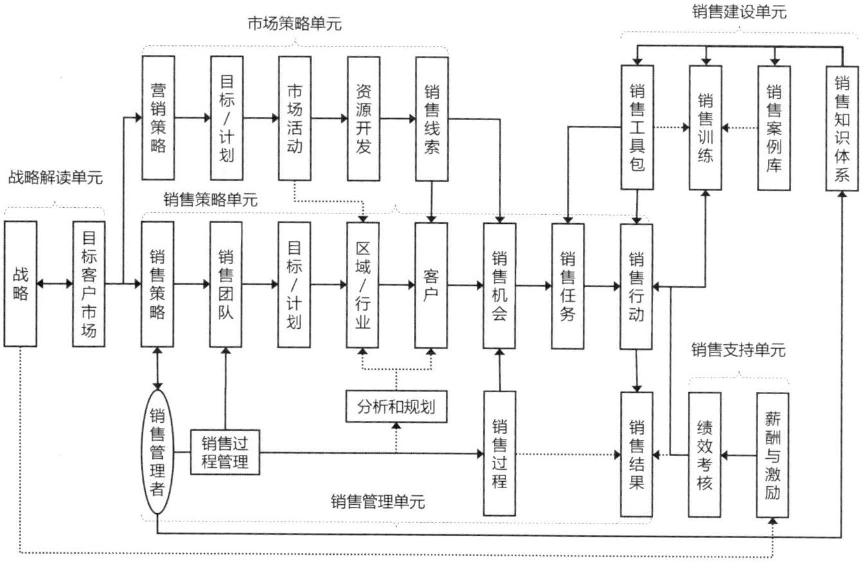

图 1.3

图 1.3 是阐述作为销售经理应该从哪些角度（因素）去思考在销售过程中出现的问题，这些角度（因素）对于一家公司的发展和目标达成起到什么作用。可能你的公司是一个很大的公司，这里面涉及的因素可能由很多人来分别承担，其相互配合，共同构建一个健康的销售体系；也有可能你们公司是一个很小的公司，所有这张图里的因素仅存在于领导的脑子里。无论公司大小，我们的目的是帮助企业建立一个系统化发展的销售团队，打造企业销售“自我造血”能力。

一家公司的发展是系统性的（母系统），一家公司的销售体系也是系统性的（子系统）。随着市场的发展，过去靠粗狂式的销售方式，撒把种子就能收获的年代已经过去，现在我们需要精耕细作才能有更好的收获。在与众多企业的销售管理者接触的过程中，我们了解了很多情况，除了阿里、华为这种边走、边成长、边思考的公司，几乎没有一家公司拥有比较良好的、完善的销售体系，无法跟上企业快速发展的步伐。于是就出现了找不到好的销售人员、销售人员平均业绩下降、甚至公司销售业绩下滑等众多问题，而我们的公司管理者和销售管理者还不能够从自身出发系统地考虑在销售过程中出现的各种问题。各种绩效激励办法、培训手段就都用上了，有时候只是暂时解决了问题，有时候根本不起作用，企业还是陷于各种销售困境中。

任何公司刚开始都没有一个体系化的架构，这是必然的，然而这并不代表随着公司的发展壮大，这种状态还可以依旧继续下去。因此，我们希望通过此书与公司的管理者和销售管理者一起来探讨：

- 如何建立一家公司的销售体系；
- 如何打通企业从战略到销售人员的销售行为的命脉；
- 如何使公司的销售体系具备“自我造血”能力；
- 如何使销售体系能够自我发展，并且跟上甚至引领公司的发展。

近几年，我在销售培训和咨询项目过程中，接触到很多企业的领导，还有在企业培训过程中了解的企业销售（队伍）的情况，我们几位老师私下里说：现在国内至少有 60%销售人员是不合格的，销售管理者不合格的比例还要大于这个数字，这就使我们企业的销售队伍看起来就像一辆开起来叮当乱响的汽车一样行驶在企业的发展的征途上。“千军易得，一将难求”，更何况领导作为企业的“帅”，其带领着销售队伍征战在商业化的战场上，如何能够更好地取得的胜利，而不至于“伤敌一千自损八百”，就需要加强我们企业销售队伍中的“帅”“将”“兵”的行为能力，让我们的销售管理更加专业、有效，让我们的销售体系更加完善，从而推动企业的发展。

从销售体系角度来讨论企业在销售过程中存在的问题其实是一个比较大的挑战（对于企业而言的挑战），那么挑战在哪里呢？

① 既然是从体系的角度来谈在销售过程中存在的问题，那就要具备系统性的视角和论据，就像一部机器、一辆汽车那样作为一个独立的系统拥有必要的完整功能部分组成和清楚的边界，销售这项工作很难清楚地定义其边界，又怎么可能系统呢？任

何一个销售团队的管理者都会受到多种因素的影响，不能像单纯的科学研究那样进行单因素的、线性的思考，这就要求销售管理者必须从企业全局的角度出发，综合各方面因素来看待在销售过程中存在的问题。

② 销售是实践的科学，不像生产体系、质量体系那样有严谨的科学理论的支撑，每家企业，每位销售管理者对于销售工作和自己面临的销售状况都有自己的认识，而且因为他们是冲在销售一线的实践者，都认为自己最了解自己的情况，自己的情况是特别的，所谓的通用的理论并不“完全”适合自己的情况；每位业绩还说得过去的销售管理者都认为自己的想法是可行的，真的是这样吗？

③ 在现在出版的关于销售的书籍里占比最大的是关于销售技巧方面的书籍，其次是关于销售方法的（这类书国外作品比较多），再则是关于销售管理方面的，这方面的书籍已经很少了，而从体系角度谈论销售的书籍则少之又少了；因为销售管理要与企业战略和企业内其他职能发生各种联系，每个企业内、外部所面临的情况不同，这使得很多销售管理方法和理论看起来并不是那么有效，那么这类书籍真的就不重要吗？

④ 从严格意义上讲销售与生产、研发等领域一样，也是一个专业领域（注意：销售是一个专业领域，不是一个专业，具体的解释在后面的章节中我们会提及）。销售人员对外代表企业，对内代表客户，所以销售人员与企业内部各业务职能的联系就需要依靠专门的销售管理体系来提升效率和质量。这就需要我们的企业内部从“销售——销售管理——其他业务职能”的连接通畅。但是从销售专业向销售管理、从销售管理向企业管理过渡时对人员的行为能力要求是不一样的，这也恰恰是我们要谈及的内容。所以，作为企业的管理者我们必须打通从企业管理到销售管理，从销售管理（行为）到销售（人员）行为这条脉络，只有这条脉络通了，才能在最大程度上通过销售活动为企业创造最大的效益。

销售体系就像人的脊柱，一旦有断了的地方就会瘫痪，因此，销售体系建设应该得到每个企业的重视。如果不打通这条从企业战略到销售行为的脉络，就如同人体的脉络不通一样，一定会有各种问题产生，进而阻碍企业正常的发展。

无论你的企业是大还是小，这条脉络上的职能（功能）都需要被考虑到，我们可以根据自己企业的情况去调整各个组成部分的具体情况，但是不能缺少相应的职能，这就像我们的汽车不能缺少转向灯、不能缺少刹车一样，缺少了这些，汽车虽然能继续行驶，但是一定会带来麻烦和问题。

再小的生命也是一个有机的整体，再小的企业也需要体系化的建设，我们写下这些文字的目的就是帮助企业构建良好的销售体系，以推动企业快速发展，毕竟销售工作是绝大多数企业开源的重要途径，销售工作的成败将直接决定着企业的存亡。我们期望能与各个企业的管理者一起探讨销售体系建设方面的各种情况和问题，我们更期望各个企业在销售工作的实践过程中取得良好的业绩，让我们携手共赴前程。

1.2.1 来自客户的真实问题（1）

1. 销售订单增多、回款任务加重，亟待加强各项意向信息的管理。
2. 随着客户数量的逐年递增，增强营销人员主动、规范提报客户信息的意识。
3. 销售订单的逐年增加，销售风险点管控亟待加强。
4. 营销团队越来越大，营销话术、营销礼仪的培训亟待加强。

这四个需求是某个客户提出来的，也是这个客户目前遇到的、亟待解决的问题。从问题表现来看这个客户处于一个发展成长期。其实，一年前，在结束这个客户的服务之后我就对咨询公司讲过：这个客户后续还有销售管理方面的需求，否则按照他们现在的发展速度和市场情况，他们将面临很多问题。果不其然，一年后问题被客户提出来了。

虽然客户提出了4个需求，总结来看分别是“销售管理”问题和“销售人员培养和辅导”问题。（如图1.4、图1.5所示）

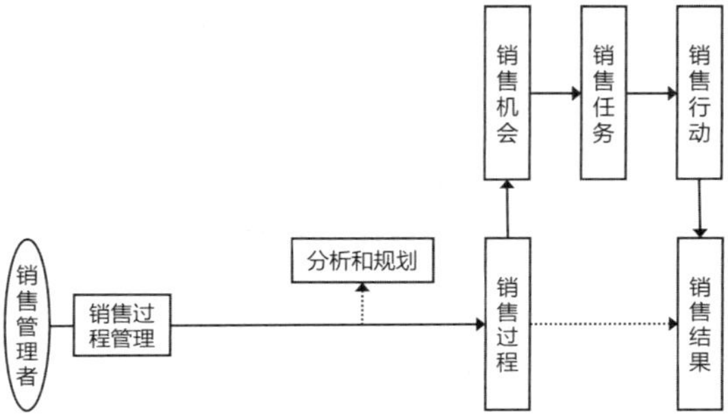

图 1.4

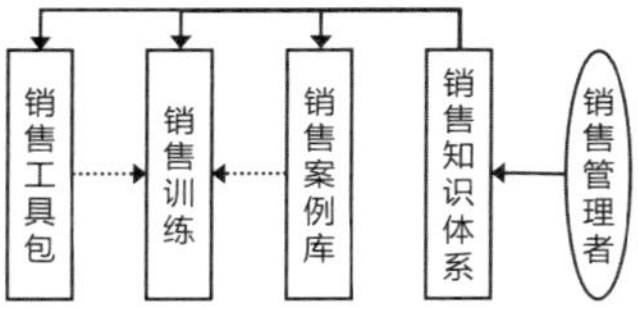

图 1.5

针对销售管理问题，我们可以通过销售管理工作坊的形式来引导销售管理者们制定相应的解决方案和行动计划，其中的关键是把问题的表象和风险梳理清楚，然后根据市场和客户的实际情况制定相应的策略。这是靠外部培训讲师以授课的方式无法具体落地的，老师们即使再熟悉这个行业的情况，也无法在短时间内了解每个企业所面临的具体情况，即便老师们有妙方也不见得适合每个企业，自己的问题还需要自己解决。因此这个时候外部销售专家应该给予销售管理者们更多的思路、视角和观点，引导企业的销售管理者结合本企业的实际情况制定合理的解决方案，这样才能使企业在解决问题的同时逐步具备“自我造血”的能力。

针对销售人员培养与辅导的问题，正如图1.5中所述，这个问题是一个建设过程，需要一定的时间才能有效地解决这个问题。销售人员的培养与辅导是要求销售管理者能够在工作中进行实时、适时的辅导，这里需要销售管理者会运用销售教练的方法和适合自己企业情况的销售知识体系作为支撑，并且通过对销售人员的培训达到提升销售人员的能力目的。

销售和销售管理工作不仅需要外部知识、理论的引入，更需要企业内部的实践者将这些知识和理论转化为能够为企业内部所用的销售行动和管理行动，这个转化过程和转化结果比接受多少知识和理论要重要得多，它们是用来优化我们实际的工作行为的，知识只有被用起来才具备它应有的价值。

1.2.2 来自客户的真实问题（2）

1. 销售人员自由散漫。
2. 业务跟进的精神（不放弃）。
3. 需要有人在后面催，推着才能往前跑，自觉性不够。
4. 深度挖掘客户需求。
5. 新客户开发时简短有效的表达话术。
6. 和供应商的有效沟通。
7. 销售团队与运营团队的沟通、协调、合作。

这是一家成立不到两年，基于互联网概念做汽车消费的公司。上面 7 条是该公司管理者提出来的培训需求，而且培训对象是所有销售人员。看完这分管理者列出来的问题之后，我帮他更正了培训对象，因为除了 4、5 两项，其他的问题跟销售人员没有关系，只是问题表现在销售人员身上，真正的问题在于销售管理者，更深层次的根源在于公司销售体系的不完善。如果我是这家公司的拥有者，我甚至会考虑换掉中高层销售管理者。

在这里我们主观地下一个结论，如果这家公司不能够有效地解决这些问题，这家公司不久必将从市场上消失。这个结论为什么说是主观的，因为我们现在看到的问题表现都是主观的描述，没有看到一个具体的示例、事实描述；同样，公司在描述销售人员问题表现的时候也更多的是出于主观判断，而缺乏事实的参照；这七个问题里面涉及了销售人员、销售管理者、供应商合作（采购）人员，无论是从选择供应商推动销售工作的有效进行，还是通过销售工作的有效进行拉动供应商，商业模式里面最根本的产、供、销通路都存在着问题，而且他们作为一个中介型公司没有自己的生产和研发部门，他们的核心就是高效地打通和梳理供、销的通路，才能为自己获取利润。

第 1、2、3 个问题对于很多公司而言是老板和管理者们经常面临的问题，然而这是一个伪命题，因为这类问题表现在销售人员身上，但是问题的根源却在管理者那里。对于销售工作而言，这是一种付出与回报成正比的职业，在销售能力能够满足工作要求的情况下，销售人员都能够得到还说得过去的回报。如果出现了自由散漫、跟进精神不足的情况，只有两个原因：一个是销售人员不会干，一个是销售人员不愿意干；前者是销售行为能力问题，后者是销售人员心态的问题，而这两个问题都是因为销售管理者的管理行为缺乏造成的。

销售人员不会干，在自己的销售行为能力不足以支持其实现销售目标，自然很多人会出现心灰意冷的状态，这个时候作为销售管理者应该给予销售人员在销售行为方面的指导和帮助，充当一名销售教练，帮助销售人员取得业绩，只有有了业绩才能够增强销售人员的信心。销售人员不愿意干可能是多种因素造成的：绩效奖励不足以燃起销售人员的工作激情，企业对销售人员的工作成果没有给予足够的重视，销售管理者没有观察到销售人员情绪的波动，并给予关心等。很多销售管理者秉持着“快马加鞭奋蹄疾”只顾抽鞭子、给压力，疏于辅导、忽略激励，结果就造成了一阵疾驰之后“马儿”的闲庭信步。

较之不会干和不愿意干，在这两种情况发生之前是我们对销售人员的选材不当造成的。对于任何销售业态①而言，优秀的销售人员都是稀缺的，好的销售人员不是靠招聘来的，而是靠内部培养出来的。这就需要我们在选择销售人员的时候不仅看重销售人员的行为能力，更要看销售人员的进取心，看其是否愿意在公司提供的环境下与公司一同发展。在销售人员的价值观与公司的价值观合拍的情况下，销售能力才是被考虑的因素，这时就需要公司有完善的培养机制和能力。否则只能花大价钱请一些销售行为能力强的销售人员先将业务开展起来，再逐步发展销售队伍的能力。

第 4 项“深度挖掘客户需求”，乍一看是每名销售人员都需要深化的能力，但是这个问题的根源同样是在销售管理者身上。第 4、5 项的确是销售人员所需要掌握并不断提升的能力，在很多时候这两项能力的强弱的确造就了销售人员业绩结果的巨大差异。很多销售管理者都会根据销售人员这两个方面的表现及其取得的业绩来评判销售人员的优劣。然而一个拥有完善体系的公司在这两方面会给予销售人员基本的帮助，甚至会提炼出相应的销售工具给销售人员去应用。

- 每家公司都有自己的产品和市场（目标客户），但并不是一味地深入挖掘客户的需求就是好的，客户需求挖掘的深度要与产品销售的节奏、产品订单的多少配合起来，以求达到最佳的销售效率。
- 每家公司首先给销售人员提供的培训应该是如何识别和挖掘客户需求，而不是产品培训，公司里懂产品的人有很多，能够挖掘客户需求的人却少之又少，产品不等同于需求，产品只是满足客户需求的一个载体，只有挖掘客户真正的需求和动机，才能做到从客户角度出发。

---

① 销售业态是指企业为了销售产品、方案、服务等而存在的销售业务形态，这个形态包括销售人员的销售行为、销售管理行为、销售的理念、对客户的认识等，这个形态与企业所处的行业、产品、主要客户群体等都有关系，企业发展各个阶段的情况和目标将决定了企业销售业态的具体表现形式。销售业态可分为两类，即 B2B 销售业态和 C2C 销售业态。在 B2B 的销售业态中又可以分为项目型销售、重复采购型销售、产品型销售、解决方案型销售等。从表面看这些销售业态五花八门、迥然不同，其实其背后的逻辑和本质是一样的。一位好的销售管理者不仅仅应该是个好模特（销售人员），同时也要是一位懂得服装设计、搭配的设计师（销售管理者），这样才能更好地把握适合企业的具体销售业态。

- 每家公司应该在挖掘需求和开发客户两个方面给销售人员提供相应的销售工具，先固化销售人员的基本销售行为，进而优化其销售行为。在 B2B 类型的销售中让销售人员背话术是一件非常愚蠢的事情，我们不是让销售人员成为录音机，我们要让销售人员清楚每句话背后的出发点和意图是什么，经过不断地示范和演练才能够使销售人员的销售行为能力得到真正的提升。

第 6、7 项需求涉及与供应商和运营团队沟通的问题。作为一家公司的销售人员应该基于公司现有的供应商所提供的资源和运营团队提供的帮助展开销售工作，而且供应商的资源情况和运营团队的支持情况将在很大程度上限制或者帮助销售团队达成业绩。但这并不是需要依靠每个销售人员都与他们进行沟通，而是公司内部要有完善的沟通、收集、汇总、解决的机制和流程，保证供应商资源和运营团队的支持不断完善，更好地支持销售工作的开展，如果一位销售人员在外面披荆斩棘，回到公司内部还要上下求索，他势必会身心俱疲。这时作为销售管理者在不断鼓励销售人员在市场上拼杀的同时，还需要不断地帮助销售人员协调内部资源，为销售人员提供后方保障。

- 作为销售管理者，你是这个销售团队绩效的第一责任人，是每位销售人员绩效的第一责任人。
- 作为销售管理者，只有自己更优秀，团队才能够更好。

1.3 当前企业销售体系的典型情况

前几天看到一家销售管理软件公司的一组数据，我们一起分析一下，看看他们的销售“体系”现状。

这是一家提供销售管理软件业务的公司，也就是目前比较流行的、利用 SAAS 方式提供销售管理服务的软件型公司（在这里我们只能称之为软件公司，而不是销售管理服务公司），旨在为他们的客户提供销售管理方面支持和帮助。这家公司预测在 2017 年会有 1.2 亿元销售收入，公司有近 600 人，且大多数是销售人员（我们按 400 人计算）。这家公司产品（服务）最低收费是 600 元/年。经过推算我们看看以下几个数字：

公司人均销售额：1.2 亿元 / 600 人 =20 万元/员工

公司销售人员人均销售额： 1.2 亿元 / 400 人 =30 万元/销售人员

公司服务客户数（最多）： 1.2 亿元 / 600 元 =20 万人

按每个客户公司有 10 名销售人员（用户）计算，

公司服务客户数量（最大）： 20 万人 / 10 人/客户 =2 万个客户

每名销售人员负责客户数量： 2 万个客户 / 400 人 =50 个客户

按每名销售人员每年拥有 500 次客户拜访机会计算（2 次拜访/天 × 250 天/年），

平均每签约一个客户需要**10 次拜访**才能够拿下订单。

也就是说：

销售人员每周（10 次拜访）能够签下一家客户，平均贡献销售额 6000 元/周，每个月能够贡献销售额 2.4 万～3 万元。按一位销售人员的工资和销售费用每个月 6000 元，那么销售成本就占到了销售额的 20%～25%。这还不包括其他成本。作为一家做销售管理服务的公司，这样的销售效率如何能够说服他的客户呢？

如果我们说绝大多数企业没有销售体系，估计要有很多销售管理者站出来反对，“我们思考过我们的销售团队应该如何搭建，我们想过我们的销售目标要如何去完成……”

然而，我们有几家企业不存在销售方面的问题？

然而，我们有多少销售团队的管理者不是累到透支？

然而，我们有多少销售管理者面临找不到合适的销售人员的问题？

然而，我们有多少销售团队能够真正达成企业战略发展需求和业绩？

然而，……

销售作为组织发展的重要职能之一，它是所有企业职能中变化最快的、最难衡量的职能，没有之一。我们的生产有生产体系、质量体系；我们的研发有研发体系、研发规划；而我们的销售呢？现在很多企业的销售“体系”都存在下列问题。

- 大多数企业都会有销售目标数字的确定及分解，注意哟！是数字的确定和分解，而且有的企业还没有这个动作过程；
- 公司为了实现销售目标，一般会设立绩效奖励制度，就是如何通过奖金、提成调动销售人员的积极性，以保证最后的结果达成，但是管理者是否考虑过下列问题。
  - ✓ 激励制度制定的基础是什么？是否能够使股东价值最大化？
  - ✓ 激励制度想达到的效果是什么？真的能够达到这样的效果吗？
  - ✓ 激励制度能否促动销售人员的行为向你想要的情况变化？
  - ✓ 激励制度在多长时间内、什么情况下能够发挥效果？还有什么漏洞或缺陷？
  - ✓ 激励制度与销售目标的强相关性是如何体现的？

……

- 对于目标客户和市场缺少清晰的认识，很多时候缺乏对目标客户和市场梳理、细分的过程。这一过程的缺失带来的另外一个问题就是市场营销活动的匮乏和精准性的丧失。
- 很多公司还处于销售体系建设的初级阶段，公司把销售目标公布了，就让销售人员朝着这个目标努力缺少销售（达成）策略的规划。
- 好一点的公司，年初会有一个销售人员招聘计划，但是更多的是从增加销售人员数量来提高销售额的角度出发的，但是管理者是否从以下角度进行过考虑呢？

✓ 基于我们的销售目标和销售（达成）策略我们需要什么样的销售人员？
✓ 目前销售人员能够完成什么样的销售任务？（销售额和销售业态）
✓ 基于销售团队结构发展，公司需要补充什么样的销售人员？
✓ 对这些销售人员的行为能力要求和素质要求是什么？
✓ 如何培养这些销售人员？

……

- 每 3～10 名销售人员会有一位销售经理来负责销售团队的管理，而且很多时候这位销售经理自己还承担着销售任务，而不仅仅是团队的销售任务，销售管理者的重心应该在哪里呢？
- 绝大多数的销售管理者没有经过任何的销售管理培养，最多是上一些销售管理类的培训课，或者一些管理类的课程；他们并不知道如何管理好一个销售团队；更有甚者把一位销售业绩好的销售人员提拔为销售管理者。
- 很多公司并不清楚，结合自己的产品、服务以及目标客户群体，应该采取什么样的销售业态，很多时候，会出于对销售成本和经验的思考来“确定”销售业态。
- 很多公司的管理者本身是一位很好地销售人员（出身），所以他们会自然而然地认为销售人员应该达到某一水平。
- 绝大多数销售人员，特别是销售管理者在销售业绩还能说得过去的时候，不会求助于外部，因为那样他们觉得会被别人认为他们能力不行。
- 很多销售管理者都将销售业绩不好的原因和责任推给了销售人员，而不审视自己的问题出在哪里。
- 很多销售人员和他们的经理都把眼睛盯在了销售结果上，特别是销售经理只看结果，不看过程。在销售过程中，销售经理要么直接给解决方案，要么亲自上阵，缺少对销售过程的关注和在销售过程中对销售人员的培养。
- 很少有公司拥有自己的销售知识库（体系），更不要提适合自己公司销售业态的销售方法。很多公司搞了案例、经验分享交流会，取得的效果却不尽如人意。
- 在绝大多数市场是买方市场的情况下，大多数公司给予销售人员的培训是产品培训、行业应用培训，缺少对客户需求分析的培训，销售人员面对客户的时候直接推介产品而不是挖掘、满足客户需求，无法做到以客户为中心，这如何能够提高销售效率？

仔细想一下，这些问题的存在对于公司的发展会产生什么样影响？如果销售体系就像一辆汽车，那么这辆汽车是不是除了喇叭不响，哪里都响

你可以说你的公司今年或者是近几年取得了良好的销售业绩，大家在欢呼雀跃的

时候，你是否考虑过以下几个问题？

- 我们公司的发展速度高于行业发展速度吗？
- 市场大环境对于我们取得的销售成绩有多大影响？
- 在目标客户群/市场中我们的行业地位是怎样的？
- 你会发现你的 20%大客户贡献了 80%的销售额，这 20%大客户的成长性、稳定性、风险度如何？
- 有哪些决定性、关键性的因素促进了销售业绩的增长？在这些因素中哪些是得益于销售体系的建设，哪些是在企业内部能够控制的，哪些是能够复制、放大的？

一家做数码印刷设备的公司，连续一年半销售业绩飞速增长，甚至有的区域一个月就完成了全年的销售任务，连他们自己都不清楚到底为什么会出现这种情况，他们能做的就是尽可能在市场形势较好的时候多拿订单。但是其管理者考虑的是接下来的一年会怎么样，应该怎么办？销售队伍应该做哪些准备和预案？无法明确原因就无法制定更有针对性的策略和措施，更多的保守性措施很容易使企业丧失市场先机。

对一家公司销售体系现状的清楚认知是一家公司销售体系具备“自我造血”能力的基础，甚至是一家公司发展的基础。销售人员不仅仅要将产品或服务卖出去，更是公司面对市场、客户的眼睛和耳朵。只有保证了销售体系的完整性和正确性，才能保证我们的销售效率，才能保证我们能够及时获取和满足客户需求。

接下来让我们一起来看看如何解决在本章开头提到的销售管理软件公司的问题。

从如前所述的一些数据来看，我们可以得出如下结论。

1. 提升客户的平均消费额，当然这还有个前提，就是在拜访次数不能增加的情况下。那么就出现了以下问题。

- 现有销售人员的能力是否能够提高客户的消费额？
- 有多少客户具备提高销售额的条件？这些客户有什么特点？
- 公司是否有被客户认可的更高价值的产品和服务？
- 如何通过销售管理和激励政策使销售人员能够签下更多的大订单？
- 如何能够帮助销售人员提升获取大订单的能力？

2. 提升销售人员的拜访效率，销售人员每年的拜访总次数是有限的，只能降低每个签约订单的拜访次数，由原来的每订单 10 次拜访，降低到每订单 5 次拜访，这样销售额就能提高。

（1）提高有效客户的拜访效率

一方面销售人员需要考虑有效销售机会的转化率，也就是 100 个目标客户你能签多少订单；一方面是降低每个签约订单的拜访次数。

- 现在销售人员（们）的销售机会（转化为订单）转化率是多少？
- 订单未成功转化的原因是什么？

- 每个签约订单需要拜访几次？
- 每次拜访都尽可能地达到最大效率了吗？
- 如何能够帮助销售人员做得更好？
- 提高拜访客户群体中有效客户的比例。

相比第 1 点，第 2 点需要考虑的是如何提高商机到有效销售机会的转化率，也就是提高销售人员拜访有效客户的概率。这个问题是一个营销和销售结合的问题。

- 营销活动如何挖掘更多、更精准的商机？
- 销售活动对商机质量的反馈性如何？
- 目标市场及客户的识别和细分是怎样的？

从上述情况来看，我们只能说因为这家公司的销售效率低，销售体系存在问题，但是问题存在的根本原因和解决办法是什么还要看这家企业销售“体系”的现状是什么样的，如销售体系脉络图（见图 1.3）所示，他们在每个部分和环节中具体情况是什么样的，哪些是缺失的、匮乏的，只有搞清楚了这些，才能够对症下药。

当一家企业的销售体系中的“战略——销售策略——销售行为”这条主脉络打通后，一般不会有根本性的问题存在，这就需要我们思考一下在这条主脉络上各个穴位（环节）的作用了。

（1）战略是否清楚

公司有清晰、明确的战略目标；同时公司内部的每个人，特别是中高层管理者对战略目标的理解要一致，要能够保证战略得到正确的分解和落地，进而保证战略下的行动方向是正确的。只有这样才能够保证相应的策略是能够在最大程度上支持战略目标的达成的。

（2）策略是否明确、有效

从上面的例子我们不难看出，这家销售管理软件公司的销售效率和销售结果都不算好。

我们经常开玩笑讲，如果销售人员没有一个明确的销售策略作为指导，没有对自己的销售目标进行分析，那么他出门拜访客户就像没头的苍蝇四处乱撞。所以，为了达成战略目标，一个明确的销售策略是必要的，哪怕在制定销售策略的时候不能够确认其有效性，也要有一个明确的销售策略。（很多企业会忽略销售策略的制定这个环节，直接从战略跳到了客户和销售任务的层面，这样很容易使销售管理者陷入“只能低头拉车、无法抬头看路”的窘境）只有明确了销售策略，我们才能够根据销售过程中产生的各种结果来判断其有效性，并且根据反馈对销售策略进行调整。

（3）销售机会的属性和转化效率如何

销售机会是公司所有销售工作的核心，所有的销售活动及销售管理工作都是围绕着销售机会展开的。销售机会是否符合公司的战略发展方向？相关人员对销售机会的过程管理如何？销售机会转化为订单的效率如何？销售机会的得失反映了销售队伍怎样的情况。

（4）任务和行为是否规范、高效

即便在有销售流程的公司里面，很多销售人员也不清楚针对具体的客户应该展开的行动有哪些，更多的销售人员是靠经验和感觉来做。

无论你们公司的销售情况是什么样的，都有其销售体系结构存在，至于这个销售体系能为战略目标的达成做出什么样的贡献，能够支撑公司发展多久、走多远都是一个未知数，想要构建一个完善的、良好的销售体系，管理者首先要认清企业当前销售的情况。这就像一个病人，想要健康，就需要对自己现在的病症有清楚的认识，不仅要清楚地描述自己的症状，还要听取医生的诊断和建议，才能够有的放矢、对症下药。

1.3.1 病状 1：销售结果不能够支撑战略目标的达成

很多时候企业管理者制定的战略方向和目标是正确的，但是往往最终在实施过程中走了样，目标市场和客户群体及产品和服务也是不错的，为什么最终取得的销售业绩不理想呢？

原因就是在“战略——销售行为”这条脉络中缺乏销售策略的规划和指引（见图 1.6.a），销售团队的管理者不能很好地理解企业战略方向，不能根据战略和目标市场/客户的需要调整相应的销售策略、调配销售人员。

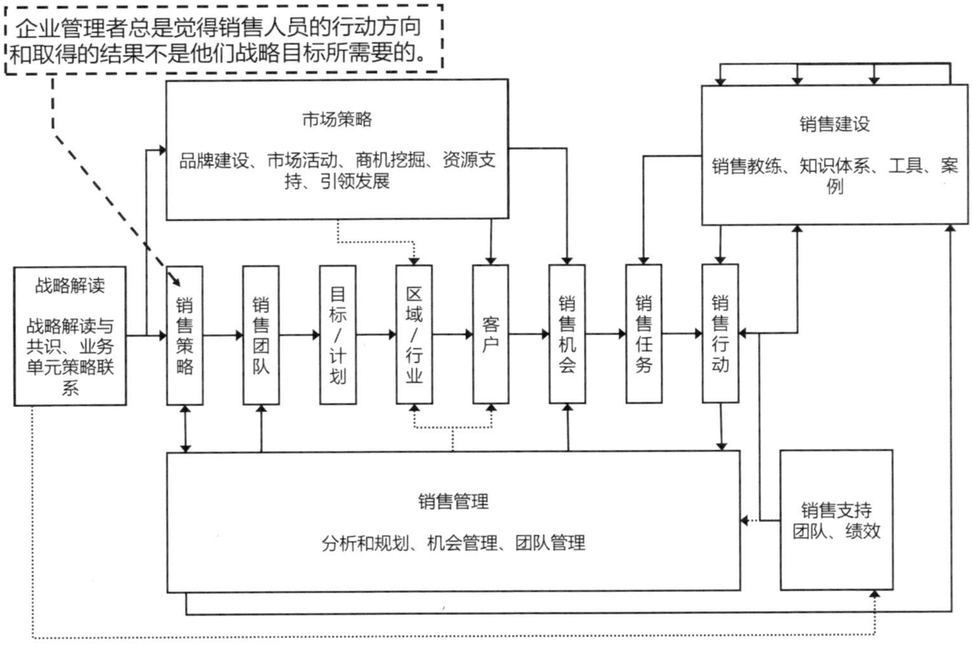

图 1.6.a

一个企业组织其中层管理人员做了一次“工作坊”活动，通过“工作坊”整理出十条当前企业发展的重点，可是这十条重点和企业管理者列出来的重点重合度不到50%。我们先不去讨论这些重点的对错，这么低的重合度就说明了中高层之间的理解存在很大偏差，在这种情况下企业如何能开展好工作呢？

当一个企业的战略目标制定后，需要有能够支撑其实现的市场策略和销售策略。这些策略一方面对战略实现的过程做出具体规划，一方面为销售人员所需要完成的销售任务和销售行为/行动提供指引。

策略的匮乏在国内很多企业中是常见的情况，很多时候表现出来的是中层人员的能力跟不上高层人员的想法，缺少在策略层面对战略的解读。

1.3.2　症状 2：销售人员抱怨客户不好找

如图 1.6.b 所示，这是一种比较普遍的情况，特别是在 B2B 销售类型的中小企业中尤为明显。包括我在从事销售工作之初也认为在 B2B 的企业中市场营销人员的工作就是开展会、印制产品册这些职能。

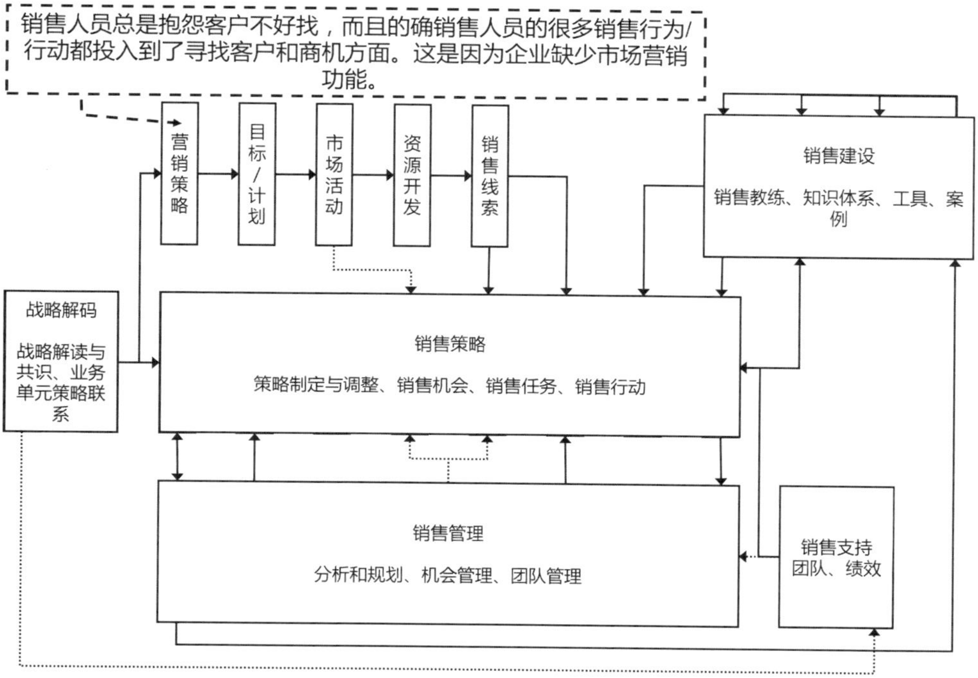

图 1.6.b

其实实际情况并不是这样的，市场营销和销售是有紧密关联的两件事情。我们经常比喻：市场营销是空军，负责侦查和轰炸，销售是陆军，负责地面进攻，开疆拓土。用两个字来解释市场营销和销售，那就是：市场营销是为了“**好卖**”，销售是为了“**卖好**”。

对于很多企业来说，其产品的应用范围很广，市场营销的作用就更为突出，一方面它能够帮助销售人员开发、引领新的市场方向；另一方面它能够帮助销售人员挖掘并发现更多的销售线索和销售机会，也就是我们说的商机。同时还有很多企业需要市场营销的职能帮助销售人员们拥有更好的市场资源，以便于销售人员更好地开展工作，例如：从事宽带接入业务的公司与地产企业合作，为入驻商务楼宇的客户企业提供宽带接入服务，这对销售人员而言是非常好的客户资源供给。

1.3.3 症状 3：销售管理者对业绩提升无力

如图 1.6.c 所示，销售是一项“**看结果，管过程**”的工作，如果等到最后销售结果出来的时候，一切都晚了，丢掉的销售机会也找不回来了。

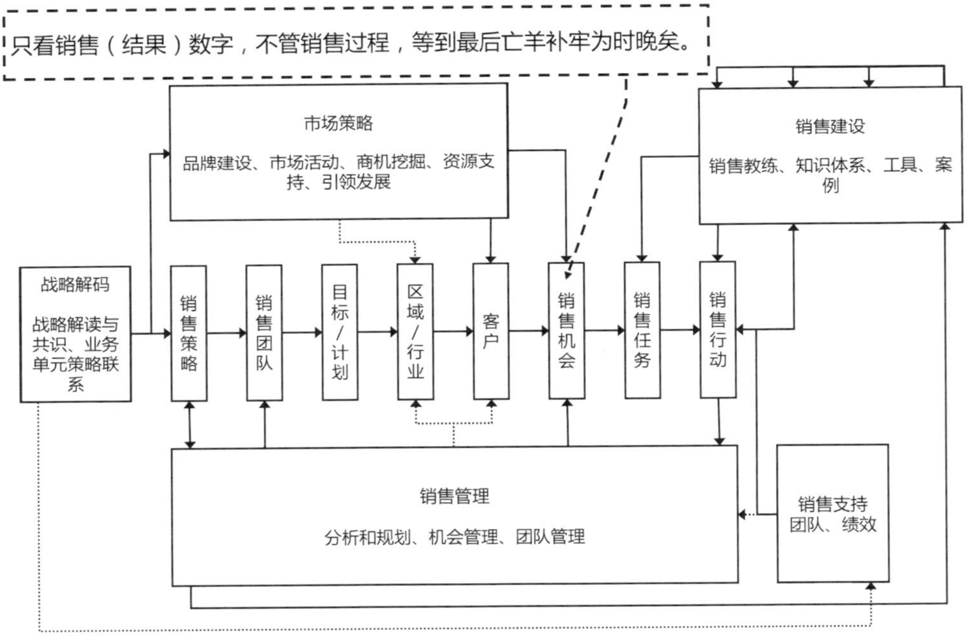

图 1.6.c

为了获得好的销售结果，销售管理者必须加强对销售过程的管理，必须摒弃只看销售结果的做法，必须摒弃以结果论英雄的观点。

对于一家公司而言，无论是一个月、一个季度还是一个年度，一个好的销售结果一定是基于销售开始之前的“分析和规划”。任何没有经过“分析和规划”的销售行为和销售任务的展开都是盲目的；都是无法对其销售过程进行管理的，因为没有任何可以用于管理的参照和依据，哪怕结果看起来很好。

缺少了对销售过程的管理，缺少了对过程数据、情况的把控，销售就无管理可言，销售管理者就成了拿着鞭子的监工。同时，缺少相应的销售过程管理指标也是造成这种情况的原因之一，我们的眼睛更多的盯在了结果性指标上。

一位销售人员的业绩情况如何，第一责任人不是销售人员本人，而是他的直属领导，因为销售管理者没有承担起管理销售过程的责任。

1.3.4　症状 4：销售团队士气不好，积极性不强

销售团队士气不好基本上就是两类问题：不会干和不想干，但是造出现成这两类问题的原因是复杂的。

根据企业战略和目标市场/客户的需要，我们需要不同的销售策略，根据不同的销售策略我们需要不同的销售团队结构来支撑策略的实施（见图 1.6.d）。

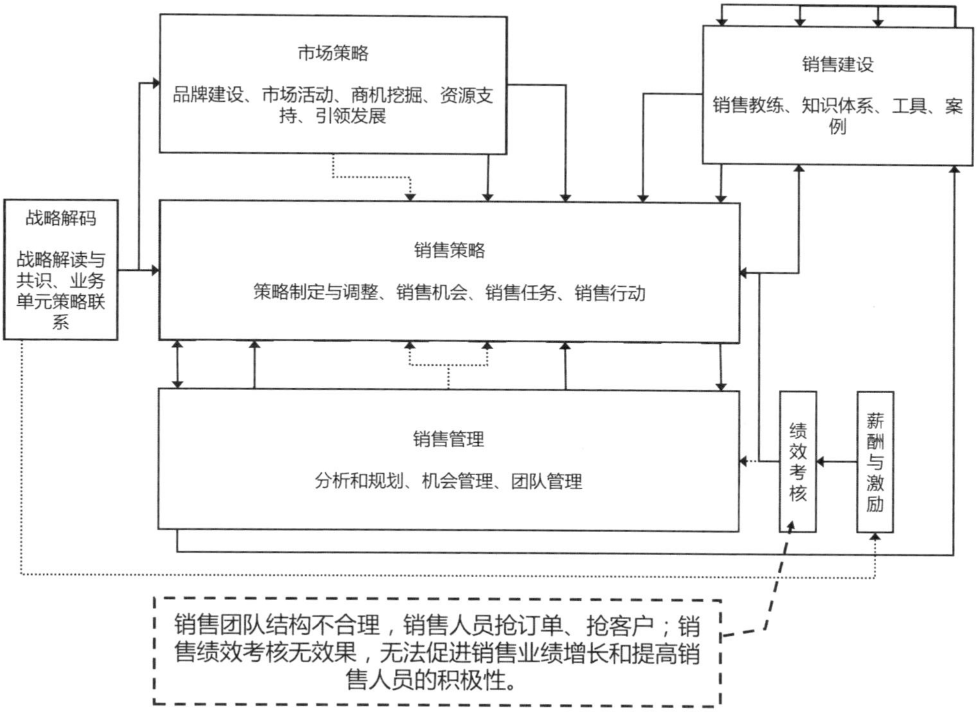

图 1.6.d

华为著名的铁三角，为什么要由客户经理、交付专家、解决方案专家三个角色来构成呢？这是为了更好地服务于华为的目标客户，也是华为在实践中总结出来的，作为最小的有效销售团队结构模式，这个模式充分发挥了销售过程中需要的三个专业的配合作用——销售专业、产品专业、客户行业专业。

销售团队的结构和绩效直接影响销售人员的工作积极性和团队效率。为了达成战略目标，满足销售策略的需求，构建能够充分发挥销售策略效率和效果的销售团队和绩效机制将是销售行为展开的第一步。

基于你的公司的产品、战略和目标客户（群），你们需要的销售团队结构是什么样的？你的产品具有很强的专业性吗？你的客户群体具有很大的独特性吗？销售人员的三个专业的水平如何？售前支持人员和销售人员的配合如何？这些都是我们需要考虑的问题。

1.3.5 症状 5：缺乏销售管理，很多政策执行不下去

销售管理者因为缺少销售管理方法，缺少系统的销售知识和管理方法，不能很好地利用 CRM 系统的数据管理团队。

CRM 系统只告诉了销售管理者，销售人员做了什么；而没有告诉销售人员接下来该怎么做，销售人员没有从 CRM 系统中获益，CRM 系统反而成了销售人员的枷锁（见图 1.6.e）。

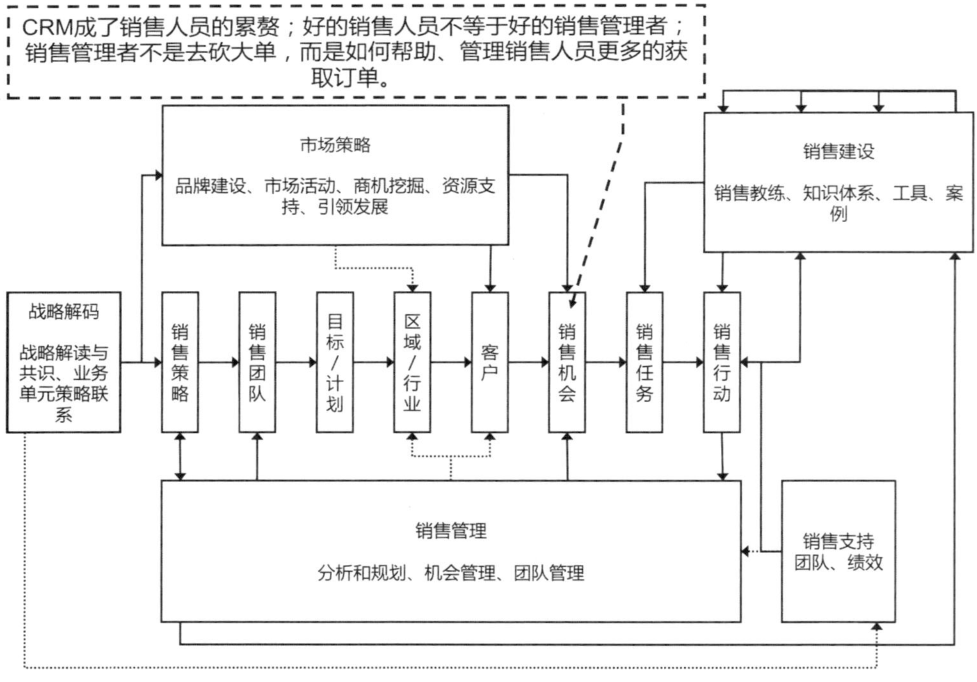

图 1.6.e

销售管理是一个比销售过程还要复杂的事情。无论这次销售过程多么复杂，他也只是一次销售，面对一个客户而已；然而销售管理是要对于整个销售团队中众多的、

处于销售流程不同阶段的销售过程进行管理，而且还要根据预测来判断是否能够在未来实现组织的销售目标，并根据具体情况部署、指导销售人员的销售行动。

销售管理要具有把控性，对所有销售机会和销售过程进行把控。销售管理的真谛并不是数字结果的达成，而是培养销售人员具备达成数字结果的行为能力，使企业的销售体系具备自我造血功能。

1.3.6　症状 6：年年招聘，销售人员不好找

几乎在每一个企业的销售团队中，管理者都会有一个声音：找不到好的销售人员。但是好的销售人员凭什么跟你干？（见图 1.6.f）

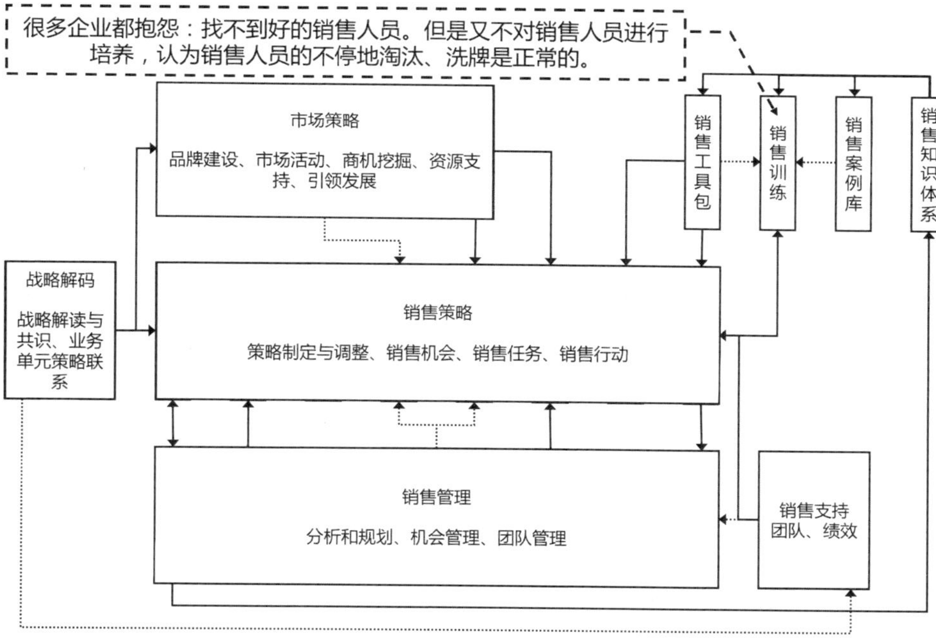

图 1.6.f

每个企业都希望有好的销售人员加入自己的团队，如同砍瓜切菜一样地去收获订单。在销售人员的群体中，好的销售人员仅占 10%左右，70%左右的销售人员是处于一般状态（剩下 20%的人不适合做销售工作），这些销售人员的销售行为能力的提升对于企业的销售收入的增加会起到很大作用，这也是为什么很多企业都看重销售培训的原因。但是这里还有一些问题：培训的效果如何？学习内容转化到销售人员的日常工作行为中了吗？真的能够达到企业想要的目的吗？

现在很多企业的销售人员都处于野蛮生长状态，没有系统的销售行为能力的培训，最多是从外部找一些老师做培训，至于培训后如何实践和转化就不得而知了。学

习能力是企业发展的根本能力，但是企业不是为了学习的，所以这种依靠外部的单纯的学习模式并不是企业需要的。

作为一个有体系的销售组织，应该有自己的销售辅导与培养机制。销售作为一项实践性极强的工作，销售一线是最好的课堂，销售管理者是最好的老师和教练。再好的销售方法都需要在企业内部进行具体化才能发挥更大的作用。

1.3.7 症状 7：只关注结果，缺少销售行动的指导

如图 1.6.g 所示，任务和行动是可以被管理的，结果不能被管理。

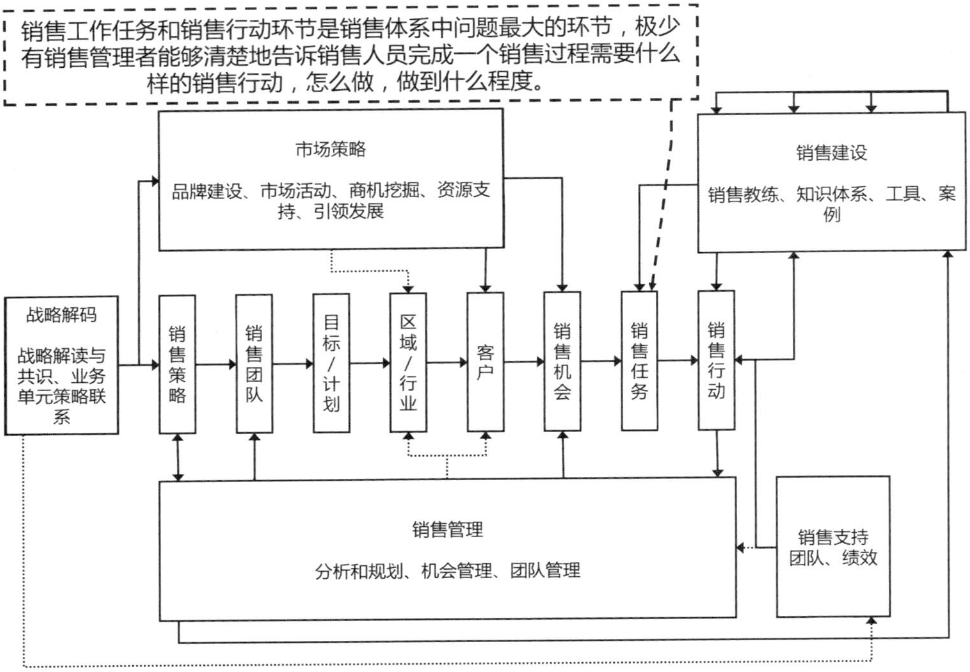

图 1.6.g

销售人员每天做得最多的，能够被看到最多的就是他们每天实施的销售行动和完成的销售任务。

我们一起来仔细想一下获取一个订单都需要做出哪些销售行动，完成什么销售任务呢？你们的哪些销售行动和销售任务是更有效的呢？

更多的销售管理者是在告诉销售人员：去开发更多的客户吧，去加强客户关系吧，去深入挖掘客户需求。可是怎么做呢，为什么这么做呢？销售任务和行动的模糊和缺失不仅使销售人员不知道应该如何开展销售工作；还使销售管理者管理起来缺少统一

的衡量指标；更使我们的销售策略成为空中楼阁，缺少具体的行为支撑；那么我们的战略达成结果自然就不用期待了。

【重点回顾】

- 销售组织体系绝对不是销售管理者和销售人员汇集在一起的就可以的，它需要一套体系化的思想来支持销售组织的正常运营和发展；思想体系的建立和贯穿才是组织的“魂”。
- 结合销售体系的构成和各个环节的作用，以及企业销售队伍的实际情况和典型症状的表现，我们看到了销售组织的各种情况、存在的问题及销售体系各个环节之间的对应关系。
- 很多时候作为管理者看到的销售活动的情况和出现的问题并不是表面显现出来的那么简单，甚至很多销售语言运用得都不对，如有的人说他们的销售人员谈判能力不行，可是他们的销售人员几乎没有坐到谈判桌上的可能，其实是销售人员在销售过程中表现出来的销售行为能力的缺失。
- 面对销售问题一定不是“头疼医头，脚疼医脚”那么简单，就像中医里讲的经络、脉络一样，销售体系就是销售工作的经络。

第 2 章　销售体系中的主线

本章提要

本章主要目的是帮助大家认识“战略——销售策略——销售机会——销售任务——销售行为”这条主脉络的各个环节，以及它们的作用及其之间的联系。在任何一个企业中，这条脉络都是存在的，然而很多企业的这条脉络是不通畅的。这条脉络的通畅一方面将能够指导销售人员实施正确的、有效的销售行为，一方面能够保证企业战略目标的达成，使企业步入一个良性发展的轨道，避免出现战略方向正确，却无法得到有效实施的困局。

一位负责销售运营的朋友要给大区的销售人员分享“如何提高销售人员的时间管理和资源关系的协调能力”，问我怎么能讲得更好。听了这个主题，我心里非常纳闷，这是两个相互独立的主题。时间管理是对于销售人员个人而言的，只要其充分利用了工作时间，至于效果怎么样就是另外的事情了；资源关系的协调是一种组织能力。于是，我将自己对这个问题深入的思考告诉了对方。

- 销售人员的产品专业能力和客户行业能力不足，需要其他人的支持。
- 公司内部资源不足或者销售工具不足，这和时间管理没关系，只是表现出资源在时间方面有冲突。
- 回到事实情况层面去探讨、分析，而不是对问题下定论。

听到我的回复，这位朋友直点头，又进一步分享了其公司的一些信息。

- 销售人员的流动性非常大。
- 销售人员对专家等资源的依赖性非常大。
- 客户非常多，但是订单转化率不能让领导满意。
- 公司采取了华为的“铁三角”销售模式，但没有取得想要的效果。

……

这是一家平均订单额并不大的公司，大一些的订单额也就几十万元而已，在产品专业和客户行业方面对销售人员的要求也不高，然而公司不顾自己销售业态的具体情况，采用“铁三角”这样重的销售模式的确太合适，而且从该公司的表现来看，并没有学到“铁三角”（销售人员、专业人员、服务人员构成销售团队）销售模式的真谛，只是形式上像“铁三角”而已。销售人员的流动性大也与该公司目前看到的问题表现有关系，销售人员缺失专业能力，造成了订单转化率低，收入自然就上不来。结果不是自己走，就是被公司解聘。然而这些问题并不是销售人员的问题，是公司的销售体系的问题，是销售管理者的问题。公司一下子找不到合适的销售人员，又不能培养销售人员，造成了销售人员对专家等资源的依赖性过大，且还用不太好，业绩表现自然不好，从而导致人员流失，使公司的销售队伍发展进入恶性循环的状态。加之公司在销售管理方面又不具备“自我造血”能力，销售团队如同身体越来越糟的病人，拖沓着前行。

一个组织的销售职能就像人体的脉络一样，虽然表现出来的问题可能是头疼、脚疼，但如果仅仅“头疼医头，脚疼医脚”，是无法从根本上解决问题的，这就需要我们打通组织的销售体系。

2.1　十问“打通战略—销售的脉络”

首先，请结合“战略——销售”主脉络（见图 2.1）思考以下十个问题。

① 公司未来三年的战略目标是什么？

② 销售目标除了数字分解，是如何保证被完成的？

③ 现有的营销策略和销售策略是如何支撑战略目标的实现的？

④ 当前的销售体系和销售任务是如何根据战略目标需求做出调整的？

⑤ 基于销售策略，公司目前主要的销售任务有哪些？

⑥ 销售人员清楚每项销售任务中的主要销售行动都包括什么吗？

⑦ 销售管理者清楚如何做好销售管理过程中的事前和事中控制吗？

⑧ 销售人员在销售过程中得到销售管理者的帮助和辅导是怎样的？这对于销售人员行为能力的提升和销售目标的达成是否有直接帮助？

⑨ 根据战略目标和销售策略的要求，应如何选拔（招聘）销售人员？

⑩ 激励和考核方法是如何驱动销售人员达成销售目标的？

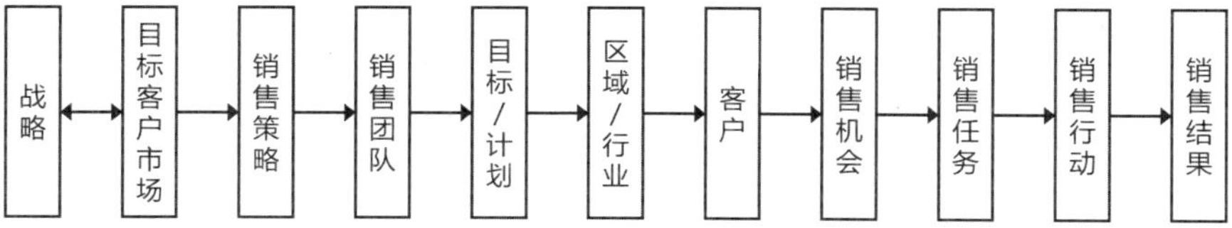

图 2.1

每逢年初就会看到一些公司的销售团队与公司签订责任书，承接当年的销售任务。我私下问这些销售管理者：“怎么样，这些任务能完成吗？”往往得到的回复就是摇摇头：“就是个形式，年底再说了。”在我跟他们的领导沟通的时候，该领导也说：“就是个仪式感，给大家鼓鼓士气。”我们支持这种精神层面的鼓励，但是一定要建立在可行的基础之上，否则到了年底目标只完成了不到 50%，甚至很多人都拿不到相应的奖金，这又有什么意义呢？

这种情况在国内的公司里是比较常见的，有一些公司、销售经理自认为对承接的销售任务心里有谱。可是到了年底距离任务目标仍有相当的差距。我们经常在企业里看到“三拍二言”的情况：

年初，拍脑袋，“就这么定了”；

年中，拍胸脯，“放心，肯定没问题，还有半年呢”；

年底，拍屁股，……

完成销售任务不是一趟背起背包说走就走的旅行，它需要像专业旅行者那样，在出发之前规划好路线，针对各段旅程的吃、住、行、游做出规划，联系、落实相关的资源，准备好一些预防措施，然后在旅行的过程中根据各种实际的情况调整旅行计划，以达到最初的目标。

2.1.1 战略—销售脉络中常见的问题

为了能够帮助各位销售管理者梳理清楚基于战略的销售目标是如何一步一步完成的，我们特别设计了本章开始的十个问题。销售管理者可以抽空坐下来思考、回答一下这十个问题。

- 看看你给出的答案是否能够让自己满意。
- 是否能够从自己的回答中发现当前存在的问题。
- 基于这十个问题、你的回答和发现的问题，你有什么改进措施？

根据我们对企业管理者和销售人员的观察和了解，下面列举一些常见的情况。

（1）有战略方向，无战略落地

很多企业，特别是在很多企业管理者的脑子里都有其战略目标和方向，这是一个企业发展的根本。问题在于这些战略不能被分解、落地到下一个层级，更不要说落实到每位销售人员的日常工作行动当中。我们不需要企业中的每个人都熟悉企业战略的内容，我们需要企业中的每个人清楚，为了实现战略目标自己需要展现什么样的职业行为，完成什么样的岗位任务。这就需要企业中的每个层级（部门）、每个岗位基于战略对策略、任务、行为进行梳理和分解。

（2）有数字分解，无销售策略

国内很多公司在销售目标（销售任务）分解上特别擅长数字分解，利用 Excel 将公司的年度销售目标按照区域、产品等方向把各个数字分解、落实到每个团队和每个人身上。然而无论数字是多少，这个分解过程都会遭到来自销售人员，甚至销售管理者的抵制。

任何销售任务在数字层面的争论都是没有意义的。对于一个真正的销售目标，重要的不是数字是多少，而是这些数字如何被完成，也就是说完成这些数字的策略是什么。我们在接触一些公司的过程中就发现了这个问题，对于同样的产品，一些地区做得好，一些地区做得不好，成绩好的地区的经验还无法复制，因为他们不清楚他们做得好的原因。这就是典型的缺少销售策略的表现，只是靠各种销售因素的契合促成了最后的好结果。团队又无法总结可复制的经验，其中一个主要的原因就是当初缺少相应的销售策略，即没有可遵循、参照、对比的策略内容，只能跟着感觉走，见招拆招。这种做法在公司、销售团队创立的初期是可行的，但是在站稳脚跟之后管理者就要清楚目前的业绩来自哪里，还有哪些地方可以产生业绩，哪些地方有优势，哪些地方是短板，这些都需要销售策略来明确，以帮助销售人员指明销售行动的方向。

（3）有业绩任务，无销售任务

在业绩任务和销售任务中任务的定义是不同的。业绩任务更多指的是销售目标的数字指标；销售任务是指在完成一个销售过程中应该做的那些事情和工作。在与银行的销售团队沟通的时候，我发现他们会收到来自上级（各个部门）的众多业绩任务，林林总总有几十项之多。而且每项业绩任务背后都有绩效考核，搞得销售团队和销售人员手足无措。

一个销售团队或销售人员若拥有过多的业绩任务（指标）会使其手忙脚乱，不知从何处下手。关于业绩任务（指标）的问题我们会在后面的章节中详细介绍。其实，从某种程度上讲，业绩任务与销售目标并没有什么本质的区别，业绩任务是在销售目标的基础上依据产品线或指标提出的更细致的目标而已。对于销售人员而言，关键的并不是这些销售目标、业绩任务是什么样的，以及它们背后的绩效考核和奖励机制是什么样的，而是如何完成这些目标和绩效任务。在完成一个销售过程中我们都需要完成哪些工作，才能尽可能地完成业绩任务；在一个客户那里我们需要完成哪些工作才能与客户达成合作、交易，并与客户一起走得更远、更久。

（4）有解决方案，无辅导方法

几乎每家公司里都有一些经验丰富的销售人员，在他们当中，有很多人还处在带领销售团队的销售管理者的位置上。面对各家公司日益增长的销售人员的需求，大量“小白”和缺乏销售经验的人加入了销售团队，这给那些经验丰富的人带来了压力并增加了工作量。为了更快地取得销售成果，他们会将解决方案直接交给求助他们的销售人员或其负责（辅导）的销售人员。销售人员按着解决方案去做就好了。这种方式会有一些弊端，一方面销售人员会过于依赖销售管理者和有经验的销售人员，另一方面缺乏经验的销售人员缺少了思考的过程，销售能力无法得到提升。这也是我们将前面的辅导二字写到括号内的用意，因为这些销售管理者缺少辅导销售人员的意识，或者说错误的辅导方式没有起到辅导作用。我们将在第 7 章讨论如何辅导和培养销售人员。

2.1.2 十问战略—销售脉络解读

接下来我们一起来看看如何能够更好地回答本章开始的十个问题，并帮助你看到目前公司存在的问题。

1. 公司未来三年的战略目标是什么

作为一名中层管理者，你应该很容易回答公司战略目标的内容，但这是不够的，你在公司内部是承上启下的角色，必须清楚组织战略目标背后的意义和意图，只有这样才能从自己职能部门的角度来思考如何支持组织战略目标的实现；才能帮助自己部门中的成员更好地制定相应的行动计划；才能最大限度地发挥每位员工的潜能。

在一些公司里，当新的战略目标被制定出来后，会有战略解读和落地的过程，这个过程保证了所有人对战略目标能够达成共识，以制定相应的行动计划和方案。当然，我们见到更多的是很多中层管理者并不能真正地理解公司的战略目标和意图。2018 年年初，一家公司的 HR 组织公司的中层管理者就 2018 年公司十大重点事务进行了研讨，结果大家讨论出来的十大重点事务有六项跟老板的想法不一致，老板非常生气。最好的战略目标需要一个动态发展的过程，是需要在每年根据宏观环境（政策、市场等）和微观环境（人员、行业等）进行调整的，这时更需要我们的中层管理者能够跟得上这种变化，调整自己团队和部门的相应的策略、行动方案和计划，否则就会出现"战略有了，行动跟不上"的局面，最终导致战略目标无法实现。

2. 销售目标除了数字分解，是如何保证被完成的

数字表达是直观的，也是能够吸引人们眼球的。很多公司的销售目标就以单纯的数字来表示，这会给销售人员在无形中带来很大的压力。

其实作为销售管理者，无论你管理何种规模的团队，我们应该关心的并不是数字目标，而是我们怎么完成目标。再高的目标，只要市场空间足够，潜在客户充足，想办法达成就好；再低的目标，如果市场饱和，客户占有率很高，在维护现有客户的基础上我们也没有更多的方法来实现销售额的增长，这时就需要销售团队另辟蹊径。

我们不需要数字的震撼和冲击，我们不需要玩数字游戏；我们需要的是对销售目标可完成性的理性分析和思考，我们需要的是对战略目标中目标客户市场的分析与规划。

我们在接触企业的过程中发现，很多销售管理者很难给销售人员一个明确的销售策略方向和具体的行动指导，他们更多的是交代一些类似多开发新客户、多跑动、增进客户关系等大而空的指令，销售人员听了并不知道应该怎么做。

3. 现有的营销策略和销售策略是如何支撑战略目标的实现的

只有保持"战略—策略—战术"的贯通性和一致性才能够保证企业的战略目标得以实现。在企业的销售体系中，策略层面的内容包括营销策略和销售策略。营销策略和销售策略一方面描述如何实现企业的战略目标和意图，一方面向团队成员清楚地描述应该做什么。

营销策略和销售策略是缺一不可的。在很多 B2B 销售业态的公司里，往往会出现忽视营销策略的情况，只是依靠销售人员和团队一点一点地挖掘客户和订单。营销策略的缺失造成的常见情况有以下几个。

- 缺少有效的销售线索（商机）。销售人员将更多的精力投入销售线索的挖掘上，而不是销售机会的转化上。
- 销售人员单打独斗的情况比较普遍，缺少支持销售机会转化的资源，这些资源包括政策性的支持、政府与客户的关系、行业品牌及口碑等。
- 无法引领客户的行业发展趋势，被动地跟着客户需求的变化而变化。

在很多公司中，所谓的销售策略就是销售指标的下达（下压）和各种绩效考核。著名管理学家彼得•德鲁克说过："对员工最大的激励就是帮助他们获得业绩，只有业绩才能让他获得成就感。不是加薪，不是晋升，不是奖励，那只是结果而已。"帮助销售人员获得业绩的基础就是销售策略，销售管理者要清楚地告诉销售人员方向在哪里，应该做什么，有哪些资源可以利用等。在这个基础之上才需要在后续的销售过程中给予销售人员具体的辅导和帮助。

4．当前的销售体系和销售任务是如何根据战略目标需求做出调整的

任何一个战略目标发生变化后，支撑它的各个体系、策略和任务都需要发生变化，甚至原有的人员结构和岗位要求也要发生改变。更何况，作为企业对未来发展方向的判断，战略目标需要通过实践、反馈来不断调整的。

这时，需要我们从业务职能体系的角度考虑销售体系和销售任务的制定应如何跟得上战略目标变化的需求。

- 现有销售人员的行为能力特点是否符合战略目标的要求。
- 现有的绩效支持结构和政策是否能充分发挥销售人员的积极性。是否能调动销售人员向战略目标的方向出发。
- 销售策略如何能够在保证现有销售额的情况下向战略目标所需要的方向转移。
- 基于新的销售策略需要制定什么样的销售任务。如何通过实践来调整、优化这些销售任务，以保证销售任务的能效性。

……

5．基于销售策略，公司目前主要的销售任务有哪些

从销售基础层面来说，销售人员要执行的销售任务只包括两个方面，一个是沟通（客户拜访），一个是销售行动策略（如何搞定一个销售机会）。

但是具体到不同的公司，沟通和策略的具体内容就不同了。是与客户进行快速沟通，做快单；还是深入挖掘客户需求，做大单？是展现产品优势为主，还是创造客户

价值为主……

作为销售管理者，你要帮助销售人员认清他们的销售任务是什么，只有这样才能使销售人员做出正确的销售行为，才能保证在实现战略目标的基础上发挥销售团队和人员的最大潜能，取得最大的成果。

6．销售人员清楚每项销售任务中的主要销售行动都包括什么吗

如上一个问题谈到的，我们要保证销售人员销售行为的正确性，而只有正确的销售行为才能够保证销售行为的有效性（效率和效果）。尽管我们不提倡单纯看销售结果，但是我们需要通过销售结果和销售行为之间的关系来判断销售行为的有效性，这才能更好地优化销售行为。

7．销售管理者清楚如何做好销售管理过程中的事前和事中控制吗

几乎每位新任的销售管理者都不知道如何管理好销售团队的销售过程，以及如何对每位销售人员的销售机会进行管理并给予建议。不断要求销售结果只能使销售人员产生抵触心理。没有人喜欢在鞭子的驱赶下工作；人们更期望的是获得来自他人的帮助，特别是来自领导的帮助。那么在每位销售人员处理每个销售机会的销售过程中，什么时候给销售人员提供怎样的帮助是每位销售管理者需要思考、明白的事情，这也就是我们提到的在销售过程中如何做到事前和事中的把控。

8．销售人员在销售过程中得到销售管理者的帮助和辅导是怎样的？这对于销售人员行为能力的提升和销售目标的达成是否有直接帮助

我们认为销售人员最好的学习、提升方式是在实践中学习。结合其在工作中出现的具体情况和问题，销售管理者在第一时间就给予销售人员辅导和帮助，这具有很强的实际意义和效果。这要求我们的销售管理者能够具备辅导销售人员的能力。当销售团队的辅导机制有效运转一段时间之后（最快3～6个月），这个销售团队在效率方面的提升将是意想不到的。

我们在与大量的销售管理者的沟通和模拟辅导演练过程中发现的问题是，几乎没有一位销售管理者能够对销售人员展开正确的辅导，缺乏正确的辅导方式，甚至根本没有辅导的意识。销售管理者的角色和其绩效目标使他们将最直接关注的点放到了结果上，如何能够更快地取得好的结果是他们所关注的，这样的认识也恰恰影响了他们辅导销售人员的行为。于是，只问结果不管过程；销售人员遇到问题，直接给出解决方案，忽略培养销售人员思考的习惯；缺少销售理论知识体系，没有辅导方法，不能从底层逻辑帮助销售人员认识和解决在销售过程中遇到的问题；甚至给予销售人员的辅导都是错误的。在这样的情况下，如何能够支持战略目标的实现呢？

在这里我们还要强调一点，就是在销售管理和辅导的过程中要考虑到人的因素，无论是管理还是辅导都是人与人之间的沟通。我们看到在实际的管理和辅导过程中，太多的销售管理者忽略了人的因素，命令、训斥、批评等筑起了销售管理者和销售人员之间沟通的屏障。

我辅导过的一位销售管理者在 3 个月后的复盘中写道："当时看到自己的问题是缺少管理技能、管控不住团队、团队方向不清晰、团队没有业绩。所有的关注点都在'事'上，而不是在'人'上。问题的根源在'我'，这些问题都是表象，这些问题的根源在于我仅仅在乎自己的感受，而不考虑其他人的感受，所有的事情都围绕着'我'而不是'我们'。当把'我'变成'我们'时，复杂的问题也就简单化了。"

9. 根据战略目标和销售策略的要求，应如何选拔（招聘）销售人员

并不是每个销售人员都能快速适应不同的销售业态。不同的销售业态对于销售人员的经历、心理、认知都会有不同的要求，在很多时候这些是短时间内无法改善的。

在厘清了销售任务和销售行为的情况下，我们对自己需要的销售人员就有了一个清晰的认知，我们可以列出几项能力要素，然后依据能力要素寻找基本符合要求的销售人员。注意，是符合基本要求的销售人员，因为我们通常很难一下就找到条件非常合适的销售人员。既懂销售，又懂产品（技术），还懂客户行业的销售人员更是凤毛麟角，这就需要我们对基本符合要求的销售人员进行培养，逐步将其培养成符合公司要求的销售人员。

10. 激励和考核方法是如何驱动销售人员达成销售目标的

销售人员是最容易被激励，也是最难被激励的一个群体。这个直接被销售业绩衡量的群体能够很清楚地计算出各种激励政策下自己的收获，然后就会实施相应的销售行为，但是最终的结果不见得能够达到组织的目的。所以组织的激励和考核方法要能够做到以下几点。

- 效果先行，真正激发销售人员的动力，达成组织目标。
- 突出重点，以组织重点为核心，鼓励大家多做，做好。
- 全面平衡，激励方式不要有明显漏洞。
- 注重公平，激励政策要面向绝大多数销售人员，要公平，要给真正付出努力并取得销售业成绩的销售人员奖励。

2.2 销售机会——销售体系的核心

有一位销售人员花了 2 天时间处理了一个价值 2.2 万元的销售订单，这个订单是一个备品备件的采购（一次性采购），客户主动找上门，几乎没有销售成本，而且这种订单的利润率不低。这看起来是一个不错的销售机会，最终这个销售机会也转化成了销售结果。可是我们回过头来看一下这名销售人员的具体情况，这位销售人员的销售任务是 300 万元/年，这就意味着他平均每天要完成 1.5 万元的订单，那么他两天要完成 3 万元的订单。而且，这两天他还推掉了已经约好的客户拜访。所以由此造成的损失不仅仅是 8000 元（30000−22000=8000）这么简单。

这时候有人说，如果这两天销售人员没什么事情，处理一下这个订单不也是挺好的嘛，没费什么力气就拿下了价值 2.2 万元的订单。虽然这看起来不错，但是大家有没有想过，为什么他这两天没有什么事情，是什么原因造成了这种情况，是他的销售机会不够，还是他对客户数量和客户情况的梳理做得不够？

销售人员处理这种临时订单的出发点是好的，我们要看到这一点，但是我们同时也要从系统整体的角度，从战略目标达成的角度帮助销售人员看到更多的内容，是不是能够换一种不影响既有客户拜访计划的方式来处理这个订单呢？一位好的销售人员不仅要低头拉车，还要抬头看路。

对于“战略—目标市场/客户（群）—销售（达成）策略—销售机会（销售过程管理）—销售任务—销售行为”这条销售体系中的主脉络，无论一家公司的销售体系是什么样的，它都是存在的。但是这条脉络上各个环节的健康情况，就要视不同公司销售体系的具体情况来看了。

对于任何一家公司来说，销售结果的达成都是基于将销售机会作为一个基本单元展开的，销售工作、销售管理工作、销售业绩、销售人员等都是围绕着销售机会展开的。销售机会是销售工作开展的基础，销售机会的出现能够调动销售人员的积极性、引发销售人员的销售行为；同样，销售机会的匮乏也能够打击销售人员的积极性，消磨销售人员的信心和意志，这也是电话销售和陌生拜访是最难的销售行为的原因，即销售人员面对众多无效的销售机会，不断地被拒绝，长期处于失望的状态。

在很多公司里，销售管理者并不着眼于销售机会，更多的只关注销售结果，这是一个错误的行为，这势必会给销售人员带来更大的压力，会造成居高不下的人员流失率。尽管销售工作是以结果为导向的工作，但结果是不能被管理的，只有行动和过程才能够被管理，销售机会就是销售活动的起点；只有拥有充足的销售机会才能够保证最终销售结果的实现。

销售机会是指某个具体客户确实存在的可能的采购需求（无论客户是否知道），并且公司能够满足客户的这种需求。这种需求可能来自客户组织利益的需求，也可能来自客户组织内某些个人利益的需求。

在确认销售机会之前，还有一个环节叫作挖掘销售线索，也就是说某个客户看起来似乎有采购的需求，但是还需要进一步确认其是不是真正的潜在目标客户。

一个有效的销售机会应该具备以下特征。

- 能够看到客户存在的问题及其需求，并且你们的产品和服务能够解决这个问题，满足这个需求。
- 无论客户是否看到了自身存在的这个问题或需求，都可以通过与客户沟通来了解客户是否会在近期（销售周期合理的时间长度内）实施采购行为。
- 客户有意愿或者至少不反对与你们的公司合作。

- 这个销售机会能够给你们公司在当前或未来，或者在其他方面带来收益。

销售机会是企业销售的命门，向下被销售人员的销售行为所牵制，向上被销售管理行为所影响。丧失了对销售机会的关注，企业的销售职能必然会陷入困境；丧失了对销售机会的管理，企业的销售人员必然会疲于奔命。

销售机会的有效性不仅仅是由客户单方面决定的，在很多时候，我们的战略目标和目标市场/客户（群）能够帮助我们更好地识别销售机会；我们的销售（达成）策略能够帮助我们快速、准确地识别销售机会；我们的销售行为能够帮助我们更加深入地挖掘销售机会，并将销售机会转化为销售成果。

并不是每个销售机会都适合自己的企业，都能很好地支持企业的发展。

对于一家研发、生产车用电池的企业，可以说所有的电动车企业都是它的目标客户，每个目标客户抛出来的橄榄枝都是一个销售机会。那么像比亚迪这种客户是不是其好的客户呢，它的采购邀约是不是一个好的销售机会呢？这可能不见得是一个好的销售机会，因为比亚迪是靠电池起家的企业。

同样，利润率很低的销售机会就不是好的销售机会了吗？也不见得，这要看企业的战略和市场的具体情况。

飞利浦照明是某企业一款产品的大客户，几乎采购了这款产品一半的产量，但是采购价格极低，利润极薄，那么我们做不做呢？如果没有飞利浦的采购，另外一半产量的生产成本是否能够同样低？没有飞利浦的采购，缺失了飞利浦照明品牌背书的效应，是否能够带来另外一半的销量？

识别一个有效的销售机会必须以企业的战略目标作为出发点，这里的有效包括两层意思：一个是销售机会能否转化成销售结果，一个是销售机会对战略目标达成是否起到支持作用。

2.2.1　销售机会的作用

我们不仅要通过将销售机会转化为销售结果来实现利润的获取，更需要销售行为和销售任务服务于销售机会，将销售机会转化为销售结果，进而通过众多销售机会实现销售结果，达成战略目标。伴随着经济发展和人们文化水平的提高，更多的企业管理者看到的是发展，企业不仅要挣钱，还要有发展，因为在现在的市场经济环境下企业不进则退，不发展就意味着没有钱可挣。

如何保证利润和发展的协调统一呢？这就需要我们能够从上到下地贯彻我们的战略目标、思想和意图，将我们的战略分解到企业中每个人的工作行为中，销售工作亦是如此。所以这就需要我们将销售体系中"战略—销售行为"这条主脉络打通、梳理清楚，这样才能保证组织的销售行可以有效、高效地支撑企业战略的实现（见图 2.2）。

（1）销售机会

- 向上为销售目标负责
- 向下展现销售人员的行为能力
- 向左衡量市场营销的销售线索的质量
- 向右考验销售管理者的管理、支持（销售人员）的行为能力

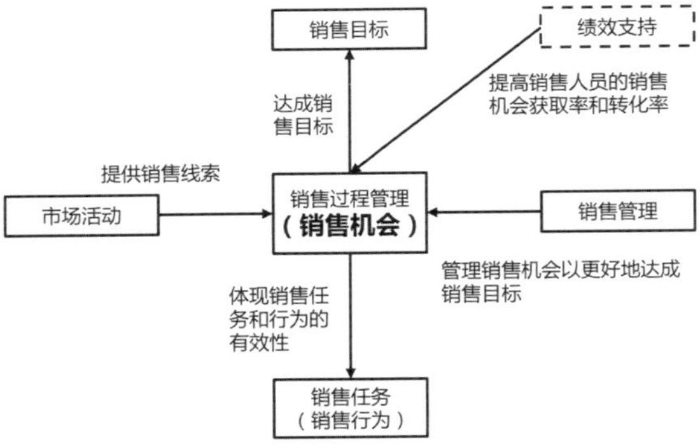

图 2.2

（2）销售机会是销售体系中的核心

所有的销售工作都是围绕着销售机会展开的，都是为了将销售机会转化为销售成果而实施的。

（3）销售机会是推动销售目标实现的一砖一瓦

销售目标是由一个个销售机会转化为销售成果来实现的，销售机会的数量、销售机会转化为销售结果的效率都将直接影响着销售目标的实现。

（4）销售机会是销售管理中的基本单元

销售管理的根本目的是实现销售目标，也就是上面我们提到的增加销售机会数量和提高销售机会转化率。通过对销售机会数量和销售机会转化率的把控，及时发现在销售机会转化过程（销售过程）中存在的问题，进而有针对性地优化销售人员的销售行为，提升销售效率（见图 2.3）。

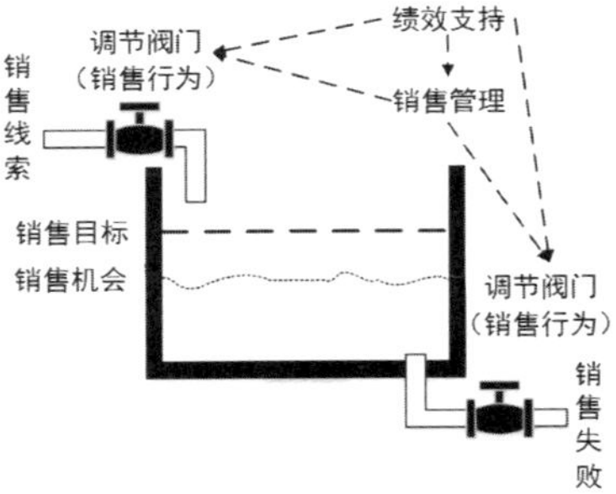

图 2.3

（5）销售机会能够检验销售体系的有效性

销售机会的数量和质量，以及销售机会转化为销售结果的效率都将直接展示出一个销售体系的有效性和业态适用性。

2.2.2　销售机会的形态

依前文对销售机会定义的描述，销售机会要对买卖双方都有价值。从销售机会提供的价值形态来看，销售机会可以分为三种形态：

（1）交易型销售（机会）

在交易型销售中，购买者很清楚自己的需求，对打算购买的产品或服务有充分的了解。一般产品或者标准化产品的销售通常属于交易型销售，在交易型销售中，客户更注重的是产品或服务的价格，因为他们对产品或服务给他们带来的价值是很清楚的，这时销售人员需要做的是如何简化销售流程，加快交易进程。

很多固定收益型的理财产品就属于交易型销售，销售人员只需要将产品情况和收益清楚地介绍给客户就好了。

（2）顾问型销售（机会）

在顾问型销售中，因为购买者没有对产品进行全面的了解，或者他们可能没有充分界定他们的问题、需求。销售人员可以在销售过程中引导购买者对需求、问题等的认识，再通过具体的解决方案来给客户带来新的价值。成功的顾问型销售人员会将注意力放在采购周期的早期阶段，特别是识别需求背后的隐性需求和动机这个阶段。

一个人中了头彩，手里一下有了大量的现金，他想通过理财达到财富增值的目的，但是他对此并不了解。这时就需要理财顾问与客户进行深入沟通，根据客户的具体情况、期望收益率、可接受的风险程度等来帮助其设计一套理财方案。

（3）战略型销售（机会）

在战略型销售中，客户和销售方（企业）会在具有了战略性的利益上达成合作，会在研发、生产等多个部门之间产生深度的合作关系。企业不再将产品或服务卖给客户，而是为了配合客户的战略目标需求，与之进行深层次的合作。通过客户的市场发展带动自身的发展。

一家现金流非常充裕的企业，希望发挥资金的更大价值，那么金融投资机构就可以结合企业的情况、业务发展动态等设计解决方案，帮助企业达成其资金方面的战略目标。

2.3 战略解读与落地

前几日，一位从事人力资源工作的朋友跟我说：他们公司前几天做了一个“工作坊”，就下一年度公司十大重要方向做了讨论，结果中层管理者讨论出来的十大重要方向与领导认识中的十大重要方向只有不到50%的重合度。在共识度不到50%的情况下怎么能够保证各个部门的行动能够朝着企业战略目标的方向前进呢？

我撰写此书的目的就是，要帮助企业从销售业务的角度达成企业的战略目标，销售业务对于企业而言是非常重要的一个职能部分，可以说是企业开源最主要的途径。所以销售管理者对企业战略的理解，以及销售（达成）策略和市场营销策略对于企业战略的有效性都将势必影响最终战略达成的结果。

在这里，如何制定战略并不是我们关心的，我们需要考虑的是如何根据组织发展战略制定出能够支持战略达成的销售策略和市场营销策略，进而能够使我们的组织发展战略通过策略的计划和指引落实到日常的销售工作中，并通过日常工作的实践反馈不断调整销售策略。

无论企业的战略清晰与否，每个企业都有其战略，这个战略有可能只是存在于领导的脑子里，而不被企业员工所知道和了解。

迈克尔·波特对战略的定义是以竞争定位为核心的，对经营活动进行取舍，建立符合本企业的独特的适配。从这个定义中我们不难看到，战略为企业的行动和发展确定了方向，但是仅仅是确定了方向而已。在明确了企业的发展方向之后，我们需要明确在这个方向上如何展开企业的日常经营活动。

① 我们要通过战略解读，制定相应的策略，利用策略层面的计划来指导日常工作。

② 要通过策略来保障日常销售工作中的行为和方向能够支持战略的达成，而不仅仅是一个财务数字（结果）。

③ 在保证达成战略的日常工作行为得以实施的同时，还要通过工作实践的反馈了解目标客户/市场的真实情况，以便做出及时的、相应的、基于策略层面（甚至是战略层面）的调整。

④ 在很多时候，战略的失败并不是因为战略方向的错误，而是战略在实施过程中没有被充分地理解，自然就得不到相应的行动支撑，最后造成了战略的失败；所以我们需要企业内部人员就企业战略及相关策略达成共识，只有这样才能保证日常销售行为的有效性。

2.3.1 华为的战略

华为经历过三次战略转型，并且每次都几乎做到了100%达成目标，那么它是如何做到的呢？图2.4是华为在2006年从IBM引入的BLM模型，也是被国内战略研究者认同的华为战略达成的重要指导模型。

从图2.4中我们不难看出，华为通过战略制定和执行后比较市场结果产生的差距来进行战略调整。所以在这里我们不仅要明确战略是什么，还要基于战略明确以下几点。

- 企业需要什么样的人才？
- 具体的执行动作应该是什么样的？
- 要达成的关键任务是什么？
- 需要什么样的文化氛围来支持大家共同奔赴目标？
- 需要用一个什么样的销售组织（结构）来更好地实现目标？

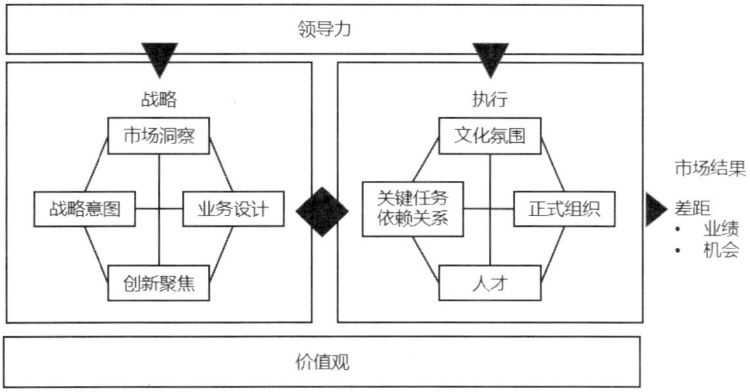

图2.4

在2016年华为全球分析师大会上，华为轮值CEO徐直军向与会嘉宾解读了“全面云化”战略，这是基于华为对行业趋势的判断，对客户商业成功的坚持，对最终用户体验提升的理解，以及不断创新、推动产业发展的承诺。“全面云化”战略的核心是从设备、网络、业务、运营四个方面全面升级基础网络，带来硬件资源池化、软件架构全分布化、全自动化的系统优势。

华为选择一切战略的出发点都是以客户为中心，成就客户的商业成功。针对当前服务的三大客户群，华为进一步具体阐述了对应的发展策略。

① 对运营商客户，就是以ROADS体验为目标，整网统筹协调，全面实现云化。

- 打造基于云的IoT、视频和云服务业务平台，抓住新业务机会窗。
- 推动运营系统云化，帮助运营商构建敏捷竞争力。
- 借助SDN和NFC，加快基础网络和IT基础设施的云化，提升运营商自动化和弹性伸缩能力。

② 对企业客户，充分利用云计算、SDN、大数据分析等技术，帮助企业完成以“敏捷和智能化”为核心的数字化升级。

- 首先，要引领企业IT系统向云架构迁移，实现资源的充分利用及效率提升。
- 其次，加快企业网络走向SDN，通过统一的SDN控制器打通运营商网络、企业网络和数据中心网络，实现全程敏捷。

- 最后，聚焦大数据平台，使企业智能化。

③ 对消费者业务，品牌、质量、体验、生态是消费者业务健康成长的核心。

- 在过剩经济时代，最终的竞争是质量的竞争，只有在客户心目中构筑起高质量的形象，我们才能在竞争中获胜。
- 服务则是另一个关键的竞争要素，华为后续会加大全球服务体系并构建核心服务能力，把用户服务打造为终端独特的竞争优势。
- 打造以消费者体验为中心的生态系统则是华为在未来的投入和发展方向。通过生态联盟汇聚业界最优秀的资源，保障终端用户的极致体验。

“全面云化”也是 ICT 产业走向开放的过程，需要全行业共同努力构建健康的云生态。华为已在全球投资构建十余个开放实验室，进行联合创新、使业务快速商用，并推动成立 ROADS 社区，与产业界分享最佳实践，形成共识，促进运营转型。华为将秉承开放、合作、共赢的理念，以商业合作为核心，以技术合作和人才培养为支撑，携手合作伙伴，打造生机勃勃的云生态。

资料来源：华为官网

华为为什么能够成为国内企业的楷模？从上面的文字中我们不难看出以下几点。

- 华为宣布了战略方向。
- 说明了目标客户群体。
- 解释了其针对目标客户群体要做什么。

作为全球的行业大佬，华为不是跟在了客户的屁股后面，而是引领了客户的发展方向，不仅为客户创造价值，更为客户的客户提供价值。这就像战略“加油机”向下面的业务单元抛出了加油嘴一样，业务单元只需要对接加油嘴就能够疏通战略思想的通路。

这里只是我们能够看到的一些关于华为的资料，相信了解华为的朋友都知道：在华为，比制定战略更强的是战略执行的力度，华为的销售铁三角就是在华为达成战略的路途上，在以客户为中心的出发点的指引下从销售一线实践并总结出来的。我们来看一下指导华为整体战略发展、达成的 BLM 模型和我们销售体系模型里的要素间的对应关系，如图 2.5 所示。

如图 2.5 所示，落实到具体的战略对销售体系的要求，主要涉及“目标市场/客户、组织发展战略、市场营销策略和销售（达成）策略”，当然还涉及领导力和组织价值观。对于领导力和组织价值观，我们认为企业内的各个职能对其都有一致的需求，并不需要在销售体系中专门提及，但是它们会起到很重要的作用。领导力和价值观都是与企业当中的人直接相关的因素，销售工作又是一项以人为核心的工作，所以其对于销售体系的发展建设也会产生很大的影响。

很多企业都有一个特点：管理者把战略制定出来之后就以为大家都懂了，都明白了，都知道应该如何去做了，可是事实真的是这样吗？

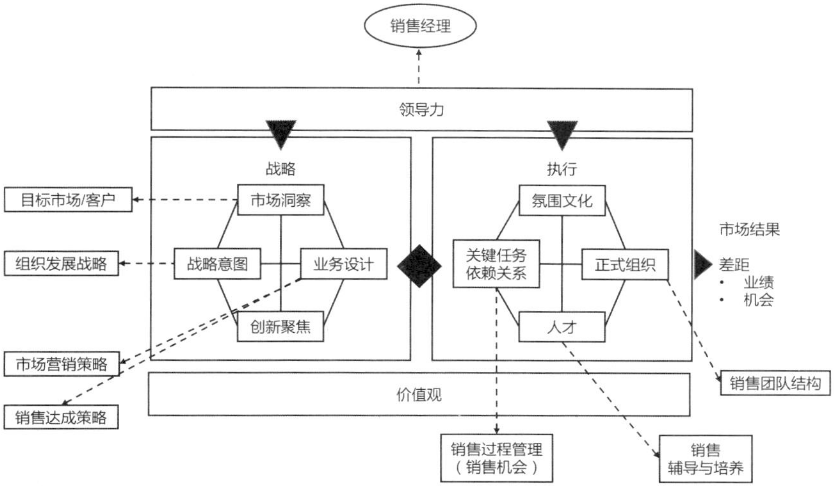

图 2.5

当公司的战略方向有调整的时候，首先要做的就是战略解读和分解，以保证战略能够落地。这也是很多公司的销售体系在“战略—销售行为”主脉络中存在的第一个割裂——战略和销售策略、营销策略的割裂，这个割裂甚至是致命的。很多公司的高层管理人员理所当然地认为：我说了，你们就应该会做，做不好就是你们的执行力不行，是员工能力不行……其实，真正的原因是，管理者的管理方法出现了问题。

无论作为高层管理人员还是中层管理人员，都要在对公司的战略目标和方向达成共识后才能够展开策略层面的目标和计划的制订，否则一切都仅仅是“我以为”。

当企业的战略发展目标明确后，我们需要通过明确“组织发展战略和目标市场/客户”来达成共识，通过制定“市场营销策略和销售（达成）策略”来确保战略能够落实到工作行动中（见图 2.6）。

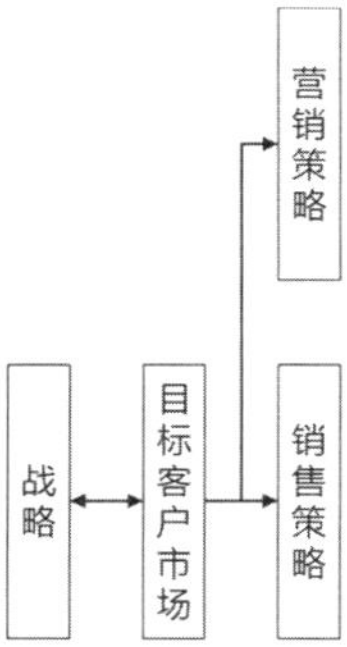

图 2.6

2.3.2 战略解读工作坊

在20世纪60年代，美国的劳伦斯·哈普林将“工作坊”的概念引入都市计划中，成为可以提供各种不同立场、族群的人们思考、探讨、相互交流的一种方式，甚至在争论都市计划或对小区环境议题进行讨论时，成为一种鼓励参与、创新，以及找出解决对策的手法。

工作坊的操作与进行的方式，随着不同的议题，而不断变更操作方式，但是其基本的模式与架构是不变的。

① 信息的分享。工作坊的第一个实施步骤就是，必须将原有的基本信息共同分享。通过这样分享的过程，可以将参与者所持有的信息、讨论成果互相分享，让参与者能够在平等的前提下共同讨论、交换意见，进而凝聚认知。

在战略解读工作坊中，首先要将公司的战略意图和想法解释给参与工作坊的人员，以便大家统一认识，并为下一步制定营销策略和销售策略提供参照基础。这是一个宣介、理解、探讨、交流的过程，并不是介绍完了、解释完了就可以了，还需要确认每个人的理解是不是与公司的战略意图一致，以及大家还有什么想法等。这个信息分享的过程不仅涉及与战略相关信息的分享，而且涉及参与者对战略认识信息的分享，目的是使大家对战略目标达成统一的认识。

② 小组提案设计。在第二个实施步骤中，主要利用分组讨论的方式，让参与者可以继续互相讨论。通过小组讨论，让参与者可以互相交流意见，通过凝聚认知的过程，拉近参与者之间的关系，以便后续活动的顺利进行。

在对战略目标的认识达成一致之后，各个主要业务单元需要结合战略目标来设计相应的业务策略（包括营销策略和销售策略），在这个过程中相关人员不仅要考虑每个业务策略本身支持战略目标实现的措施，还要考虑相关业务策略之间的联系和影响，争取形成更好地配合和协同，避免在一个战略目标下各自为战的情况发生。

③ 全体表达意见。最后就是各小组发表意见的时间。虽然各个小组的价值观与立场不同，但各方应站在客观的角度来分析事情，借此沟通和协调的机会，共同思考出一个最适合的方向，并达成共识，形成行动计划。

我们需要看到各业务单元的策略对战略目标实现的支持情况，基于战略目标的实现，对各个业务策略之间的问题、牵制等情况做出相应的调整，并为下一步制订各个业务策略相应的行动计划打下基础。

2.4 目标市场/客户

在华为的战略中清晰地明确了三大目标客户群体：运营商客户、企业客户、消费者客户，并且清晰地指出了每个目标客户群体的战略方向是什么。

- 运营商客户——全面实现云化，IoT、视频、云服务、运营系统……
- 企业客户——云架构迁移、SDN、大数据平台。
- 消费者客户——质量、服务、生态系统。

华为并没有用“全面云化战略的核心是从设备、网络、业务、运营四个方面全面升级基础网络，带来硬件资源池化、软件架构全分布化、全自动化的系统优势”这样一句话的战略描述覆盖全部客户。并且在这种对外公开的大会中对战略做出了进一步的阐释，提升了企业在客户心目中的形象。

就像华为阐释的一样，任何一家企业的战略都离不开它的目标客户和市场，这是战略制定的起点，也是战略实施的作用点。并不是战略确定了目标市场和客户，而是目标市场和客户决定了战略的方向，战略要通过策略和相关人员具体的行动来为目标市场和客户提供服务和价值。因此，在 B2B 销售体系结构图中战略和目标市场/客户是互相作用的。在本书中，我们不讨论如何制定战略。作为战略指导下支撑战略达成的销售体系，需要明确战略中的目标客户群体和市场方向，这是我们制定实施策略的根本。

在 B2B 销售类型的企业中，由于 B2B 行业特征性相对比较强，很多人都认为，目标客户就是行业中的那些客户，没有什么需要明确的，我们需要的是结果。这句话听起来是对的，然而我们要清楚的是每个企业的资源都是有限的，能不能将这些资源更有效地、更精准地投入战略方向上的客户当中？每个企业当下都具有一定的适应性，其人员和资源情况只能为那些利润一般的客户提供服务，不能够给予未来可能给我们带来更多收益的客户提供服务，那么我们应该怎么办呢？是不是甚至要有一些断臂求生的勇气呢？每个企业的销售人员都愿意做更容易做的事情，联系更容易搞定的客户，但是这类客户可能不足以支撑企业战略的达成。并不是每个客户都是我们的目标客户，财务收入的数字有可能是当下的昙花一现，不足以支撑未来的发展。

在行业中，W 公司是国际上位列前三名的公司。1998 年进入中国之后，W 公司中国分公司也步入了成长的快车道，前十年的销售额以平均每年不低于 30%的速度大幅增长。W 公司中国分公司从几个人、几间库房也发展成了拥有上万平方米厂房、员工几百人的企业，但是近 5～6 年来这家公司出现了发展停滞的状态，销售额一直徘徊不前，原来非常稳定的三大行业客户也不断地被竞争对手袭扰。

为什么会出现这种情况呢？既然是国际上行业领先的公司，无论在产品、行业应用等方面都应该没有什么问题，而且公司还拥有独特技术的产品体系。那么 W 公司中国分公司怎么了呢，为什么原来蓬勃发展的势头戛然而止了？我们一起来看看具体的原因。

W 公司和其竞争对手——行业龙头 P 公司几乎同时在国内设立了中国分公司，在经历了 15 年的发展之后，P 公司中国分公司的营业收入是 W 公司中国分公司的 5 倍，而且P公司把全球三大研发中心之一放到了中国。在这15年里发生了什么？其实在中国公司成立7~8年的时候，W公司内部的很多员工就看出了一些端倪，那时虽然中国分公司保持着30%左右的业绩增长，但是P公司中国分公司的业绩增长在50%以上，W公司中国分公司取得的30%的业绩增长只是市场发展带来的自然增长。

为什么会这样呢？原因很简单，W公司总部对中国公司的要求很低，就是业绩增长15%～20%，那么中国公司的员工自然不需要努力了。在这种情况下就没有什么战略和目标客户/市场了，也就看不到中国的市场和客户了，基本上看数字过得去就可以了。只是偶尔中国分公司的负责人觉得销售人员拿钱太容易，会下达一些诸如新客户开发率的指标，但是没有相应配套的绩效考核，到年底只要业绩增长不拖后腿，一切就安好。与此同时，P公司在稳住自己行业市场的同时，开始大举进攻W公司的优势行业市场（战略发展所需的目标市场和客户），并且不计成本、不惜代价、充分渗透。

P公司的战略意图清晰，雄心勃勃地要占据中国市场，在稳固自己的市场之后大举进攻竞争对手的优势目标市场和客户行业。W公司自我满足，缺少基于大市场、大环境下的战略目标意识。

销售业绩是最厉害的“遮羞布”，一俊遮百丑，无论是对于公司还是销售人员，当业绩还不错的时候，几乎没有人会认为其有问题，特别是当参照物（内部战略目标、外部市场竞争）设定错误的时候，更是如此。销售是一项特别奇妙的工作——“没有不开张的油盐店”，也就是说无论怎样都存在销售成功的可能。然而，如果想把一项销售工作做好，那就需要仔细地规划、分析目标市场和客户，尤其在中国经济由快速增长转为稳步发展的局面下，要把过去粗狂式的销售和销售管理模式转变为精耕细作的销售和销售管理模式。特别是对于以企业客户为主的B2B销售业态，伴随着国家基础建设的放缓，其面对的竞争更加白热化。技术的发展带来的是产品和技术的差异化逐渐缩小，加上买方市场地位，使客户更加处于主动状态。如果不能调动和加强销售管理和销售工作的力量，企业就只能在与竞争对手竞争的过程中处于劣势低位。只有通过为目标客户实现价值，构筑客户认可的差异化才能够使企业走出被动的困境。这就需要我们一步一步打通“战略—销售行为”这条主脉络，使我们的销售人员和销售体系具备构筑差异化的能力。这一切都源于企业对目标客户的认知，对目标客户行业发展的理解，只有这样，企业才能够更好地为客户提供服务。

当我们明确了公司的战略目标和方向之后，就需要根据战略目标和方向并针对我们要展开工作的目标市场和客户制定相应的销售（达成）策略，以保证销售行动的有效性和高效性。我们的策略并不是凭空想象的“空中楼阁”，它需要我们立足于企业既有的实际情况，按照战略方向的指引从宏观和微观两个层面来判断企业当前和未来的发展情况，进而制定相应的销售（达成）策略。

① 我们在明确战略方向的同时更要明确战略方向所涉及的目标市场和客户群体。

② 我们要通过一系列的讨论（如战略解读工作坊）在战略制定层面和战略执行层面就战略意图和方向的认识达成共识，最终达成行动共识。

③ 我们要为销售（达成）策略的制定部门进行把脉，保证至少在规划和计划层面策略和战略之间的承接是贯通的、无障碍的、无隐患的，这样才能够保证执行效率，真正地“做到”，而不是“做了”。

战略是根，战略到销售（达成）策略就是主杆，目标市场/客户群体就是相互连接的枝杈，根的方向错了，根的养分供给通道不通，树木一定不会枝繁叶茂。

在“战略—销售行为”这条主脉络中，我们看到的更多的是这条脉络的割裂，脉络看起来好像是通的，特别是在销售业绩增长还不错的时候，但是实际上存在着很大的问题。

在著名的管理工具波士顿矩阵中，根据销售增长率和市场占有率的高低划分了四类产品（见图 2.7）。我们效仿波士顿矩阵，从前瞻的角度来看我们的目标市场和客户，分别从销售预期增长和市场发展空间两个角度来看看我们的目标市场类型。

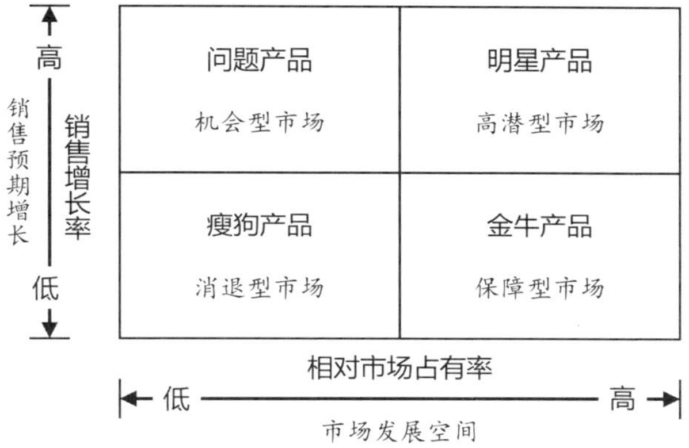

图 2.7

（1）消退型市场

消退型市场对于企业而言是一块鸡肋，食之无味，弃之可惜。这种类型的市场已经进入衰退期，利润低、客户成熟、市场规模变小，尽管还有利润，但是由于过多地占用了企业的资源，投入产出比低，不利于企业的发展。

（2）机会型市场

在机会型市场中，销售机会在市场中的占比比较低，但是销售机会的利润率比较高，企业可以在短期内获取一定的市场占有率和利润。这类市场可能就在一年中的一段时间内有销售机会，如毕业季；也可能是某个行业出现的一波一次性的机会，如现有养殖场因环保政策的要求，需要对环保设备进行一次性改造。

（3）保障型市场

保障型市场可以被看作主流市场。在这种类型的市场中会有很多销售机会，能给企业带来不错的利润和成长空间。这种类型的市场将为企业的发展带来有现金流的利润。

（4）高潜型市场

高潜型市场是一个着眼于发展和未来的市场，是为保障型市场不断提供源动力的市场。高潜型市场在逐步成熟后就会转型为保障型市场，从而能使企业有足够的收入保障。高潜型市场源于企业（供应商）的引领和发展，就如同苹果公司当年开创了智能手机时代一样，客户是不会知道他们接下来需要什么样的产品和服务的。即便在B2B这个以客户需求为中心的销售业态中，也要由企业来引领未来的发展方向。

并不是每家企业都能够关注、覆盖上述4种市场类型的，每家企业会根据自己的情况选择一个或几个类型的市场来维持企业的运营，促进企业的发展，无论任何选择都是应该由企业的战略所确定的。作为销售管理者，你并不需要选择做哪个类型的市场，只需要在明晰战略方向后，明确战略方向所指向的目标市场和客户，展开销售行动和市场行动，并为企业获取利润；同时，销售管理者要将销售过程中的市场和客户情况反馈给企业，以辅助企业进行战略方向的决策和制定。

面对战略中提及的目标客户和市场，我们需要在以下几个方面达成共识。

- 目标客户和市场的具体特征和特点是什么？
- 我们为什么要将其设定为我们的目标客户，他们对于企业的重要性是什么？
- 对于目标客户，产品和服务的重点是什么？我们通过产品和服务要给客户带来什么样的价值？
- 目前，在我们能够提供的产品和服务方面，目标客户的具体情况是什么？
- 在这些方面目标客户对现状的认识和对未来的期望是什么样的，我们的机会是什么？

即便面对相同的行业、相同的客户，由于战略方向的不同、细分市场选择的不同，也会出现销售业态的不同，甚至在一个企业内部会同时存在两种销售业态。

在很多时候，我们都认为自己很了解目标市场和客户，团队的销售人员也非常了解目标市场和客户。其实不然，我们只有清楚地与目标市场和客户达成共识才能够保证：

- 对目标市场和客户的分析和规划在方向上是正确的；
- 认清目标市场和客户的情况、存在的问题等，使销售工作更容易展开；
- 对于不同的细分市场和客户群，我们需要调配与之匹配的资源、人员展开销售工作；
- 目标市场和客户越明确，能够使我们的营销策略越具体、越有针对性，其产生的销售线索的质量就会越高。

2.5 销售目标与销售策略

每逢年底，对于很多公司和其销售人员而言，这都是冲业绩、保任务的关键时期。其实，这个时候对于 B2B 销售业态的企业而言，更重要的工作是回收款项，寻找下一年度的销售机会。对于 B2B 销售业态的企业，其典型销售周期是多久，在年底的时候就会提前多久大致形成销售局面的定局了（因为销售周期和交货周期的存在）。很多企业会在 11、12 月或者在财年结束的前两个月就开始制定下一年度的销售目标和计划了。

对于销售管理者而言，年底的重要工作不仅仅是回收款项（这是当下的真金白银），更重要的是要制定好下一年的目标和计划（这是未来的收入）。对于销售体系中的每个团队、每个人来说这个目标规划是非常重要的，因为它决定着未来一年的行动方向和内容。

一次，与一群国有银行的营业网点的行长们讨论销售目标制定的问题，一位行长就他们行的揽储目标说道：我们有三个客户经理，要完成 8000 万元的揽储目标，A 能力比较强，给他 4 000 万元的任务额，负责 800 家客户；B 和 C 弱一些，给他们每个人 2 000 万元的任务额，每个人负责 400 家客户。

我问道：如果到了 6 月 30 日，半年过去了，三个客户经理总共才完成了 2 000 万元的任务额，怎么办？

行长答：要么跟上级说调整任务目标，要么申请加派人手。

我：……

这是一组真实的对话，不知道各位看到这里是怎么想的，你的感受是什么？你所在的公司是如何制定销售目标的呢？

其实这种分解数字来制定目标的方法并不少见，在很多时候，公司的销售目标就是这样定下来的。我见过很多公司的销售人员的目标完成率不超过 50%，那么这样的目标有什么用呢？

这种情况让我们不禁想问：

- 这样的销售目标的达成情况对于战略目标的实现有什么实际意义？（正反两面）
- 为这种情况负责的第一责任人应该是谁？
- 是什么原因使销售人员的目标达成率这么低？
- 这样的销售结果如何能够为公司的发展提供参考依据？
- 怎样才能调动销售人员的积极性？
- 当初制定的销售（达成）策略是什么，是哪里没有做好？
- 在销售目标的达成过程中，为什么没有及时调整、优化销售策略和销售行为以更好地实现销售目标？
- 这么低的目标达成率对于销售人员的收入和积极性会有什么样的影响？
- 面对过去的这个销售目标周期，我们有什么可以借鉴的地方用于指导未来的销售策略和行动？

从我们访谈的情况来看，这种销售目标达成率非常差的情况大多都是“拍脑袋、定数字”的结果，其销售目标的数字没有经过任何分析和规划，更不要说达成这些数字需要什么样的销售策略、销售任务和销售行动的支持了。

所以我们说：在销售目标中，比数字更关键的是完成这些数字的策略是什么。

年底是我们总结过去一年，制定下一年目标和计划的时候，我们希望通过回顾和展望来制定出切实可行的、行之有效的销售行动计划，让销售人员们在新年伊始就知道“出门去哪儿跑业务（方向），见到客户怎么打单子（方法）”。清晰明确的销售策略将帮助销售人员有效地实施每一步销售行动。

接下来跟大家一起谈谈如何制定年度销售目标，或者叫作年度经营计划。

任何一家公司的销售目标都不应该是无中生有的，特别是经营了一定年限的企业，其的销售目标更应该来的有根有据。

审视一个销售目标是否合理、有效，我们可以使用 SMART 方法。不过需要注意的是，SMART 方法是用来判断和衡量一个目标是否有效的工具，不是制定目标的有效工具。

- S（Specific）具体的。一个目标的内容描述要清晰、具体，其内容要涉及具体的业务、产品等方面，并且有数字化的定量界定。
- M（Measurable）可衡量的。对于销售目标而言，这个“可衡量”并不仅仅是对最终的销售结果、业务数字可衡量，更关键的是要对销售过程有可衡量的指标。
- A（Attainable）可实现的。目标是否能够达成，达成目标的手段和方法、方式是什么？
- R（Relevant）相关的。与其他目标的相关性，特别是与上一级战略目标的相关性（如果公司所有的目标都是基于战略目标而制定的，那么就能够保证它们之间的相关性）。
- T（Time-based）有时限的。目标达成的时限是多久？

2.5.1 OGSMT 目标制定法

我们应该如何制定一个合理的、有效的销售目标呢？在进行了战略解读的前提下，我们还需要解读下面的层级目标关联结构，如图 2.8 所示。

从图 2.8 中我们不难看出以下几点。

- 每个层级的目标都由目的、目标、策略、衡量指标四部分构成。
- 上一层级的（某些或全部）策略就是下一层级目标中的目的，上一层级的（某些或全部）衡量指标就是下一层级目标中的目标（描述）。

- 所有的目标从公司层面一直分解并落实到个人层面。
- 每个层级的目标之间具有很强的联系性和支撑性。

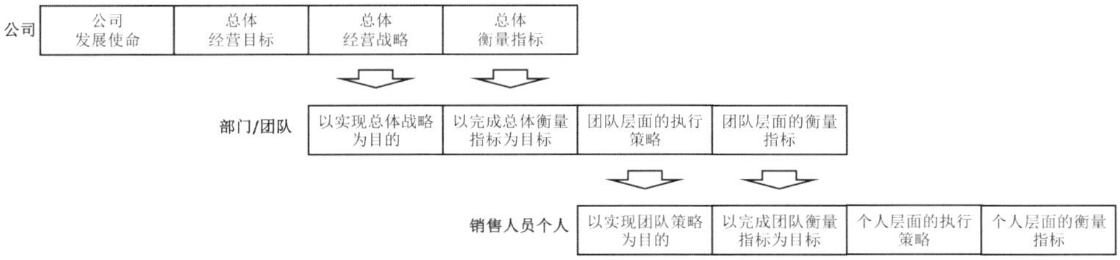

图 2.8

我们通过图 2.9 可以看出以下几点。

同盟国层面

目的	目标	战略	衡量
实现世界和平	在 1946 年实现二战胜利	首先在欧洲战场取得胜利	在 1944 年建立盟军诺曼底军事基地

盟军层面

目的	目标	策略	衡量
首先在欧洲战场取得胜利	在 1944 年建立盟军诺曼底军事基地	• 掩饰真正目的 • 发动北非战役 • 令希特勒忙于东线战争 • 得出欧洲战场稳定的结论	• 在 1944 年 2 月命令巴顿布置虚假兵力 • 在 1944 年 3 月底 100 万盟军在英国集结 • 从 1944 年 1 月起增援苏军 300 架飞机 • 在 1944 年 3 月在太平洋战区建立新的战斗群

巴顿将军层面

目的	目标	策略	衡量
掩饰盟军真正目的	在 1944 年 2 月巴顿布置虚假兵力	• 令虚假策略被德军知道 • 用假坦克迷惑德军	• 在 1943 年 10 月进行公开演讲； • 在 1944 年 1 月布置 1000 辆假坦克

图 2.9

- 在同盟国层面，以实现世界和平为目的的目标是，在 1946 年取得第二次世界大战的胜利。其中的策略之一是，首先在欧洲战场取得胜利。衡量欧洲战场取得胜利的标志之一是，能够在 1944 年建立盟军诺曼底军事基地。
- 同盟国层面的目标落实到盟军层面的时候，其目的是取得欧洲战场的胜利。其中的一个目标是在 1944 年建立诺曼底军事基地。采用的策略是：掩饰真正的目的；发动东北非战役；让希特勒忙于东线战争；得出欧洲战场稳定的结论。从而达成目标。衡量目标达成的标准分别是：命令巴顿布置虚假兵力；盟军在英国集结；增援苏军飞机；在太平洋战区建立新的战斗群。

- 当盟军的目标落实到巴顿将军层面的时候，其目的是掩饰盟军真正的目的。为了达到目的要达成的目标是，在 1944 年 2 月布置虚假兵力。其采用的策略是：令虚假策略被德军知道；用假坦克迷惑德军。衡量布置虚假兵力达成的标准是：在 1943 年 10 月进行公开演讲；在 1944 年 1 月布置 1000 辆假坦克。

从图 2.9 中我们可以看出，同盟国实现世界和平的目的、在 1946 年取得二战胜利的目标被层层分解落实到相关团队、人员，并且有相应的实现策略予以支持，使每个层面的人员都清楚自己应该做什么，同时利用过程指标（不仅仅是结果指标）衡量目标达成的情况。这就是接下来要介绍的 OGSMT 目标制定法，这也是宝洁等公司广泛应用的目标制定方法。

在这里，每个层级的目标都运用了 OGSMT 目标制定法来制定，OGSMT 目标制定法相对于 SMART 方法有以下特点：

- 利用目的更清晰地梳理了公司内各个（层级）目标之间的关系；
- 利用策略清晰地指明了目标达成的方法和方式；
- 利用衡量指标连接了各个层级，进而能够进一步加强对管控（过程）性指标和活动性指标的运用和管理，将目标的结果性管理更好地过渡到过程性管理。

① O（Objective）目的。明确指出工作的方向和使命，指出了为什么要实现某个目标；在一家公司内除了最高层级的公司发展使命，其余层级的目的都是为了实现其上一级的策略而服务的。

例如：

- 阿里巴巴的使命是“让天下没有难做的生意”；
- 第二次世界大战时期，同盟国的使命是“实现世界和平”。

在销售目标中，目的主要是指公司或部门（团队）的策略，对于本层级而言，目的可以是上一级策略中的一项、几项或全部。一般会从公司战略、部门（团队）策略、产品、市场（行业）等角度来对目的进行定性描述。

② G（Goal）目标（描述）。指出了目标的达成结果是什么样的，以及要做到什么程度才算达成目标，并使目标的执行者能够理解目标；在公司内部，除了最高层级的目标，其余层级的目标（描述）都是为了实现其上一层级的衡量指标服务的。

- 阿里巴巴的目标是“服务全球 20 亿名消费者和支持 1 000 万家企业在我们的平台上盈利”。
- 同盟国的目标是“在 1946 年实现二战胜利”。

在销售目标中，目标（描述）主要从销售额、市场占有率、客户开发率、产品销售比等几个方面进行定量描述。在描述目标的时候，我们要注意尽可能做到“全面化、具体化、细节化、数字化、可控化”。可控化保证了其结果通过相关人员的努力是可以发生改变的。一般我们会把目标行动中的调控因素分为“不可控、半可控、全可控”

三种状态（关于调控因素，我们会在销售策略部分进行阐述）。同时，我们要用积极的语言来描述目标。

③ S（Strategy）策略。用来告诉目标的执行者应该怎么做，也就是目标的实现过程应该是什么样的，方法是什么。在制定达成目标的策略的时候我们需要注意的是策略的可行性。

- 阿里巴巴的策略是“全球化、农村发展及大数据和云计算”。
- 同盟国的策略是“首先在欧洲战场取得胜利”。

在销售目标中，策略就是我们多次提到的销售（达成）策略，这个策略也是整个销售目标的核心，相比于销售目标中的数字我们更应该关注完成销售目标的策略是什么，它是保证销售目标能够真正实现的根本。

④ M（Measurement）衡量。是指在目标达成的过程中如何判断、衡量、确定我们所实施的行动是趋向目标实现的。这里的衡量不仅仅指最终达成目标的衡量指标，更重要的是在目标实现过程中，我们如何来确认我们的行动实现了哪些（过程）指标，这些（过程）指标的达成保证了销售目标的最终实现。

- 阿里巴巴的衡量标准之一是“淘宝将在 2017 年实现全国 600 个县覆盖 40 000 个村点”。
- 同盟国的衡量标准是“在 1944 年建立盟军诺曼底军事基地”。

在销售目标中，衡量主要是指在销售目标达成的时限内，需要在销售目标实现的过程中做出哪些行动，这些行动指标的实现将有助于销售目标的达成。例如，为了保证今年与区域市场内的全部目标客户实现接触的目标，我们需要在第一个月内梳理出目标客户的名单。在这里，梳理目标客户名单就是一个衡量标准。

所以在衡量指标中，我们更要看到过程性指标（事务、行动）的完成情况，这样就能保证我们在实施过程中得到反馈，判断行动效果和方向，及时调整达成目标的行动。这就像我们在路上奔赴目的地一样，一路上我们不断地通过路牌和标志性标识来判断我们行进的方向。

在衡量标准方面，很多公司容易犯的一个错误就是以结果性指标作为衡量标准。以结果性指标作为衡量标准主要会出现以下两种类型的错误。

- 仅以（年度）销售额作为衡量标准。销售额（或叫作销售实际收入）是一个事后性指标，当这个指标出来的时候，很多事情是无法进行挽回或改善的，可谓亡羊补牢为时晚矣。任何一个销售机会都是唯一的，错过了就不可能回头再来，也就意味着销售收入的损失。
- 仅以结果性指标作为衡量指标。有的公司会把年度销售额指标分解到每个月，这样看起来似乎对年度销售指标进行了过程性的管理和把控，但是这同样还是事后性指标。在销售目标中，一套好的衡量标准体系要基于销售策略，由“结果性指标、管控（过程）性指标、活动性指标”构成。通过利用活动性指标和管控性指标，可以增强管理人员在目标实现过程中对各种事务的事前和事中管理，而不是仅仅依靠结果性指标进行事后管理。关于这三类指标，我们将在销售过程管理的有关章节中进行详细介绍。

⑤ T（Time-based）时限。这里包含两个时限，一是目标完成的总体时限，如年度、季度、月度等；二是阶段性时限，即在目标完成的总体时限内进行一次阶段性反馈、调整和改善的时间间隔。

在销售目标中，相对于总体时限而言，阶段性的时限更加关键，它决定了我们检验、调整达成销售目标的行动阶段周期是多长，这个阶段性时限也是很多销售团队进行销售机会检验和回顾的时间间隔，在很多时候会以销售例会的形式体现。那么这个阶段性时限应该如何确定呢？我们一般以销售过程中销售情况发生变化的典型时间长度作为参考标准。这与不同销售业态的不同销售周期有关系。例如，一个销售机会的完成周期通常为 1～3 个月，这个时候我们就需要一周进行一次阶段性的检验和调整。如果一个销售机会的完成周期为 6～12 个月，我们 2～4 周进行一次阶段性的检验和调整就可以了。销售周期越长，在销售过程中情况发生变化的时间就会越长；销售周期越短，在销售过程中情况发生变化的时间就会越短。

我们设定阶段性时限的目的是检验和调整在达成目标过程中的行动，如果销售情况在阶段性时限内没有发生比较大的变化，我们进行检查和调整就没有意义。

关于“T”还有一个说法是“方案”，这个说法和前面有关策略方面的内容有比较大的重叠，所以我们不太赞成这个说法。

让我们通过图 2.10 来整体理解一下 OGSMT 方法。

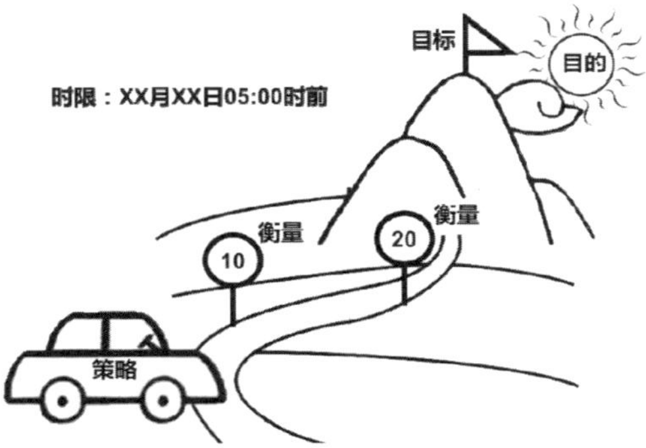

图 2.10

- 目的：到山顶看日出。
- 目标：在 5：00 日出前到达山顶。
- 策略：开车（或者坐车、骑车、步行。这里要考虑策略的可行性，例如，这么早出发是不是有车可坐，步行会不会太远等）。
- 衡量：3：00 起床，3：30 到达 5 千米处，3：45 到达 10 千米处，4：00 到达

山下，4：45 登顶。

- 时限：总体时限 5：00 前；阶段性时限 3：00、3：30、3：45、4：00、4：45。

2.5.2　各层级（角度）目标之间的联系

在第二次世界大战时期，同盟国为了实现世界和平，取得第二次世界大战的胜利而制定了纵向的目标。在这个过程中，我们看到从同盟国到盟军，再到巴顿将军，这三个层面各自的目标和达成目标的策略，以及相应的过程衡量标准。同时这三层目标之间也是相互关联的，都是围绕着世界和平这个总目标而展开的。而且我们也看到布置假坦克和迷惑德军这项任务由一位将军来领导完成，这就保证了这个策略的可行性。假设没有人能够完成这个任务那么这个策略就没有用了。

对于公司和组织而言，每个人、每个部门的目标都需要为组织目标服务，而且人与人、人与部门、部门与部门之间的目标也有一定的关联性，这样才能够更好地支撑组织目标的实现。将组织内各个层级的目标联系起来应该像一张蜘蛛网，组织目标就是网中间的蜘蛛，这张网托住了蜘蛛。

我们从图 2.11 中不难看出，我们需要在部门内部、部门之间构建起目标之间的相互联系，这就是为什么我们选择了 OGSMT 目标制定法。我们可以通过该方法中各层级目标中的策略与目的、衡量与目标之间的联系来构建上下贯通的纵向目标之间的关联。在目标的纵向关联当中我们要注意，它一定是由“由上而下”和“由下而上”两个方向构成的。在很多公司中，仅仅存在由上而下的目标制定方法，而且仅仅是由上而下的数字分解的过程，缺少了策略的制定。所以我们才需要由下而上的目标制定过程，以保证在目标制定过程中的策略不是凭空捏造的，即这个策略是需要由具体的目标执行人来完成的。同时，目标执行人反馈的信息也是制定策略的基础。

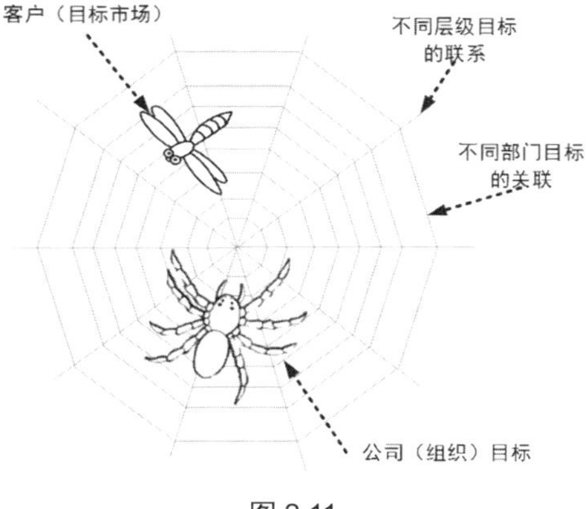

图 2.11

在保证各层级目标纵向联系的同时，我们还要尽可能地加强目标之间的横向联系。各个目标之间的横向联系能够保证目标之间互相校验、验证，进而能使各部门在目标实现的过程中共同协作、相互扶持，合力达成目标。

图 2.12 展示了产品部门和销售部门之间就销售目标构建的联系。产品部门需要清楚其产品线在每个大区能够实现多少销售额，销售额来源的依据是什么，也就是检验各个大区的产品销售达成策略。同时各个大区也可以就产品与产品部门进行沟通，以完善达成目标的销售策略。这样，目标就经过两个维度的校验，产品和销售部门能够达成共识，最终能够在较大的程度上保证目标的实现。

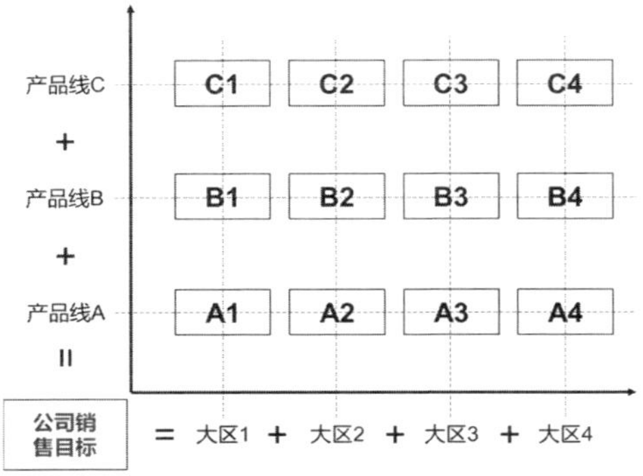

图 2.12

在销售体系中，这种横向联系一般可以从销售、产品、行业等角度来进行。如果我们从各个角度都能保证目标达成策略的有效性和目标数字的可信度，公司销售目标的实现就有保证了。

2.5.3 销售策略

当我们梳理清楚“公司—团队—个人”目标之间的关系和联系之后，最为关键的就是制定销售策略，也就是做什么能够更好地达成销售目标。

谈到销售策略的制定，我们有以下两个前提。

- 公司的战略清楚、明晰。
- 公司的战略在中高层管理者之间已经达成共识。

如果这两个前提没有搞清楚，无论你是中层管理者还是高层管理者，你都应先搞清楚这两个前提再去制定相应的销售目标和达成策略，以免到了年底有苦劳没功劳。

有关这两个前提的部分内容在战略解读章节中谈到过，在我们制定销售目标和销售策略的时候需要以此为依据，并结合实际的情况进行销售目标和策略的制定工作，如图 2.13 所示。

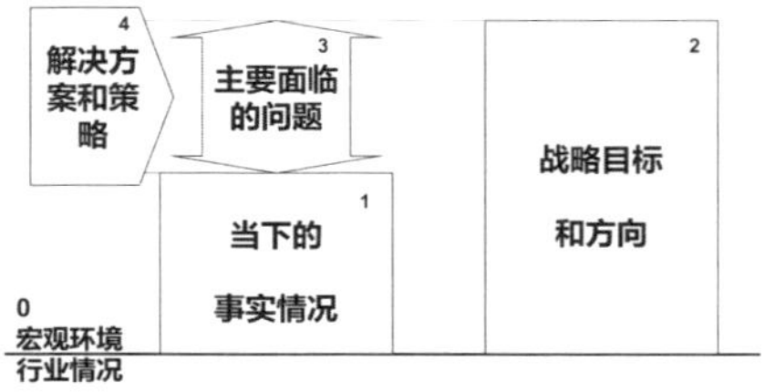

图 2.13

- 公司当下的事实情况，以及过去一年、三年、五年是什么样的？

我们需要对当下的情况有一个相对客观的认识，只有这样才能清楚自己的起点。

  ✓ 我们现在是什么样的？
  ✓ 我们有什么样的资源？
  ✓ 哪里做得好，哪里做得不好？
  ✓ 机会在哪里，危险在哪里？
  ✓ 可以发展的方向有哪些？

- 公司的战略目标和方向的细化解读与共识。

对战略目标和方向的细化解读与共识能够使我们更加清楚地知道未来是什么样的。

  ✓ 依据公司的战略，在未来的什么时间（阶段）应该达到什么目标？
  ✓ 根据战略确定的目标市场和客户是什么？与目前的主要客户之间的差别在哪里？
  ✓ 基于战略对销售体系提出的要求，你是如何理解的？
  ✓ 什么样的销售任务和行动是对战略实现有帮助的？
  ✓ 实现战略需要销售体系做出哪些改变和调整？

- 主要问题的表现与分析。

结合宏观环境、行业情况、公司当下的情况及公司的战略目标方向，我们需要明确以下问题。

  ✓ 我们现在的状况和战略目标间的差距。
  ✓ 这些差距都涉及哪些方面的问题。
  ✓ 战略目标市场的目前状况。
  ✓ 我们在市场中处于什么地位，我们要拥有怎样的地位？
  ✓ 我们面临的主要问题的表现。
  ✓ 这是根本问题吗？造成这个问题的根本原因是什么？

- 销售策略方案的产生与确定。

销售策略存在的根本目的就是保证销售目标的达成，进而支持战略目标的实现。正因为如此，我们就更需要看到销售策略中所有方案和任务的全面性和可行性，这样才能选出更好的销售策略。

- 当下的宏观经济、政策和行业情况中哪些对于消除现实情况与战略目标之间的差距有帮助？
- 各种方案和任务对于消除现实情况与目标之间的差距可能带来的效果(收益)。
- 各种方案和任务之间的优势与弊端是什么，哪些是我们可以接受（或不可以接受）的，哪些是必须的，哪些是加分（或减分）的？
- 有什么方案和任务是销售人员凭目前的行为能力和销售资源不能完成的？
- 为了实现这些方案和任务都需要什么资源和支持？容易实现吗？

关于销售策略，每家公司会根据自己的情况，设计不同的销售策略，我们在此介绍两种销售策略的思考形式供大家参考。

2.5.4 通用型销售策略

销售额 = 潜在客户数量 × 客户接触率 × 成交率 × 平均销售额

通用型销售策略适用于多种销售业态，通用型销售策略是基于上述公式展开的。我们需要针对公式中的四个因素展开思考（见表 2.1），并明确优化各个因素的方案和任务。需要注意的是，根据每家公司业务情况的不同，并不一定每个因素都有相应的方案和任务可以实施并产生效果。

表 2.1

销售额	潜在客户数量	客户接触率	成　交　率	平均销售额
策略	• 参与目标潜在客户的行业活动 • 获取目标潜在客户的名单	• 设计邀约理由 • 了解客户的更多情况	• 提供参考案例 • 制作样品	• 了解客户的使用量和品类 • 了解客户使用竞品的原因

例如，对于核电、政府等这样的行业性客户，潜在客户的数量是一定的且相对固定，是我们依靠销售任务和行为无法改变的，所以针对这样的客户，我们只能在客户接触率、成交率、平均销售额等方面进行优化。

（1）潜在客户数量

潜在客户数量受所销售的产品、方案、客户行业影响，所以相对固定。例如，你的生意目前主要集中在 2～3 个行业里，但是随着时间的推移，这 2～3 个行业内的销售机会基本上趋于饱和，稳定既有销售机会的任务大于开发新销售机会的任务，这时就需要考虑是否要开发其他行业的客户和销售机会。

（2）客户接触率

要提高客户接触率，首先要让客户知道你，其次要引起客户对你的注意。无论是通过市场营销活动的展示，还是通过销售人员的上门拜访，我们都需要做到让客户知道我们是谁、我们是做什么的。

仅仅做到让客户知道我们是谁、我们是做什么的还远远不够，因为这两项是被动的，除非客户主动提出采购需求，否则我们很难发现销售机会。当然，如果仅仅通过这两项内容就能激发潜在客户主动提出购买需求那是极好的，这说明你的产品和解决方案与你选择的目标市场及客户是非常契合的。这种情况比较少见，即便出现这种情况，这样的目标市场和客户逐渐也会像被发现的新大陆一样，被更多的人所知晓。这时就需要我们在与客户接触的过程中做到第二个层级的要求：了解客户的情况，发现可能的销售机会。只有做到第二个层级才是客户接触率的有效结果。而且从这个层级开始，销售人员就应该考虑他们的销售行为的效能了。

前不久，听一位销售管理者抱怨，他说他手下的销售人员不但只是传令兵，而且很多信息准不准确也不知道。这表面上是销售人员的行为能力不足的问题，实际上是销售策略的有效性问题。如果销售策略无效又怎么能保证有效的客户接触率，更不要说如何提高成交率和平均销售额了。

这就需要销售管理者考虑如何提高客户接触率的有效性，为销售人员提供什么样的工具和支持，怎样提高销售人员的行为能力……

针对我们是谁，我们是做什么的，可以利用营销活动和销售人员拜访（重点、目标）客户等形式实现。对于了解客户情况和发现可能的销售机会就需要花一些心思了。一方面需要销售人员具备一定的沟通能力，另一方面需要销售管理者提供能够帮助销售人员更快、更好地挖掘销售机会的工具和方法，特别是与产品和客户行业有关的工具和方法，如未知信息清单、专业逻辑关系图、提问（逻辑）清单等。

（3）成交率

某企业的管理者曾找到我，问："如何快速掌握预防和消除买方突变的策略。"我当时一下子懵住了，干了十多年销售工作没有听说过有这样的策略呀，后来一想，这就是成交率低呀，就是销售人员的行为能力和销售管理者的行为能力都出现了问题。

这是一个典型的成交率低的例子，销售人员跟进了大把的销售机会，赢单率、成交率却很低。无论怎么样，成交率只是一个结果性指标，要想改变结果就要从结果产生之前的过程下手。销售过程就是由一系列销售行为构成的，不同的销售行为对销售结果会产生不同的效果。销售管理者对销售人员的日常销售行为的管理，对销售人员进行的有效培养和辅导，都与提高成交率有很大关系。

所以，如果你将销售策略的重点放到了如何提高成交率上，你就要非常清楚地知道要解决销售过程中的哪些问题，哪些销售行为能够解决这些问题，如何衡量这些问题的解决效果等。

我们经常听到有人说：要在销售过程中让客户付出更多的成本，这样客户与你走到最后的可能性会更大；不怕客户有问题，就怕客户没问题，和客户在销售过程中交流的事情越多，成交的可能性就越大。这些话是有道理的，只有当客户对你感兴趣，觉得你的产品和方案有价值，符合他的需求时，他才愿意付出更多的成本和精力与你继续深入销售（采购）过程。那么我们就要考虑，如何能让客户付出更多的（时间、资金、关系等）成本，如何与客户产生更多的交集。

一位做空压机的老板，专门设置了 300m^2 空间作为产品的展厅。之后他总结了一个情况：只要客户到展厅参观，客户最终就会购买产品。这个成交率还是相当不错的。那么根据这个情况，邀请客户到展厅参观就成为提高成交率的有效手段之一，这时就需要销售人员找到各种理由邀请客户到展厅进行参观。

（4）平均销售额

对于平均销售额它有时候不容易由销售人员的努力而发生改变。除了扩大产品的市场份额，似乎没有其他好的办法，因为作为销售人员，你要提供给客户合适的产品，而不是让客户只买贵的不买对的。

其实，也有一些方法可以增加平均销售额，前提是企业能为客户，乃至客户的客户带来更多的价值。

我们将图 2.13 转换到客户视角来看，如图 2.14 所示，任何客户的需求一定来自其要解决的问题，而问题的产生来自其现状与期望之间的差距，没有差距就没有问题，没有问题就没有需求，没有需求就没有销售机会。

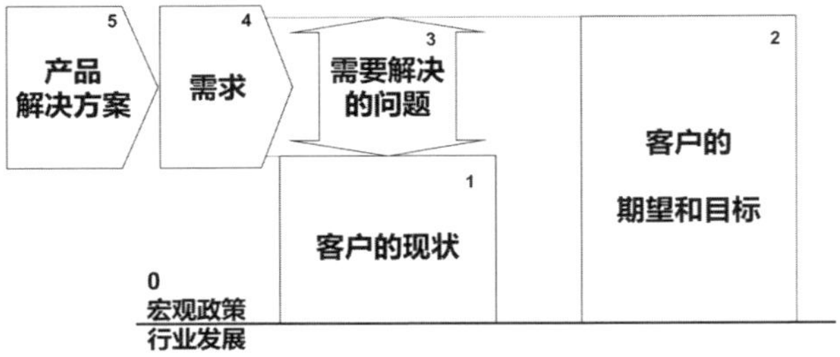

图 2.14

如果客户对现状比较满意，现状和期望之间没有差距，也就意味着销售额将是稳定不变的，甚至是没有销售机会的。那么如何产生这个差距呢？

- 利用宏观政策和行业发展趋势，引导客户建立新的认识。当客户生存的环境、情景发生改变的时候就可能产生新的销售机会。例如，2015 年新环保法实施、2017 年国家禁止洋垃圾进口等，都对相关行业的客户产生了很大的影响，这时就是销售人员抓住新的销售机会的时候，而且销售管理者要能够提前看到这个机会，提前布局。而不是等到大家都打破脑袋抢单子的时候才进行布局。
- 引导客户对现状和期望的认识产生改变。客户没有需求是因为没有问题，没有问题是因为现状和期望之间不存在差距。客户对其现状和期望的认识通常是一种主观认识，主观认识是能够被引导和改变的，这也是销售人员开展工作的重点。当客户对现状和期望的主观认识发生改变时，期望和现状之间的差距就产生了。

2.5.5 盘点型销售策略

盘点型销售策略可以说是一个比较笨拙的销售策略，但是又是一个比较实在的销售策略，盘点型销售策略比较适合长期合作的客户，以及客户资源相对稳定的情况。

盘点的内容如下：

- 盘点每位销售人员的客户情况，包括已成交客户、跟踪客户（已经在销售过程中，还未成交）、待开发客户（明确为目标客户，但还未接触或仅仅初步接触）、潜在客户（没有看到的、接触到的目标客户）；
- 盘点每个区域的客户情况，包括已成交客户、跟踪客户、待开发客户、潜在客户；
- 盘点每个行业的客户情况，包括已成交客户、跟踪客户、待开发客户、潜在客户；
- 盘点每个客户存在的销售机会，以及涉及的产品、数量、成交可能性。

整个盘点过程就像梳篦子一样，一个客户、一个客户，一个销售机会、一个销售机会，一个可能性、一个可能性进行探讨讨论，销售管理者和销售人员要就成交可能性、数量、金额、销售人员接下来要开展的行动等达成共识才能够计入销售预测。

我曾与负责冶金行业的销售人员做销售预测，我心里给他设定的销售目标是 1100 万元，我们按照前面的方法将他负责的冶金行业的客户盘点了一遍，预测成交额是 1070 万元，剩下 30 万元实在找不到双方能够达成共识的销售机会了，销售人员说："领导，你说吧，这 30 万元放到哪里我都认"。我自然是不认的，我必须要保证这 30 万元的销售额有来处，这 30 万元的销售机会要有理有据、有可能。于是我们相持不下、僵在了那里，这时一同参会的冶金行业经理说：如果接下来一年我出面帮你们做成两个跨区合作的项目，你们觉得够填补这 30 万元的差额吗？听完我们两个人都点头同意，两个项目即便是和其他大区各分一半也有至少 50 万～100 万元的潜在销售机会，转化率做到 50%就能够实现这 30 万元的差额了，而且至少有两个以上的跨区项目机会能够看到了。

盘点型销售策略是一个费时、费力的策略，这个办法的策略行动、改善着力点会具体到每个客户的每个销售机会上，更多的时候这个过程更像一名销售人员对其负责的客户进行回顾和盘点。所以这就需要我们在这个盘点的过程中要足够认真，要盯紧每个销售机会、每个产品、每个数量，以及成交可能性及销售人员接下来要采取的行动对促进成交的作用和效果。

盘点型销售策略的好处是能够摸清每个客户的每个销售机会的情况和即将展开的行动，只要认真盘点，销售人员会对未来的销售情况有一个清楚的认识。在盘点型销售策略中需要注意的是对潜在客户的开发，因为对于已成交客户、跟踪客户、待开发客户而言，销售人员都可以针对客户存在的销售机会（的可能性）进行盘点，而对潜在客户的盘点是要对销售人员开发客户的行动和方式进行盘点，也就是如何发现销售线索，并将其转化为销售机会。

有效的销售策略梳理，无论是对团队还是对销售人员都是有帮助的。

一位销售多种产品的销售人员，2018 年，销售任务额是 800 万元，实际销售额 1058 万元，260 单；2019 年，销售任务额 1500 万元……两个月过去了，这位销售人员完全没感觉了。怎么办?

首先我们做了一个数据分析。

2018 年

4.07 万元/单

260 单/232 天=1.12 单/天

2019 年，按照前一年的情况计算：

1500 万元/4.07 万/单=368.55 单

368.55 单/250 天=1.47 单/天

解决策略：高单价产品，高价值客户，深挖老客户，提升销售行为能力。

策略解读。

- 无论任务是多少，你所拥有的时间是不变的，甚至更少了。
- 任务额提高了，就要单位时间内拿下更高价格的订单，毕竟价值 10 万元的订单花费的时间可能就比价值 5 万元订单所花费的时间多一点。
- 那么什么样的价格算是高价格？去年平均订单额是 4 万元，订单额分布情况是什么样的？（你可以用 Excel 做一下分析），那么如果我们能把平均订单额提升到 8 万元是不是会比去年干得轻松一些？
- 我们公司高价格的产品有哪些，都是什么产品，它们适合的目标客户群体是什么样的，这些产品能给客户带来什么价值？
- 这些高价值的客户如何得到？
- 老客户中哪些客户适合这些高价格的产品，有这样的需求？毕竟他们成交的成本要低得多。
- 基于高价格的产品，高价值的客户，需要怎样的销售行为能力？去年你的销售行为能力的特点是什么，哪些特点可以继续发挥？

这个案例是销售管理者只管压任务、压指标，不管指标如何完成的典型案例。这样下达销售任务即便是去年的销售冠军也不知所措，这时就需要销售管理者站出来帮助销售人员制定其达成目标的销售策略，帮助销售人员找方向、找方法。如果这种没感觉的状态一直下去，缺少适合的指导和辅导，销售人员将逐渐丧失信心，最终的销售结果是谁都不愿意看到的。

2.6 分析——销售策略的根

有这样一个企业，他们通过第三方数据平台看到自己和另外两个主要竞争对手的实际成交数据，分别为 120 台、84 台、23 台，这家企业只有 23 台的成交量。管理者回顾了一下，不仅实际成交数量低，在已成交的 227（120+84+23）台中，自己只看到了大概 110 台的销售机会，市场容量其实并不小，只是自己没有做到，问题出在哪里了呢？从市场容量来看，三家成交转化率分别为：52.8%，37%，10.2%，从这家企业获取的销售机会数量（110 台）看，成交转化率为 20.91%，这个数据也远远低于两家竞争对手的成交转化率。

我们需要看到的不仅仅是数字的多少，而是为什么会出现这样的情况。这就是销售行为产生的结果，同时也说明了销售行为的有效性。

任何一位销售人员、一个销售团队都需要对自己即将展开的销售工作进行分析和规划，这样才能保证销售行动的有效性和可改善性。在前面的章节中我们阐述了销售目标的构成结构和逻辑关系，仅仅依靠这些还不足以将销售目标完全落地，需要我们通过具体的销售（达成）策略来将销售目标落地。为了更好地、制定销售（达成）策略，我们需要对自己所负责的销售范围（区域、行业等）做一个分析和规划。这就像农民知道自己有多少地，每块地是什么样的，每种作物的行情如何，如何耕种能够获得更大的收益。

销售（达成）策略是销售体系主线中的最重要的环节之一，它之所以重要是因为它起到了承上启下的关键作用。如果这个环节缺失了，下面的销售人员是迷茫的，找不到开展销售工作的方向，只是为了销售数字而盲动，可能最终的销售数字看起来还是不错的，但是销售质量却可能是不尽如人意的。

在很多公司里都会有销售目标，或者叫作业绩目标，也就是销售人员一年的销售任务（额），但是很少有公司有明确的销售（达成）策略，然而销售（达成）策略却是我们每家公司中销售目标最为关键的部分，这也是为什么在我们的销售体系中没有专门提及销售目标，正是因为销售目标中的最重要的部分就是销售（达成）策略，销售（达成）策略清楚了、有效了，销售目标中的销售额就不是问题了。

可以说销售（达成）策略是每一级销售管理者及销售人员都需要制定的策略，如果不具备策略制定的能力，就不能称得上一个合格的销售管理者；销售管理者需要帮助销售团队中的销售人员制定出他们每个人的销售（达成）策略。销售管理者在制定销售（达成）策略时，要从以下几个角度进行考虑。

- 这些策略一定是过程性的活动和任务，而不仅仅是一个结果性的描述。
- 这些策略一定是具体的，能够被清晰描述的。
- 这些策略一定是能够被执行者清楚理解并执行的。
- 这些策略一定是能够被衡量的，并且衡量指标是反应销售过程中的情况的。
- 这些策略中的因素一定是能够被控制或者半控制的（也就是我们在目标描述中提到的可控化推动）。

一位管理者与我交流，他要求销售人员每天打 120 个陌生电话，至少挖掘出来一个 B 类需求，这样就能够完成公司的销售目标了。这个策略听起来不错，但是在策略中有两个因素——打电话的数量和挖掘 B 类需求的数量，打电话的数量是可控的，对于销售结果的推动也是积极的，但是B类需求的数量是不可控的，这取决于客户名单的质量。

没有分析和规划就没有策略，销售行动就是盲目的。

一次课上，学员们抱怨销售机会不好挖掘，天天“扫街”太辛苦。这是一家从事工业空压机销售的公司，负责某个省的空压机销售工作。他们的销售人员通过电话联系到“目标”客户之后，就登门拜访，从客户那里出来之后就开始“扫街”的工作，把这个客户周围的工厂“拜访”一遍。结果自然会吃到很多闭门羹，效率非常低。

问：你们梳理过你们每个人负责范围内的客户吗？无论是从区域角度还是从行业角度？

答：没有。

问：你们清楚今年的销售目标应该怎么去完成吗？如果实际效果不好应该怎样进行调整？

答：不知道，我们经常是“吃了上顿不知道下顿在哪里”。

问：你们省有一个XXX公司，是全国纺织行业中的龙头企业，跟你们在纺织行业客户方面有很大的共性，你们是否跟他们有过接触，尝试过合作？

答：没有。

我：……

这就是一个典型的销售工作没有经过分析和规划的例子，如果没有约到客户，他们都不知道太阳升起之后他们应该去哪里。他们看不到客户，自然就不知道销售线索在哪里，更不用说销售机会了。无独有偶，还有一家公司是这种情况。

很多设计院都是或者曾经是他们的客户，每个销售人员手里都有一份自己负责区域的客户名单，而且名单上都是采购过他们产品的客户，他们需要做的最简单的工作就是让客户升级他们的产品。于是销售人员每次从客户名单里找出30家客户，打一圈电话，对有升级意向的客户进行上门拜访，签几个单子之后再从客户名单中找出30家客户……当然，还好的是这些销售人员的脑子里都会对自己负责区域内的客户有一个主观的判断和衡量，哪个客户是大客户，哪个客户跟我们关系比较好，哪个客户升级需求比较大等，但是这一切都是在销售人员的脑子里，没有一个统一的标准，很难一下就梳理清楚未来的销售情况，进而无法提供有效的决策和相关的市场、销售行动，甚至无法得到正确的市场变化信息，影响公司的发展。

这两个案例中的销售人员都缺少对所负责的销售范围（区域或者行业）分析和规划，他们的区别仅仅在于一个知道客户在哪里，一个不知道客户在哪里。

- 如何对客户进行定义和分类？在自己负责的范围内都有哪些类型的客户？
- 有哪些企业和行业与我们拥有共同的客户群体，怎样与他们展开合作？
- 如何能更有效率地接触目标客户？
- 如何来判断客户的需求，在什么情况下可以更快地促进销售的达成？

2.6.1　销售工作开始前的分析

无论是一个新市场、新区域，还是一个既有的市场和区域，在销售工作开始前，销售人员都需要进行“分析和规划”。

每个销售团队负责的区域或行业都具有一定的范围，无论作为销售管理者还是销售人员都需要对自己负责范围内的潜在客户进行分析和梳理，对潜在客户进行“摸底”，哪些客户是优质客户，哪些客户是一般客户，哪些客户有可能快速成交，哪些客户可能要多花一些精力……

只有经过这样的分析和梳理才能使销售人员根据“从快、从大、从稳”的销售行动原则，展开销售工作（行为）。销售人员不进行分析-梳理，其销售行动就是盲目的。

如图 2.15 所示，我们在对目标市场/客户进行分析和梳理的时候，需要从以下方面考虑。

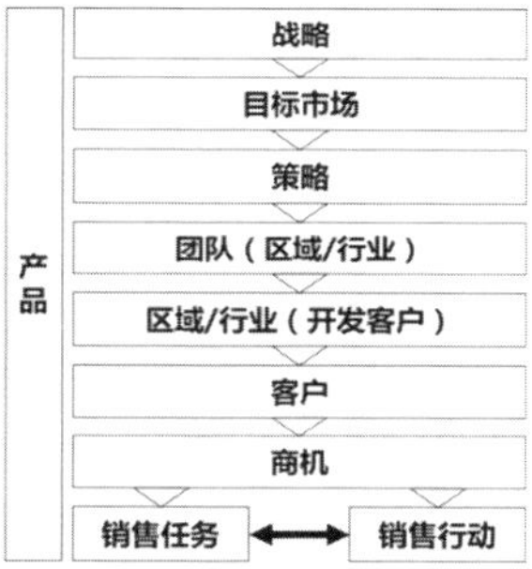

图 2.15

- 结合产品、行业、区域三个维度分析和梳理客户的情况，并选择主要的销售行动（结合）方式，是以区域覆盖为主，行业推动为辅；还是单纯地依靠地域展开销售行动等。
- 每个团队、每个人负责的（区域、行业、产品）范围内的客户情况是什么样的？
- 销售机会的数量、潜在金额、（销售机会转化为销售成果的）转化率如何？
- 为了开发客户、挖掘销售机会、促成交易、维系客户等销售（阶段）目的所需要实施的销售任务和行动都有哪些？
- 在销售过程中出现了哪些问题，哪些阶段是需要重点改善的阶段？

2.6.2　销售工作开始前的规划

根据我们分析和梳理的情况，我们需要依据销售目标来规划一下面对这些潜在客户我们应该实施什么样的销售行为，需要哪些资源支持，大概在什么时间（阶段）取得什么样的成果，从而能够保证销售目标的达成。并制订相应的销售行动计划，甚至是销售收入预测清单，并尽可能地使我们估计的预测销售收入高于我们的销售目标收入的 1～3 倍。这样就能在一定的销售机会到销售结果转化率的基础上，使我们有充足的销售机会流入到销售漏斗中。（在销售管理的有关章节中我们会详细地介绍销售漏斗，这里的 1～3 倍，涉及具体的企业还要看每个企业的转化率，当然是进入销售漏斗的销售机会越多越好。）

在分析和规划过程中还有一项最重要的事情，就是你的销售行为能力是不是足够支撑销售策略的达成。如果销售行为能力不能支撑销售策略的达成，再好的销售策略也是烟花，只能看。这也是为什么我们脉络是“战略——销售行为”，因为任何战略的达成都需要靠与之匹配的销售行为去一步一步地实现。在销售体系中，销售人员的销售行为是销售管理者给予销售人员培养和辅导的根本着力点，对销售人员的销售行为的管理也是销售管理工作的重点。这就像体操比赛一样，如果基本动作不够标准、到位，无论如何都不会拥有出色的表现。

在一次与销售人员访谈的过程中，我与销售人员的主要对话如下。

我：今年你的销售任务额是多少？

销售人员：2500 万元。

我：目前我们的订单平均销售额大概是多少？

销售人员：差不多 30～80 万元一单，平均下来 50 万元一单吧。

我：拿下一个订单差不多要拜访多少次客户呢？

销售人员：最少 10 次以上。

我：那么如果明年任务额调到 3000 万元，你会怎么去完成呢？

销售人员：……

看到这里，大家可能还不太清楚怎么回事，但是这位销售人员的确进行了分析和规划。我们来分析一下。

在北京，一个销售人员在保证拜访质量的前提下，每天拜访客户的数量基本上是 2～3 家，2018 年有效工作日是 232 天，那么意味着在 2018 年销售人员拜访客户的次数在 464～696 次。按照一天 2.5 次拜访计算，一年的拜访客户的机会次数是 580 次。（580 次已经是一个看起来有些疯狂的数字了，基本上一位销售人员一年的拜访次数在 400～500 次已经很好了）

用刚才销售人员的数据和一年拜访客户机会次数来计算：

580 次 ÷ 10 次/客户 × 50 万元/客户 ＝2900 万元

也就是说，这位销售人员保证 100%的成功率才能让销售额达到 2900 万元。

那么这位销售人员如何突破这个困局呢？从上面的计算数字来看，一年当中的客户拜访次数几乎是不能再增加了，因为我们还要保证客户拜访质量。那么剩下可以改变的两个因素，一个是平均客户订单金额，一个是平均拿下一个订单的客户拜访次数。平均客户订单金额是一个不可控因素，不是销售人员通过努力就可以改变的，这个因素是由客户来决定的，而且也不是我们想接触大客户就能够接触到的。那么我们只能通过减少每个客户、每个订单的拜访次数，来增加拜访客户的数量，才能有效地提升销售额。也就是说我们要通过销售行为的优化来提高我们拜访客户的效率和效果，用更少的拜访次数来拿下订单。

作为销售管理者，你可以仔细地观察一下你身边的销售人员的拜访效率和效果是什么样的。

- 有没有拉着销售经理甚至总经理去见客户的，还给客户带公司介绍手册的？
- 有没有客户说：回头把需求发到你（销售人员）的邮箱里。销售人员就屁颠屁颠的回来等邮件了，而不是利用这次拜访机会更深入的挖掘更多的情况和信息？
- 有没有花了 300 多块钱打车费，到客户那里待了 15 分钟就出来的？这 15 分钟还包括他登记入厂和走入、走出客户办公室的时间。
- 有没有销售人员拜访客户之后告诉你：这个客户不是我们的目标客户。结果没过多久客户就产生了一定数量刚性需求的？

大家不要觉得这些现象好像不可思议，不应该发生，实际上在我们的销售人员身上类似的无效客户拜访行为每天都在发生，表现形式各种各样，结果只有一个：搞不定客户。爱因斯坦说：我们无法用提出问题的思维来解决问题。如果仅仅是看到结果，是无法改变结果的，只有探询结果背后的原因才是改变结果的根本，这个改变行动的起点就是分析和规划。

没有一位客户会告诉销售人员，是因为你的销售行为能力不行而丢单的。

很多销售管理者经常抱怨销售人员的能力不行，可是我们是否想过：好的销售人员凭什么跟你干？销售人员不行，首先是他的直属管理者不行，不能够给予销售人员足够的辅导和培养，我们很多销售人员进入销售队伍之后就是散养式成长，没有得到足够的支持和帮助。著名的管理学家彼得·德鲁克曾经说过：对员工最大的激励就是帮助他们获得业绩，只有业绩才能让他获得成就感。不是加薪，不是晋升，不是奖励，那只是结果而已。

所以，销售人员绩效的第一责任人是他的直属管理者，作为销售管理者我们需要帮助销售人员达成绩效，而不是仅仅向销售人员要绩效结果。作为销售管理者，在销售人员展开销售日常工作行为之前要与销售人员一同分析和梳理一下他们负责范围内的客户情况，明确销售任务的内容，尽可能地提高销售工作的效率。

作为一位销售团队的管理者，我们需要和销售人员一起分析和梳理一下以下内容。

- 在其所负责的范围内，客户的整体情况。
- 目前与这些客户的关系建立情况如何？
- 哪些客户是你的 A 类客户？哪些客户是准 A 类客户（客户需求同 A 类客户，但还没有产生销售活动）？
- 按照区域（产品通用性强）或行业（产品专业性强）梳理出来的前五（十）大

目标客户都是哪些？

- 有哪些已经看到的或者正在进行的销售机会，它们都处于销售进程中的什么阶段，这些销售机会预测的销售额是多少？还有哪些可以挖掘的销售机会？
- 销售人员接下来的日常销售任务是什么？
- 销售人员还需要在哪些方面做得更好进而提升销售工作效率？

分析和规划从以下几个方面进行。

- 分析客户——客户情况、销售机会的潜力、可挖掘的销售空间。
- 分析机会——销售机会的情况、销售机会在哪里、销售机会的转化情况。
- 分析人员——销售人员行为表现和过往结果的情况、销售人员的效率、效能情况。
- 规划行动——接下来每个销售人员的销售任务和行动。如何不断提升行动的效率？

2.6.3 组织“战略—销售”系统思考

对于任何一家公司而言，其销售体系一定是经过系统思考的，这样的系统思考能够帮助我们看到：

- 当前公司销售工作中的情况、问题；
- 为了实现公司战略目标，销售工作（体系）需要做的事情；
- 目前存在的问题和差距；
- 帮助我们厘清构建销售体系相关内容的思考和想法；
- 建立实施过程中的参照系，便于持续的优化和精进；

图 2.16 在前文出现过，我们让大家利用便笺纸进行思考，如果您写了，我们一起来看看是否能够回答以下的问题。

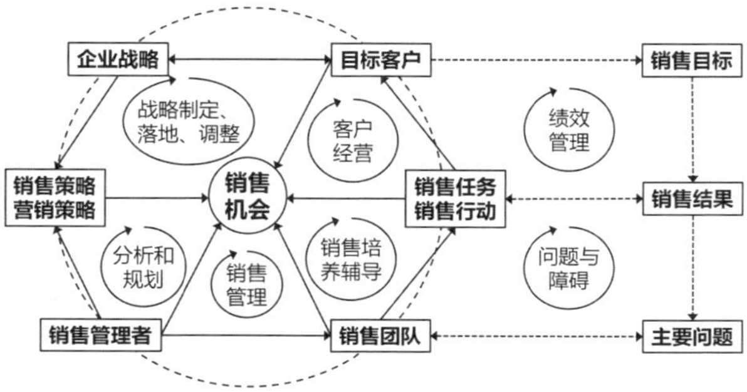

图 2.16

- 所有的销售团队成员是否都能够明晰组织的战略方向及意图？

☐ 清楚　　☐ 应该清楚　　☐ 不清楚

（公司的战略方向和意图是什么？）

- 根据组织的战略方向，相关人员是否清楚哪些客户是目标客户？

□ 清晰、明了　□ 差不多清晰　□ 不清晰

（目标客户的关键词是什么，关键词之间的联系是什么样的？）

- 销售管理者是否明晰、制定了为实现公司战略的营销策略和销售策略？

□ 有明确的策略　□ 他们知道做什么　□ 没有策略

（销售策略和营销策略的内容和重点是什么？）

- 基于营销策略和销售策略，销售人员是否清楚自己的行动策略是什么？

□ 清楚　□ 不清楚

（基于公司层面的销售策略和营销策略，每个销售团队和销售人员更具体的（行动）策略是什么？）

- 为了配合销售策略和营销策略的达成，销售团队的结构是否需要要调整？

□ 不需要调整　□ 调整起来影响太大　□ 需要调整

（什么样的销售团队结构能够更充分的发挥销售策略的作用？）

- 为了使销售策略落地，将销售机会转化为更好的销售结果，销售人员是否清楚自己要完成的销售任务和行动？

□ 清楚　□ 不清楚

（面对销售机会，在销售过程中销售人员都需要完成哪些销售任务和行动，这些销售任务和行动需要做到什么程度才能够符合销售机会转化的要求？）

- 销售管理者和销售人员是否清楚目前销售团队和销售人员的表现和问题？

□ 问题太多　□ 业绩好，没啥问题　□ 不清楚

（我们目前是怎么做的？主要的表现和问题是什么？）

- 结合销售策略和营销策略的要求，以及当前销售行为的表现和问题，我们是否清楚我们需要什么？

□ 清楚　□ 不清楚

（我们需要弥补、提升的方面有哪些？以什么样的形式提升会更有效？）

- 你还看到了什么，有什么思考？

很多时候，作为企业的高层管理者和老板们都是思考过上述问题的，特别是那些经验丰富的管理者，他们的想法和思考还是非常符合实际情况的，可是为什么往往取得的结果却不理想呢？飞机和汽车的发明者不一定是第一个思考这种交通工具的人，但是他们却是第一个将这个想法变为现实的人。所以，作为管理者，我们更需要在思考之后考虑如何将想法和目标落地，特别是在企业中，这个由众多人员组成的组织，如何让每个人都清楚自己该为企业的发展做什么、怎么做，而且是发自内心地做，这也是为什么很多企业都在强调组织愿景、文化和价值观，并力求将它们落实到每一个人的工作行为当中，这也是为什么阿里巴巴的“铁军”首先要大浪淘沙，选出认同组

织价值观的销售人员，只有内在认识统一了，才能够劲儿往一处使，才能够做到每个人都从组织战略目标的角度出发，修正自己的工作行为。

【重点回顾】

在本章主要与大家一起讨论了“战略——销售策略——销售机会——销售人员行为”主脉络中战略、销售策略和销售机会之间的联系和对销售体系建设的作用。

- 战略要通过销售策略逐步落实到销售人员的日常工作任务和行为当中，这不是一下子就能完成的，需要销售管理者对战略的解读和转化，所以这需要销售管理者结合战略针对销售业务有一个规划的过程；销售管理者可以通过调研公司内员工对战略中关键词的解读来看看大家对战略的认知情况，“我发现，我原来对战略的理解还是不够，听了董事长的解读，我对战略的理解更加充分了”，这是一个 200 亿规模企业的中高层管理者在战略解读后的感触。
- 战略与目标市场、客户是一个相互作用的关系，管理者对目标市场、客户的认识决定了战略的方向和意图，同时战略方向和意图也要作用于目标市场、客户，所以作为销售管理者第一步就是要带领销售人员认清目标市场、客户。
- 销售目标的制定不仅仅是一个数字分解的过程，更重要的是这些数字如何能够被完成。只有经过分析、规划过的销售目标才有意义；同时任何一个目标都不是孤立的，上下层级的目标之间的联系应该是紧密的，OGSMT 目标制定法很好地诠释了其中的联系。
- 销售机会是达成销售策略、实现战略目标、实施销售行为、进行销售管理的核心，也是销售管理工作中的最小单元；所以我们要开发更多的有质量的销售线索，才能够保证充足的销售机会；管理、推进销售机会的进程，才能将销售机会更多地转化为销售结果；销售机会的转化率体现了一个销售组织的质，销售结果只是量而已。
- 销售策略一方面是对战略的解读和计划，一方面用于指引销售人员行动的具体方向；销售策略的缺失是目前很多公司主脉络的淤堵环节所在，在对战略解读和共识基础上制定的销售策略将继续指引销售人员的工作方向，是连接销售人员工作行为和战略的桥梁。
- 无论是一个销售组织还是一名销售人员都需要对自己负责的业务范围进行分析和规划：分析目前的情况，规划所要开展的工作任务和行动；只有经过分析和规划才能使工作开展起来有依据，才能使工作中的反馈和调整有参照、有对比，才能使工作在逐步开展过程中得到沉淀和积累。

第3章　销售管理——销售管理者，销售体系的发动机

本章提要

销售管理者作为销售体系结构中唯一一个明确的管理岗位，可见销售管理者在销售体系中的重要作用，销售管理者作为销售体系意识形态的践行者是一个销售组织的“中场发动机”。如何做好一个“中场发动机”，如何正确发挥销售管理者的作用，销售管理者需要具备哪些能力，如何能够不断地提升自己，这些都给销售管理者提出了严峻的挑战。

我们曾经接到过一个企业需求，寻找预防和消除买方突变的策略。当时乍听以来有点一头雾水、不知所措。稍后仔细一想，哪有什么预防和消除突变的策略，买方突变只是最后表现出来的现象而已，真正的问题出在了销售过程和销售管理过程中，在前面的销售过程中没有衡量、把握好销售局面；在销售管理过程中也没有看到销售机会所出现的问题，到最后单子丢了，反而觉得买方突变。“头疼医头，脚疼医脚”，并不能从根本上解决问题，甚至错误地解决了问题，造成了问题的进一步放大。

如果说一家公司的销售体系就像一辆汽车，那么这家公司的高层管理者（战略）就是驾驶员，他们引领汽车驶向目的地；公司里的销售管理者就是发动机，他们驱动着汽车（销售体系）向前行驶。

早在2015年，我们就对销售管理者提出了三个概念。

- 销售管理者是企业销售发展的核心。
- 销售人员绩效的第一责任人不是他自己，是他的直属（销售）管理者。
- 要让销售管理者成为销售教练，让他们在实践工作中及时辅导、培养销售人员，这才是最直接、最有效的销售人员培养方式。

根据上面的概念和目前大多数公司销售管理者的状况，在公司内部最需要培训的群体其实就是销售管理者。培训这个词用在这里并不是非常合适，这些销售管理者们并不是通过单纯的培训就能够符合上述三个概念的要求的，关键是要做到认知层面的改变。只有销售管理者才能够做出正确的销售管理行为，才能真正担负起带领团队的责任。

为什么我们将销售管理者比喻成发动机呢？

- 销售管理者是直接与销售人员发生工作、业务关系的人员，他的任务就是帮助销售人员取得更多的业绩，是帮助，不是管理。帮助销售人员无非就是两个方面：提升销售人员的销售行为能力（向内的）和销售人员销售行动支持资源的获取（向外的）。
- 销售管理者将根据公司的战略制定团队的销售策略，并将销售策略落实到团队中每名销售人员的日常工作中，同时要帮助团队每名销售人员制定他们的销售目标的达成策略。
- 销售管理者是所负责区域（行业、产品）的团队策略中心，在每个目标周期内（以年度为常见）甚至在更短的时间内（如季度）都需要销售管理者能够分析、规划、回顾其所负责区域的销售情况，重点客户的情况等，针对其所负责区域的具体情况进行策略性的规划并制订相应的行动计划；同时，给予每位销售人员具体销售过程的（行动）策略支持，毕竟大多数销售管理者都拥有丰富的销售经验，比销售人员掌握着更多的销售支持资源。
- 销售经理的性格、秉性将直接影响到其团队的风格，一个销售团队的风格将对销售结果产生直接的影响。无论是在公司内部还是面对客户，销售工作都是以人为核心的工作，那么参与销售及销售管理工作的人的行为风格、习惯将对销售过程和结果产生很大的影响。同时，销售管理者在团队内的表现对团队成员的影响会非常大，销售管理者的状态，特别是对公司政策、规定、制度的负面情绪，都会直接影响其团队内的销售人员。

既然销售管理者对于公司这么重要，那么我们现在公司里大多数销售管理者是什么样的现状呢？一个合格的销售管理者应该是什么样的呢？

- 大多数销售管理者都从事过一线的销售工作，并且销售业绩还不错，拥有一定的、甚至比较丰富的销售经验；他们对销售知识和理论的理解更多的是从经验和感觉出发，无法形成清晰的、系统的、可借鉴和复制的销售方法（论）。
- 几乎很少有销售管理者接受过专门的销售管理专业培训，好一点的公司会给他们一些通用管理课程和领导力课程的培训，但是这些相对销售管理专业的要求还差得很远；很多销售管理者只是把眼光放在结果性指标上，缺少对销售人员和销售过程的过程性指标和活动性指标的关注，更不要提对销售过程和销售人员的帮助了；即便有一大部分销售管理者非常想为销售人员提供帮助，但是帮助的方法和形式不合适，搞得销售人员不满意，自己还很辛苦、很生气。
- 在很多公司中，销售经理还会承担一些个人的销售工作，不能全身心地投入到销售团队的管理工作中，甚至在很多时候销售管理者就是销售人员打单最后的利器和依靠；在这种情况下销售管理者在销售人员、销售教练（师傅）、销售管理者的角色之间不断切换，加之有没有接受过专业的销售管理培训，搞得他们自己也稀里糊涂，甚至很多时候做事情的立场都搞错位了，有时候甚至销售人员都认为销售管理者在跟他们自己抢资源、抢单子。

- 迫于销售结果性指标的压力，很多销售管理者成为大客户、大订单的"操刀手""救火队长"，为销售人员的销售机会亲自上阵，苦不堪言。

一名合格的销售经理应该是什么样的，他们需要做哪些工作呢？

从某种意义上讲，销售管理者只是负责管理销售过程，帮助销售人员，他所拥有的权利是这个职位的工作内容带来的；如果一个销售管理者没有管理好销售过程、帮助销售人员，他就不具备这样的职位权利，即便此时他行使这样的权力，销售团队的成员也不会给予他很好的配合。

3.1 销售管理者行为能力要求

如图 3.1 所示，销售管理者独立负责了整个销售体系中的大部分工作，在这里除了"具体的销售任务和销售行动由销售人员去实施""销售支撑单元的绩效、招聘"等工作不需要由销售管理者去做，其他的都需要销售管理者去主导，并且销售管理者还要负责帮助销售人员提升销售行为能力。

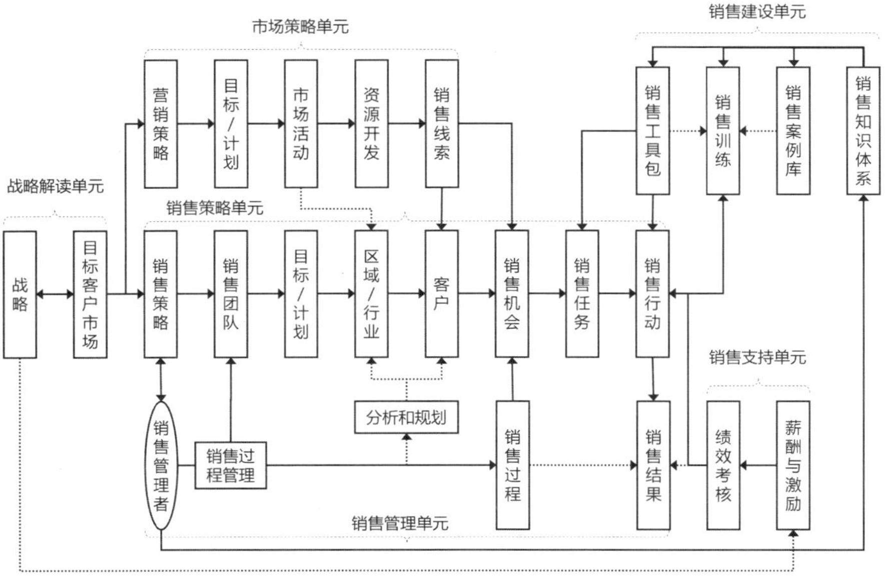

图 3.1

3.1.1 销售管理者的主要工作职责

从图中我们不难看出销售管理者的主要工作职责有以下几个方面。

- 根据公司战略目标制定自己负责地区（行业、产品）的销售（达成）策略，并协助销售人员执行相应的策略，从而使指导销售人员和销售团队完成销售目标的行动计划得以落实和实施，为销售人员的销售行动提供方向。
- 配合市场营销策略的实施，并将销售线索的质量反馈给市场营销环节，以使市场营销策略及时做出调整，形成市场营销策略和销售（达成）策略的有机配合。
- 根据自己负责的地区（行业、产品）及销售（达成）策略的具体要求，构建保证销售策略达成、销售目标实现的销售团队，并提出相应的绩效、招聘要求等建议；同时要展开能够促进团队发展的团队建设工作。
- 以销售机会作为最小管理单元对销售人员的销售过程进行管理并为其提供帮助，就具体的销售机会过程中销售人员的行为和策略给予指导、建议和帮助；以销售机会作为最小管理单元，针对团队的销售机会进行管理，以确保团队销售目标的达成。
- 构建销售知识体系和销售辅导机制，通过日常销售工作实践，给予销售人员销售行为能力的辅导和培养，以帮助销售人员提升销售行为能力，优化销售结果，进而提升团队的整体水平，增强团队及公司销售体系的“自我造血”能力。
- 有意识地组织销售案例、销售工具（包）开发工作的实施，配合公司销售知识体系乃至公司自有销售方法的建设。

3.1.2 销售行为能力要求

从销售管理者的主要职责来看，找到一位符合条件的销售管理者的确是不容易的，那么让我们按照层级要求来看看销售管理者的行为能力要求是什么。（可以作为招聘销售管理者的参考）

（1）基本层级行为能力要求

① 打铁先要自身硬——具备一名合格的销售人员的行为能力，会做销售日常工作（必须）。

② 销售看结果，管过程——能够从销售过程角度对团队的销售工作实施管理行为，而不是只盯着销售结果（必须）。

③ 帮助是最好的激励——能够给予团队成员以具体的行为指导，而不是笼统的话语。

（2）进阶层级行为能力要求（含基本层级行为能力要求）

① 头脑清楚，行动有力——对团队的目标和任务有一个明确的计划，并与团队成员交流、落实计划。

② 抓重点，促结果——能够与销售人员一起针对重点客户、项目展开具体的销售工作（行为）。

③ 米多好做饭——能够帮助销售人员争取更多的销售资源支持。

④ PDCA 持续精进——定期或者根据具体销售过程的情况与销售人员展开调整、回顾、分析、调整的工作。

（3）标准层级行为能力要求（含前两级行为能力要求）

① 有章、有法、有成长——熟悉适合销售业态的销售理论、知识、方法，并能够将其运用到指导工作中。

② 方法得当，成长快——能够掌握、运用教练的方法针对销售人员展开日常销售工作的辅导。

③ 人员未动，目标先设——能够对所负责的区域、行业、产品等进行分析和规划，并结合公司的战略制定相应的销售策略，并将其落实到每位团队成员的日常工作中。

④ 承上启下，图谋大略——能够与公司管理者进行沟通，根据市场和客户情况给予相应的建议。

⑤ 提升自我，修为修行——作为一名管理人员，要能够做到自我觉察，适时地调整自我，不断地行走在自我成长的路上。

（4）精英层级行为能力要求（含前三级行为能力要求）

① 知人善用，扬长避短——懂得人性、了解人性，清楚每个人的特点，能够协调团队成员的优势，形成合力，共创佳绩。

② 有布局、有格局——能够根据公司的战略制定营销策略和销售策略，并为了达到战略目标进行相应的取舍，并为公司的战略制定提供相应的参考建议。

③ 有研究，有应用——能够根据自己的实践经验和相应的理论、知识，提出自己关于销售、市场趋势等方面的思考和认识，并将其应用于企业实践过程中。

销售管理者的任务有哪些，这些任务对于一家公司的销售体系的建设、发展有什么样的作用。接下来我们会就每一个环节展开详细的阐述。

3.2 你是什么样的销售管理者

前文我们对不同层级的销售管理者的行为能力进行了描述，这只是从销售管理一个维度看这个问题，在工作实践中，还有很多其他因素和情况存在，接下来让我们来看看各种类型的销售管理者的情况和特点。

3.2.1 标准型销售管理者

我们从以下几个方面来看看一个标准的销售管理者应该具备哪些行为能力。

1. 销售经验

拥有丰富的销售经验，有过良好的销售工作经历和业绩。前文我们提到一名销售管理者首先应该是一名合格的销售人员，要能够懂销售、做销售，这是作为一名销售管理者的专业技能，就像一个厨师长要懂得做菜一样。丰富的销售经验和良好的销售业绩对处理销售过程中专业的问题是有极大的帮助的。但是，并不是拥有丰富的销售经验和良好的业绩就能够当好销售管理者的，拥有丰富的销售经验仅仅是一名合格的销售管理者的门槛。

2. 行业经验

非常了解产品或客户行业，拥有丰富的经验。作为一名好的销售人员需要具备“销售、产品、客户行业”三个专业方面的知识和经验。丰富的专业、行业阅历使销售管理者能够更好地解决问题，在给予销售人员辅导和帮助的时候，能够为其提供更好的解决方案。

在 B2B 销售业态中，行业经验对于销售人员和销售管理者而言都是非常重要的，行业经验能够帮助销售人员和销售管理者尽快地获得客户和下属的信任。

3. 通用管理能力

具备通用的团队管理能力。销售管理者和其他专业的管理者一样，需要具备作为管理者的通用管理能力，如计划、组织、沟通、决策、激励、协调等能力。

4. 专业管理能力

对销售体系了解，具备管理销售团队的专业能力。在通用管理能力之上就是专业管理能力，也是本书全文阐述的重点所在。在国内，乃至在世界范围内销售管理的专业能力也是缺乏的，甚至某些 500 强知名公司中国区退下来的总经理这方面的能力也很缺乏。

5. 统筹协调能力

了解公司内其他专业（生产、研发、市场等）的主要情况，并协调、组织各类资源，为销售人员提供更多的资源性支持。相比于通用管理能力中的“协调”而言，销售管理者的协调能力的特点是——对内代表客户，对外代表公司。作为销售管理者，在协调过程中，对协调程度的平衡和把握是重要的。

我在工作中就见过这样的销售管理者，为了自己小团体的业绩，不惜获取公司的成本价信息，然后申请特价，以成本价将产品销售给客户。而不是想更多的办法拿下订单。这种行为看似提升了业绩，实则损害了公司和其他团队的利益。

作为销售管理者要能够做到双赢——公司赢、客户赢。这种双赢要做到客户相比于市场、行业在获取应有的价值的情况下并没有付出多余的成本，公司在市场中也获得了盈利。相对于损失而言，公司的价值获得不仅体现在金钱上，还包括市场占有率、影响力等。基于双赢的平衡把握要求销售管理者能够帮助销售人员协调各类资源，从而达成销售目标。

6．系统思考能力

能够全面地、系统地看到销售过程中存在的问题。系统思考能力不仅仅是对销售管理者提出的要求，也是其他管理人员所需要具备的能力。任何一个企业（无论大小）都是一个系统，在这个系统里存在着各个子系统（如生产系统、销售系统、研发系统等）。每个系统内部、各个系统之间都存在着各种各样的联系。这就需要管理者不仅要看到事物的表象，更应该看到表象的背后及与其相关联的部分，找到表象产生的真正的原因。还记得本章开头的案例吗？他们面临的问题恰恰是销售管理者缺少系统思考能力，不能全面地、系统地看待销售过程中出现的问题，进而“寻医问药”也变成了“指名开药”。

7．个人领导能力

拥有个人魅力和威信，在团队内部有较大的影响力（非职务影响力）。任何一个具有管理职能的岗位都会拥有一定的权利效应，这也是人们常说的“屁股决定大脑”。这种由职务带来的权利和影响力是任何一个人坐到这个位置上都能拥有的，这不是管理者本人的能力。一位管理者的魅力是他个人特质产生的影响力，并且能促使团队成员积极努力地行动。

一位优秀的管理者应该思考的是如何带领团队前进，为团队中的每位成员负责，而不是坐到位置上当“土皇帝”。

3.2.2　榜样型销售管理者

这类销售管理者往往在从事销售管理工作之前是一名优秀的销售人员，因为其突出的业绩，被公司提拔为销售团队的管理者，一方面希望其将经验传授给团队成员。但是很多时候这样的销售管理者会面临团队业绩上不去、自己的业绩在下滑、大多数时候在“救火”的局面。

其实这就像一名优秀的运动员并不一定能够成为一名优秀的教练员是一个道理。在做销售人员的时候，他依靠自身的行为能力能够取得很好的销售业绩，但是由于缺乏行为能力转化和复制的能力和方法，缺少销售团队管理的经验，使其在面对一个团队的时候不知道应该怎么做，更多的时候是发挥自己个人销售能力强的专长，“帮助”（替代）团队成员拿下订单。最后搞得自己筋疲力尽，却不能取得好的团队业绩结果。

让优秀的销售人员担任销售团队管理者去提升团队的能力是一个比较荒唐的想法，一方面，绝大多数优秀的销售人员是靠经验和感觉去做销售的，他的经验没有被结构化，是很难被复制和传播的。当然我们也会面临优秀销售人员的成长问题，如可以从行政职务和专业职务两条路径给予提升，优秀的销售人员可以先给予专业职务（待遇），并不让他直接带领团队，先想办法充分发挥其销售能力强的优势。

3.2.3 专业型销售管理者

在B2B的销售业态中，有很多产品专业性强或者客户行业专业性强的公司（如专业软件、机器人、工业建筑等），其销售管理者往往是由专业人员出身的人来担任的。对于B2B销售业态而言，一名优秀的销售人员要具备三个专业能力——销售专业、产品专业、客户行业专业。所以，专业型销售管理者在产品和客户行业方面要能够给予销售团队成员很大的帮助，特别是在解决方案销售业态中，专业的销售管理者能给销售人员很多好的建议和意见，这是一件好事；但是同时这个优势也有其弊端，使销售管理者及团队中的销售人员将重点聚焦在解决方案和产品上，也就是我们常说的与客户沟通过程中的“事”，而忽略了“人”，由于过于聚焦在“事”上，而且目前在市场中各家竞争对手在产品和解决方案上几乎没有本质差异的情况下，就会使销售过程偏离以客户为中心的宗旨；他们更关注如何面对客户的需求和竞争对手调整产品和方案，关注的是客户买什么和自己卖什么，忽略了客户为什么买，忽略了全面系统地思考销售过程中出现的问题。专业型销售管理者由于对专业的认真、执着，使其在面对客户时无意识地进行专业的探讨，我们并不是反对专业探讨，从销售角度看，专业的探讨只是销售过程中的一个主要部分。

专业型销售管理者需要充分地发挥综合能力，全面地看待和解决销售人员在销售过程中出现的各种问题，并且能够帮助销售人员分析问题背后的原因，从而达到融会贯通的效果。

3.2.4 通用型销售管理者

通用型销售管理者谙熟团队管理的通用方法，具备一定的团队管理能力，在销售管理工作中能够与销售人员建立比较好的关系，适度放权，对于一些订单价值小的销售业态还能够把控得比较好，在订单价值大的销售业态中因为无法给予销售人员好的建议，甚至听不懂销售人员的汇报，容易招致销售人员的白眼。

并不是说不懂销售和销售管理就不能管理销售团队。在不懂销售和销售管理的情况下管理销售团队，这对通用型销售管理者的通用管理能力提出了很高的要求，不仅需要比较强的通用管理能力，甚至还需要其依靠个人影响力来使团队运转在积极发展的氛围中。对于这样的管理者如果想在短期内取得进步，聘请一位销售管理教练给予其销售管理方面的专业指导是一个很好的选择。

我在从事管理咨询、培训工作之后，就从销售专业的角度和对行业了解、理解的角度帮助一些企业的管理者更好地展开销售管理方面的工作，其实这些销售管理者要么是通用型销售管理者，要么是专业型销售管理者，他们的能力和素质是非常棒的，只是在销售专业和行业方面缺少相应的经历和思考，我作为销售教练通过提问、输出的方式为他们提供相应的信息和思考角度，使他们能够将销售的角度列入他们系统思考的范畴内。

3.2.5　典范型销售管理者

典范型销售管理者不仅拥有一定的销售经验和销售管理经验，还具备一定的系统思考和全局统筹能力，他们能够看到销售体系不仅是一个系统性的组织机能，同时销售体系更是企业的有机组成部分，从而他们能够从战略角度出发，调整销售体系的发展方向，配合战略目标的实现。

典范型销售管理者在接受一个销售团队或者组建一个销售团队的时候能够有条理、有计划、有重点地处理销售团队所面临的问题。典范型销售管理者更关注团队中每个人是否能够使个人业绩最大化，他更关注在既有的条件和情况下如何能实现团队业绩最大化，他更关注如何在损失最小的情况下进行团队变革，以实现更高的团队业绩目标。他非常清楚一个团队的业绩不是仅依靠几个重要客户、1～2 个重点行业、简简单单地更换销售人员就能够改变的；他十分清楚他的团队承担的销售任务是团队的第一要务，团队的建设和发展都是为了完成团队任务；他十分清楚一个团队的建设是一个系统性的事情，只有将每个团队成员和各个职能协调好才能够从系统角度发挥团队的最大的效能。

我在接手最后一个销售团队之初，这个团队已经 8 个月没有正式的领导了，仅由一名代管经理负责审批工作，团队成员处于一种无依无靠、当一天和尚撞一天钟的状态，销售业绩也不好。在接手团队之后，我首先做布局、抓重点，梳理负责范围内的区域布局，针对重点行业安排专人重点进攻；然后，逐一摸底每个行业、每个区域的重点情况，分析问题，进行调整（人员、资源、方法）。一年之后，团队业绩增长 46%，重点行业实现全面突破。

3.3　销售管理者的一周

不论是什么类型的销售管理者，所面对的销售管理工作都是一样的，再多的销售理论都要落实到日常的工作行为当中，所有的工作能力都是通过工作行为结果体现出来的，作为销售管理者理清日常工作的主要内容和重点将对其工作行为结果起到积极作用，接下来让我们以一周的时间来看看销售管理者们都会做什么。

（1）销售沟通

销售管理者作为公司内部承上启下的关键环节，基于销售业务的沟通是销售管理者日常最重要的工作，没有之一。

- 销售日常例会（周会、月会）
- 销售目标、策略制定与盘点
- 重要销售机会销售过程情况
- 与公司内其他团队、部门协调、支持
- 向上级汇报团队主要业务情况
- 销售辅导与培养
- 销售资源开发与协调

……

（2）销售机会盘点

销售机会作为销售体系的核心是所有销售工作、管理工作展开的根本。只有对销售机会进行不断地梳理、分析，判断销售机会的情况才能达成目标。销售管理者就像一名指挥员一样，站在沙盘前，不断更新前线传来的战报，及时调整兵力部署和战术打法，进而取得战争的胜利。

（3）重点客户拜访

作为一名指挥员仅仅站在沙盘前面是不够的，更需要听到、看到前方的炮火。对重点客户的拜访、对其销售进展情况的把握能够使销售管理者更好地为销售人员提供建议和方案，也能够更快地掌握一手的信息和情况。

（4）销售资源与支持

销售人员是客户与公司的桥梁，销售管理者就是销售人员与销售资源的桥梁。作为销售管理者，其职能决定了他可以接触到、争取到更多的资源和支持。当销售人员无法直接获得资源和支持的时候，销售管理者要根据自己的判断去帮助销售人员协调、获取更多的资源和支持。在很多时候，这种内部协调、沟通的工作会占用销售管理者很大一部分时间。

（5）销售辅导与培养

对销售人员的辅导与培养是销售团队建设的长期任务，这项工作看起来与销售任务达成是一个矛盾体，很多销售管理者会说：任务都完不成呢，哪有时间和精力去干这个事儿，而且培养完了还不知道给谁培养的呢。每个人都懂“磨刀不误砍柴工”的道理，但是很少有人去做，当然还有很多人不知道如何磨刀（培养销售人员）。留不住人，自然是有原因的，但是这不是不培养销售人员的理由和借口，没有那么多优秀的销售人员供你选用，那么销售任务如何完成？销售团队如何建设？这些都需要我们通过辅导和培养来提升销售人员的行为能力，进而提升团队的能力水平。

作为一位销售管理者，其主要的工作内容如表 3.1 所示。

表 3.1

主要工作内容项目	描　述	频　次
市场分析和规划	• 分析目标市场和目标客户群 • 潜在目标市场的分析和规划 • 目标客户分级	年、半年
销售策略制定	• 团队销售策略制定与落实 • 销售人员销售策略制定与辅导 • 配合销售策略实施的绩效政策	年、半年
销售过程管理	• 销售机会情况沟通 • 销售机会情况梳理 • 销售问题分析与解决 • 具体销售机会辅导、建议 • 销售资源支持与帮助 • 陪同拜访客户	周、必要的时候
销售人员辅导与培养	• 销售教练 • 陪同拜访客户	实时
复盘	• 复盘会议准备 • 复盘会议主持（如必要） • 复盘结果落实、转化	季度、月度、项目

3.4 沟通——销售管理行为的核心动作

对于销售和销售管理工作而言，沟通无疑是最基本的行为能力要求。良好的沟通将是做好销售工作和销售管理工作的根本。

作为销售管理者，首先要向销售人员传授在销售过程中与客户沟通的方法，其次要在辅导、培养销售人员的过程中运用合适的沟通方法和言行，最后在企业内部要与其他部门做横向沟通才能够为销售目标的达成争取更多的资源和更好的支持。

如图 3.2 所示，在我们梳理出来的管理者经理主要的工作场景和工作任务中，我们不难发现，销售管理者几乎有 70%～80%的工作就是沟通。

我们将沟通分为四部分，分别是：**认知、倾听、提问和表达**。

如果可以将“认知、倾听、提问、表达”这四个词按照你自己的想法放到下面跷跷板的任意位置（见图 3.3），你会怎么放置？并用一句话来描述它们之间的关系。

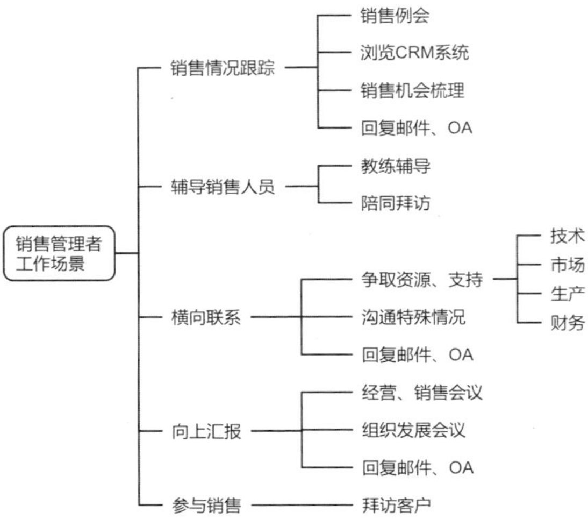

图 3.2

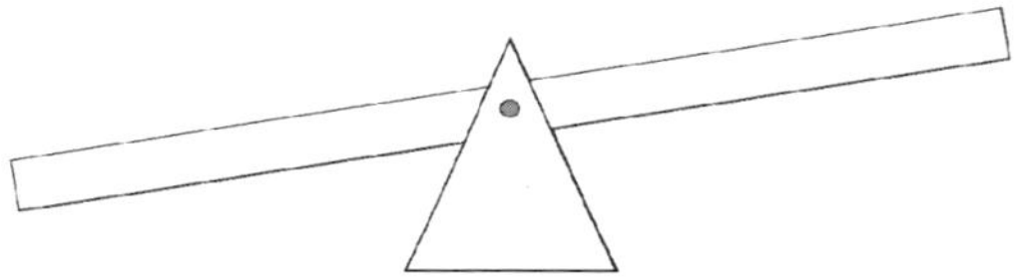

图 3.3

用一句话描述“认知、倾听、提问、表达”的关系。

____

____

____

图 3.4 是我对“认知、倾听、提问、表达”四者关系的理解。用一句话来描述它们的关系就是：认知是一切沟通的基础，所有的沟通都是建立在既有认知的基础上，沟通就是为了使大家在认知层面达成共识，从而产生新的认知，所以这就需要我们认真倾听他人的想法，利用提问来连接倾听与表达，并在适时的时候表达出自己的想法。

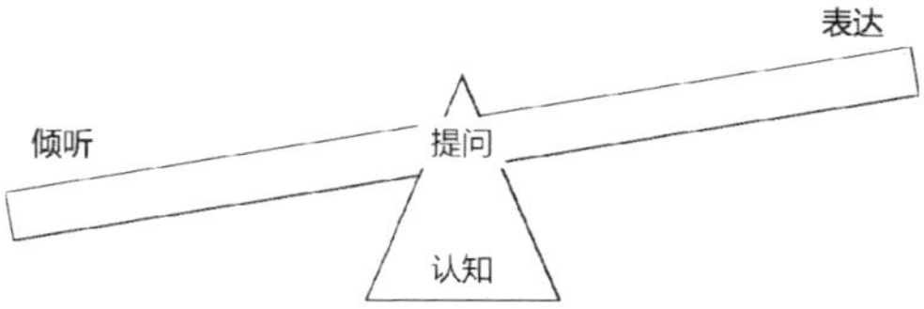

图 3.4

或许你的放置关系和我的不一样，这没有关系，任何放置关系（答案）没有对错之说，你所放置的位置就是当下你对这四者关系的认知和理解，或许随着时间的推进、情境的变化、思考的演化，你对这四者的关系还会有新的理解。

3.4.1 沟通之认知

认知是指人对客观事物的认识，即对信息的加工和处理，这些内容将会对沟通者在接下来的沟通过程中的言行起到决定性的作用。沟通的双方实际上就是通过倾听、提问和表达就各自的认知进行交换，相互交流并尽可能地达成共识。所以在沟通过程中，在事实内容的认识达成一致之后，更多的是就各方的认知进行交流，沟通的矛盾没有针对事实的矛盾，只有认知不同而产生的矛盾或差异。

由于双方认知的缺失和认知的差异从而形成沟通的障碍。本书的主要目的是要帮助销售管理者建立对销售和销售管理这两项工作体系化的认知。通过体系化、结构化的认知的建立，帮助销售管理者更好地建立销售管理的逻辑和支撑，能够将实际工作中的情况和销售体系的结构有机地结合起来以更好地做出决策，帮助销售人员和团队更好地发展。

在销售过程中，特别是在面对客户的各种言行的时候，由于不同销售人员的认知差异，造成不同的销售人员面对客户相同的言行做出不同的反应。

当销售人员询问客户现有设备的使用效果如何的时候，客户回答：还可以吧。这时，有的销售人员觉得客户现有的设备没啥问题，没有什么销售机会；而有的销售人员就会继续问客户：整体看来您对设备比较满意，但是还有一些需求没能得到满足，您能跟我说说您的想法吗？

面对客户相同的言行，销售人员对其认知的差异会对自己接下来的行为产生很大影响，对有的销售人员来说就是没有销售机会了，对有的销售人员来说就是发现新的销售机会的开始。表面看起来这仅仅是对一句话理解的差异，根本上则是销售人员对事务认知上的差异，这种差异不是靠鹦鹉学舌就能改变过来的，必须经过大量的练习和实践，从而产生体验才能够在认知层面产生感受，进而从认知层面发生转变。

作为销售管理者更需要构筑好自己认知层面的基础，不仅要对销售过程中销售人员和客户的各种行为表现有充分的、全面的认知，还要对自己与销售人员沟通过程中自己的和销售人员的各种表现有一个全面的、充分的认知；后者将保证销售管理者与销售人员沟通时的效率和效果，前者将保证销售管理者与销售人员沟通时内容的正确性、有效性和全面性。

销售管理者在与销售人员沟通过程中的认知表现经常会出现以下几种。

- 由于销售管理者的销售经验丰富，他会很坚定地认为自己就是对的。
- 带着对销售人员既往表现的认知偏见与销售人员进行沟通。
- 忽略与销售人员对事务认知的交流，直接强拉硬上、扣模子。
- 在沟通过程中看不到自己的认知情况，一味地在讨论销售人员的情况。
- 过多地聚焦于对与错，而不是探询对与错产生的原因。

作为销售管理者，我们需要清楚地知道，我们每个人看到的所谓的事实情况都是每个人对客观事实的主观认识，都是经过自己的大脑选择和加工过的。

我们每个人每天会重复上千次这样的过程："事实（选择）——反映（定义）——联想（假设）——反应（行动）"。这也是我们每天做出众多反应性行动和决策的过程。

① 事实（选择）——我们会选择看到的、听到的、感受到的客观事实的一部分；

例如，当销售人员跟你汇报客户情况的时候说道：……，这个客户的公司有 40 多人，目前每年采购价值两万元的同类产品，基本上每年生产两台设备，每台设备的价值约为 200～250 万元。……

以上就是我选择的事实（信息）部分，虽然销售人员还说了其他的，但是这部分引起了我的注意和关心。

② 反映（定义）——我们对选择的事实部分给予自己的一个定义，并将其反映到自己的脑海中。

每年生产两台价值 200～250 万元的设备，意味着客户的人均产值只有 10 万元，即便客户的毛利润率能做到 50%，客户的人均利润值也只有 5 万元，也就是说客户的人均年收入最多也就是 5 万元。

③ 联想（假设）——根据我们的对事实部分的定义，我们会产生相应的联想或假设。

在客户所在的地区（北京），综合公司的人员水平和素质，年收入 5 万元是无法留住设计、生产这种设备的员工的。

④ 反应（行动）——基于我们对事实的定义和对其的联想和假设，我们会做出相应的反应。

接下来我问销售人员：客户真的每年只生产这两台设备，不生产其他的设备了吗？

其实，在销售人员讲话的时候我的脑子已经开始运转，当他陈述完情况之后我的反应性问题已经问出来了，这个认知的过程的发展是极快的。在这个认知过程中我调用了人均收入的假设来论证客户情况的真实性和完整性。

这时如果我要促使销售人员进一步去验证客户更全面的情况，我是直接告诉他："客户不可能只生产这两台设备，一定还有其他的产品，你再去看看吧"；还是跟销售人员讨论我的认知过程："你看，客户如果只生产这两台设备，企业的年收入才 5 万元，这个水平是无法留住好的人才的，所以我想客户一定还有其他类型的产品（设备）为其带来更多的收入。你看是不是这样呢？"这两种说法哪一种销售人员更容易接受，并付诸行动呢？如果按照前一种说法，我再带着一些不满的情绪跟销售人员说，那么销售人员的感受会是什么样的呢？接下来他会做出怎样的反应呢？

如果要做到充分深入地沟通，必须就"事实（选择）——反映（定义）——联想（假设）——反应（行动）"这个过程中的每个环节和内容进行深入的沟通和意见的交换，只有这样才能看到双方的观点、意见、想法的来源是什么；才能够避免各方停留在表面层次的争论，从更深的层面建立达成共识的可能；才能够使沟通的各方能够被真正的听到、看到，才能够真正地从对方角度，从全局角度思考问题、解决问题。

关于认知的最重要的一点我们需要清楚，无论你的认知是否符合客观事实，无论你们是否能够达成共识，认知都是主观的、个人的、带有假设性的。销售人员需要与客户就双方的认知进行沟通和验证，才能够确保销售过程中的每一步的扎实性和有效性；销售管理者需要与销售人员就双方的认知进行沟通和论证，才能够针对销售机会当前的情况进行充分的、深入的交流、探讨，并找到更加适合的解决办法，以供销售人员与客户进一步沟通，进而推动销售进程。

3.4.2 沟通之倾听

当我们对客观事物有了初步的认知之后，接下来要做的就是倾听，只有倾听才能有机会看到双方在认知层面的差异，才能进行深入的交流。

有人说，倾听就是带着同理心去听，这么说其实说对了一部分，倾听是有意识地站在对方的角度听他说的内容，思考他说的内容，有效的倾听需要从以下三个层次着手。

（1）倾听事实、倾听情绪、倾听意图

这个层面是从事实开始，需要倾听者尽可能客观地获取信息，并探询对方对这些信息的感受、情绪及意图。客观事实情况是沟通的基础，只有在这个基础上双方才能深入地展开交流和沟通。

（2）设身处地、感同身受

沟通的障碍、矛盾是不会发生在客观事实上的，一定是发生在双方对客观事实的认识、感受上的。站在对方的角度、感受对方的感受会有助于在沟通过程中看到更全面的情况，也更加容易理解对方为什么会这么说、这么做，进而有利于自己找到更多的角度和切入口与对方展开沟通，达成共识。

（3）倾听自己、倾听自己的反应。

有效的沟通是双方共同努力的结果，我们不仅要期望对方能够倾听自己，同时更要看到自己在沟通过程中的反应，自己的情绪变化，自己的主观意识……，首先搞清自己比搞清对方会使沟通更有效，只有清楚自己在说什么、做什么才知道为什么会引起对方的反应，才会知道沟通的方向和重点在哪里。

3.4.3 沟通之提问

如果说认知和倾听是沟通中的基础动作，那么提问就是深化沟通效果的利器。提问是人们在社会交往中的重要行为，它不仅能够帮助我们搞清情况，还能引发我们的思考，能够帮助我们打开新的领域。在与众多销售人员和销售管理者沟通的过程中，我们发现作为职场基本行为能力和销售工作必备行为能力的提问，很多人并不能很好地掌握，为此我们特别开发了有关提问的课程（工作坊）——《提问之美》《提问之源》，旨在帮助大家更好地发挥提问的作用，提升职场行为能力。

我们提出的问题一般包含六个要素。

1．提问的对象

同样的问题会因为提问对象的不同产生不同的效果，所以在提问时我们要考虑对方的年龄、职务、学历、情绪、立场、经历等因素，并且考虑提问时的场景（情境）。

- 提问对象是否能够回答你的问题（提问的目的）。
- 提问对象的专业、理解程度等决定了你采用什么逻辑进行提问。
- 提问形式的运用及组合运用将使提问对象更容易回答问题，从而得到更好的提问效果。
- 提问内容必须在提问对象的已知区域内进行，这是进行有效提问的保证。
- 提问就是为了得到对方的回应，在我们出问题的时候要对可能得到的回应有预想。

在销售管理过程中，不同的销售人员的不同经历和背景，甚至当时的话题，都有可能决定了我们的提问对象的情况。作为销售管理者，我们要能根据提问对象的情况及时调整提问的方式、内容等。

2．提问的目的

没有任何目的的问题不如不问。

提问的目的就是你期待的答案，一系列问题的答案将构建起提问的逻辑联系，也就是说提问的目的将代表问题之间的逻辑关系。【提问目的（问题组目的）里包含一系列具有逻辑关系的小的目的（每个问题的目的）】

在设定提问目的的时候需要注意——提问目的是中性的，即得到的答案要包含各种可能的情况。如果提问的目的具有一定的倾向性或指向性，将有可能影响被提问者的回答方向和内容，得到的答案不具有客观性。所以不要在提问内容中对可能要得到的答案运用指向性词汇，除非要在指向性范围内得到答案。

如果提问的目的性过强、暴露过于直接会造成回答者产生不安全感，进而不愿意回答问题。

例如，（销售人员问客户）

A．“您都去哪些厂家考察了相关的技术？”

B．“您准备去哪些兄弟单位考察相关的技术？”

问题A，这个问题虽然从字面上看重点在于“相关的技术”，但是让客户能够直接感受到销售人员想知道有哪些竞争对手（厂家）参与进来了。销售人员在目的上的表述过于直接，具有比较强的指向性，如果客户不愿意说，销售人员将很难得到（真实的）答案。而且这个“都”字在问题内容上也限定了客户能给出的答案，“都”意味着客户已经去过的，而准备去的、还没去的可能就不包括在答案里了。

问题B，目的是想知道客户准备了解兄弟单位使用的技术，但是我们可以通过他说的兄弟单位或者技术的情况判断出有哪些竞争对手厂家是客户倾向的、想了解的，这个问题的目的（所获得答案）相对中性，容易得到客户比较全面的答案。

C. “您对此次参与展会的各个品牌厂商是怎么看的？”

D. “此次参与展会的各个品牌，哪些是比较符合您的需求的？”

E. “您此次选择各个品牌厂商的标准是什么？”

问题C，虽然没有指向性，但是问得比较泛泛，很难得到对方比较精准的答案，而且很难挖掘对方深层次的想法和认识。

问题D，具有一定的指向性，如果对方还没有对需求进行过思考，则无法得到合适的答案；即便对方有答案，他觉得这个问题指向性太强，他可能不愿意回答。

问题E，通过一个第三方的说法，绕开了指向性，以一个中性的问题询问对方，避开了对品牌厂商的直接攻击。

在销售管理者与销售人员的沟通过程中，由于销售管理者的身份或者销售人员对销售管理者身份的认识，会使销售人员去猜测销售管理者提问的目的是什么，其想得到什么样的答案，这时如果目的不是中性的，销售管理者极有可能从销售人员那里得到的是有倾向性的答案，但是这个答案并不见得是真实的答案或者是客观的答案。

3. 提问的逻辑

提问并不是仅仅在文字和语言表面体现出来的那么简单，每个问题，问题与问题之间充满了逻辑关系。通过有效的逻辑关系能使问题更加有效，从而保证获得的答案的广度（全面性）和深度（细节性）。

（1）问题中内容之间的逻辑关系（见图3.5）

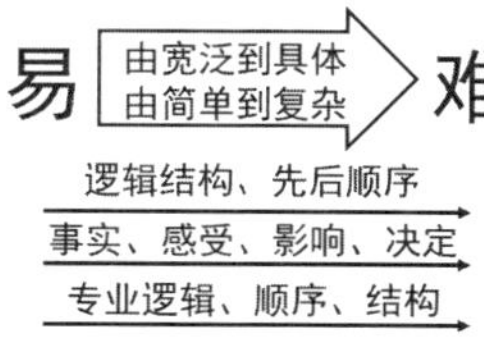

图3.5

- 从对话角度来看，由易到难是一个能够快速、有效建立起对话的逻辑，也是我们在进行（一组）提问的时候，应该遵循的一个原则。例如，可以先用一个非关键性的封闭式问题让对方感觉比较容易回答，建立一个良好的对话开端。
- 如果对话一开始就是一个比较难得问题会使对话陷入一个尴尬的局面，如在对话一开始就向对方提问：“您觉得这件事情对你的未来将会产生怎样的影响？”

如果对方没有想过这个问题，或者对你的信任感和对话惯性还没有建立起来，他将很难回答或者不愿回答这样的问题。相比之下，如果在这个问题之前，你们对这件事情的事实、双方的观点和认识先展开一个讨论和对话，进而再问这个问题，就会比较容易获得这个问题的答案。

- 也可以参照常用的一些逻辑（顺序）关系展开提问，详细内容可以参照下表第一列中的内容。
- “事实、感受（反映）、影响（诠释、联想）、决定（反应、决策、行动）”类的问题逻辑关系也是人们常用的逻辑关系；这个关系也是人们探索对方认知过程的逻辑关系。根据众多的实践情况，人们往往针对事实情况习惯性地直接进入感受类问题的提问，而忽略对事实情况认知的交流，直接切入感受类问题往往会使回答者比较难回答。
- 根据不同专业的内容，也可以利用专业的逻辑结构来建立提问的逻辑关系和结构。
- 在一组问题中，可以有多个逻辑关系存在，如基于专业逻辑关系的问题可以从简单的问题开始，逐渐过渡到有难度的问题。

（1）问题的内容、回答的逻辑关系

问题的内容、回答的逻辑关系，如表 3.2 所示。

表 3.2

逻 辑 关 系	逻辑操作方式	逻辑线索及来源
• 由表及里	• 引领话题	• 体察前提
• 由粗到细	• 层层渗透	• 发掘假设
• 由浅入深	• 确认关系	• 关注目的
• 由易渐难	• 剥茧抽丝	• 留意表情
• 由始至终		
• 由此达彼		

- 我们在掌握提问的方法的同时需要对其中的逻辑关系有一定程度的认识和了解。
- 逻辑关系在操作运用上要注意：要按照逻辑关系展开，而不是按照顺序逐步实施，要根据对方的回答表现（内容、表情、神态等）调整逻辑关系的运用，并达到目的。
- 很多时候我们在提问过程中的逻辑关系线索来自对话中的一些隐含的因素，如双方对话时认知中的前提，双方对问题的假设认知，每个人所关注的目的，表情与语言内容的一致性等。

“如何在餐食中搭配红酒？”，这个问题的回答就需要有一个前提，回答者要对餐食和红酒都有一定了解。

4．提问的形式

（1）封闭式问题

封闭式问题中会出现“是否、是不是、对不对”这类的词汇或者两个（或多个）选择答案形式，回答者只能回答“是/不是”或者选择其中一个选项（也可能没有可供选择的答案）。

封闭式问题主要有以下两种形式。

- 答案是“是或否”“对或错”，如您是这么看待这个问题的对吗？
- 答案是你提供的一个选项，如您对哪一个款式感兴趣呢，A、B 还是 C？

封闭式问题具有比较强的指向性，在确认问题，确定对方意向阶段使用封闭式问题可以更直接地获取答案。

连续几个封闭式的问题或者一个比较深入的封闭式的问题能够直接问到对方的精要之处，如果从对方那里得到肯定的答案，将会产生良好的效果。例如：“你是不是经常会出现纠结的情况？”

同时封闭式问题也有其风险性，设想一下，你连续问了三个封闭式的问题，对方给出的答案都是否定的，沟通将陷入僵局。

封闭式问题经常使用在请求、确认等情境下，能够得到比较确定的回答。同时，封闭式问题相对比较好回答，通常使用在沟通的开始，比较有利于沟通的逐步展开和深入。

封闭式问题与开放式问题结合运用能够得到比较好的效果，如在封闭式问题之后问“why、what”等问题，将会获得更多的信息。

（2）开放式问题

开放式问题中会出现“什么、为什么、如何、怎么”等能让回答者说出更多内容的词汇。

开放式问题在问题中不像封闭式问题限定得那么死，会给回答者一定的空间来回答问题。这样我们就能够从对方的表达中捕捉更多的信息，这些信息不仅能够帮助我们获得我们想要的信息，还能够帮助我们获得信息发问的机会。

同时，结合封闭式问题和一定的限制范围（如专业方向）的开放式问题会带来更具体、深入的效果。例如，“这项功能将给您在物料成本和时间成本方面带来什么样的效果？”

① 收集事实情况的问题——在收集事实和数据时，你应该会得到一系列简短的回答。

“你们现在正在使用什么样的设备？每天的产量是多少？机器多久需要保养一次？”

这类问题主要用于获得事实类信息，对于沟通初期情况的了解有帮助，而且回答起来也比较容易，会使对方较快地融入沟通中。

② 了解内心感受的问题——探询想法的问题可以帮助你了解客户的想法、感受、价值观、信念（这些问题与收集事实情况的问题结合起来非常有效）。

“你觉得总体来说，你正在使用的这个设备的可靠性和效果怎么样？目前的产品日产量从长期来看能满足需求吗？”

感受类问题的提出需要基于双方共同了解的事实、情况进行沟通，如果在这类问题之前双方没有针对事实进行沟通，感受类的问题会让对方很难回答，甚至有时候会让对方产生不舒服的感觉。

当提问者带有情绪或者目的倾向性的时候，问出这种感受类问题会让对方感到不舒服、不安全，对于获取真正的答案会产生负面影响。

③ 了解更多情况的问题——当需要更多的细节信息时，可以通过询问原因等方式进行发问。

比如：“您看还有什么我们没有沟通到的内容吗？”

很多日企都在运用“问 5 个 Why”的方法，通过问 5 个 Why 去探究更多的、更深层次的原因。通过 More、Why 引发我们思考，从而看到我们是否有没有了解到的内容，这些内容可以是事实，也可以是感受（意见等）。

提问者在问 More 和 Why 的问题时要注意，可能会使回答者有一种被攻击或者不被信任的感受，所以我们可以把 Why 的问题转换成比较平和的问法来问，如“这种情况的出现您认为还有什么原因吗？”。也可以在问题前加一个铺垫性的承接语言，如“真是太好了，非常感谢您的回答（信息），您看，还有什么情况对我们了解这件事情有帮助呢？”

利用 More、Why 问题可以帮助人们挖掘更多的信息。

极端性问题——通过对内容范围的确定，进而确定可讨论范围，提升沟通的效率。

极端性问题有助于我们在讨论的时候界定沟通内容的边界，使沟通内容相对集中，同时可以探询对方的接受（承受、有效）范围。

第三方角度问题——通过询问对方，来了解被提问者的情况。

“站在一个旁观者的角度，你怎么看待这件事情？”

第三方角度问题，可以在表面上使对话双方游离于当下的情景之外，使回答者不直接表达自己的观点、看法，从而增强其安全感，使其能说出一些观点。

魔法棒问题——魔法棒问题也可以被称为假设性问题，通过增加假设（条件）或去除一些限制条件去探查对方的反应。

“如果不考虑预算的限制，您认为什么样的设备最适合我们目前的情况？”

很多时候，人们的表述是受思想限制的，当去除限制，或者增加一些（假设）条件的时候，你得到的答案就会不同，而且很多时候你会看到对于他而言的限制，在你这里却能得到很好的解决，去除限制的沟通会更加深入。

5．提问的内容

提问的内容要（双方）已知、清楚、易懂。

很多时候我们在沟通过程中说的内容貌似双方都能够理解，而且可以一直继续沟通下去，但是事后呈现出来的结果却是不同的，是双方不认可的，这就是因为大家在沟通过程中对认为理解一致的内容理解并不相同。例如：这个建筑属于什么风格？对于这个问题，除了建筑艺术专业的人，一般人很难对建筑风格做出一致、准确的描述，那么这样的问题就是无效的，即便对方说出来了，你也可能不理解或者双方的理解不一致。

在提问内容中要尽量避免使用对方未知的、不了解的专业词汇、俚语、方言、“行业黑话”等，造成沟通障碍。

一次我给奔驰重卡的服务人员上课，模拟销售奔驰卡车的防撞装置，对方向我介绍说，他们的防撞装置距离地面只有 15cm 高，如何如何……，我并没有听懂这个高度有什么特殊的意义，这时旁边的一位服务人员补充说：这个高度具有防钻功能，当撞到人之后，人不至于被卷入车轮下。

6．提问的回应

提问的回应是使提问深入、有效进行的关键环节，没有回应，沟通将无法继续进行。

对于你提出的问题，要对对方可能的回答有预想（回应），只有根据可能得到的回应才能够参照问题间的逻辑，提前设计一系列问题，进而与之进行有准备的、广泛的、深入的沟通。

提问的回应是对提问内容的反应和延续，除此之外，提问者还需要关注对方的肢体语言、表情……，问题（内容）前后的联系，自己的状态和反应。

在提问的过程中我们在注意六要素运用的同时，还要注意避免利用提问的方式表达情绪的情况，如质问、叱问等。我们提倡的是通过提问来看到更多的情况，引发沟通双方的思考。

3.4.4　沟通之表达

表达是人们最熟悉的沟通方式，但并不是每个人都能言善辩，很多人在表达完之后也会让对方觉得云山雾罩。我们在这里用四个字帮助大家梳理清楚表达时应该避免的误区。

（1）最

如果不是必要的时候少用“最”字。在表达中，“最”字会引起对方的重视，会凸显“最”字语句的重要性，如果连续用了“最”字，反倒会让对方找不到重点。

（2）赘

在表达的过程中，减少赘述。有时候表达者怕说得不够清楚，不断地重复、解释自己的意思，过多的描述会使对方不清楚你真正想要表达的是什么，会给沟通带来负面的效果，如果担心对方没明白你的意思，可以在表达的过程中适当停顿，观察对方的反应，根据情况再做进一步的阐述。

（3）醉

表达者的表述内容使对方听起来稀里糊涂、不知所云。这种情况往往是由于表达者在表达过程中逻辑不清晰、语序混乱、重点不突出。为了避免这种情况的出现，我们在表达过程中要清楚自己的表达的目的、重点和意图是什么，尽可能用结构化的语言（可以参看《金字塔原理》）表述自己想表达的内容。

（4）罪

很多时候由于具体情况的不同，表达者的意思和实际想表达的意思是不同的，这就给对方传达了错误的信息，这种情况往往是由于表达者语言结构不清楚、重点有歧义、双方对词汇理解存在差异。双方在关键内容上的沟通，在表达完自己的意见后可以征询对方对你表达意思的理解，最后达成共识。

3.5 销售管理者的自我修养

一次在课上与一位销售管理者讨论管理者风格的时候，他表示出他更喜欢比较开放、包容和接纳的管理者风格，能够听取销售人员的意见和想法，愿意与销售人员展开平等的对话和讨论。在后面的销售教练模拟演练环节中，这位销售管理者作为销售教练辅导、培养销售人员。在整个演练的过程中，这位销售管理者有意识地运用提问的方法与销售人员展开充分的沟通，能够在一定程度上引导销售人员进行思考。然而在过程中，有2～3句暴露“本性”的话语改变了整个教练辅导的效果。

- “记得忙完了请客户的技术人员吃个饭。”（更好地教练话语是：怎么能够更好地拉近与客户方技术人员的关系呢？）
- “很多客户方的采购人员都是由他们的亲属担任的，有没有考虑过他们个人的一些想法？”（更好地教练话语是：关于客户方的采购人员这方面你是怎么看的？）

虽然这位销售经理在教练沟通的过程中大多数的时候都显得比较开放、包容和接纳，但是恰恰是这几句话暴露了销售管理者的强势，这种强势的能量会被对方感受到，并且最终影响辅导、培养的效果。比较好的是在这个过程中他能够克制自己的强势，尽可能平等地与销售人员进行沟通，并能够积极引导销售人员进行思考。

每个人都需要持之以恒地提升自我修养，作为管理者，提升自我修养更是必修课，这也是为什么很多公司都开设相关课程的原因，通过内在修为的提升改变管理者外在行为的表现。

在这里并不是说强势不好、不对，也不是要让管理者放弃自己的本性，而是需要管理者能够根据不同情境调整自己的言行，这样才能更好地推动管理工作的开展。

在与客户交谈的过程中，一位销售管理者说：期望找到能力水平、素质和他一样的销售人员。

这句话听起来是不错的，谁不希望自己的下属有能力呢？可是这样现实吗？和你能力一样的销售人员凭什么在你手底下干？从另外一个角度讲，企业为什么不去寻找能力水平、素质高于你的销售人员呢？

同时，从这句话中我们也不难看出，销售管理者寻找高水平销售人员的迫切需求，那么企业管理者是否思考过是什么原因造成了现在这种情况吗？

一次，在解聘了一位销售人员之后，我思考在这件事情上我是否有问题，我的问题在哪里？这名销售人员是一定要解聘的，这没有错，我需要考虑的是从这件事情中我能有哪些收获。这件事情发生在接手一个新的销售团队不到两个月的时间里，这位销售人员负责的销售范围对于团队的业绩来说是比较重要的，但是其业绩的实际达成率却十分不理想，40%的业绩任务都没有完成。我花了两周的时间跑了一遍他负责的主要客户之后，对他负责的客户的了解要比他还要多。真正决定解聘他的导火索是一次报销，在单据中我发现两张出租车票是去了同一个客户那里，而且两张票据下车和上车的时间间隔只有 15 分钟，这个客户我是知道的，进厂区登记身份证、换牌，再走进办公楼、走出办公楼都需要 10 分钟，那么剩下 5 分钟能做什么呢？来回可是 300 多元的出租费呀。就是不考虑钱，那么远的客户去一次能不能多做一些什么呢？

事后我在想，在这个事情里我哪里做得不好呢？如何做才能更好呢？当时要求团队里的销售人员每周拜访客户不少于 8 次。这位被解聘的销售人员也是按照要求在跑客户，可是跑客户的质量就另当别论了，最后就造成了大家不欢而散的结局。

- 如何能够让销售人员提高拜访质量？
- 如何帮助销售人员提升拜访质量？
- 需要如何与销售人员交流能够更好地获取其拜访质量的情况？

……

一个人的成长是心智模式[①]的成长，是由内在发生的变化。每个人无时无刻不在透过自己的眼睛看待着这个世界，做着自己的判断，这就是我们固有的心智模式。自我修养的提升也是心智模式的变化，内在的改变。心智模式具有以下特点。

- 每个人都具有心智模式。

① “心智模式”是由苏格兰心理学家 Kenneth Craik 在 20 世纪 40 年代提出的，之后就被认知心理学家 Johnson-Laird 和认知科学家马文明斯基（Marvin Minsky）、西蒙·佩珀特（Seymour Papert）所采用。心智模式影响我们如何了解这个世界，如何采取行动的许多假设、印象，是对于周围世界如何运作的既有认知，并深受习惯思维、定势思维、已有知识的局限。我们通常不易察觉自己的心智模式，以及它对行为的影响。

- 心智模式决定了我们观察事物的视角和做出的相关结论。
- 心智模式是指导我们思考和行为的方式。
- 心智模式让我们将自己的推论视为事实。
- 心智模式往往是不完整的。
- 心智模式影响着我们的行为的结果，并不断强化。
- 心智模式往往会比其有用性更加长寿。

一个人的修为体现在其外在的言行上，决定一个人的思考、行为表现的恰恰是我们每个人的心智模式。心智模式决定了我们怎么看待事物、如何进行思考，很多时候这个过程是非常快的，几乎不被我们所觉察，这也是为什么自我修养的提升是一个缓慢的过程，是长期修为的结果。哈佛大学著名的管理及系统学者克里斯•阿基里斯在行为科学领域的研究过程中提出的推论阶梯再现了人们做出言行决策的过程（见表 3.3），这恰恰揭示了人们的心智过程是如何影响人们言行的。

表 3.3

阶梯步骤	介绍
7.决策、行动	这个看法决定了我们的言行
6.调整结论	调整先前做出的结论
5.结论	根据刚刚的假设下结论，这个阶段决定了我们对该事件的情绪反应
4.假设	我们根据先前所做的诠释进行假设，而我们也开始模糊事实与故事间的界限
3.赋予意义	为刚刚所挑选出的数据赋予意义，赋予我们对它们的看法和诠释
2.选择数据	依据我们的习惯或喜好，从资料中选出我们认为重要的数据
1.观察事实	查看原始（事件）资料

让我们用前面的案例来看一下销售经理和销售人员由于心智模式的不同对客户判断的最终结果有何不同。（见表 3.4）

这个客户的公司有 40 多人，目前每年采购价值约两万元的同类产品，基本上每年生产两台设备，每台设备的价值约 200 万～250 万元。

表 3.4

推理阶梯步骤	销 售 人 员	销 售 经 理
1．观察事实	40 多人，预计采购价值约 2 万元，每年生产 2 台设备，每台设备的价值约 200 万～250 万元	
2．选择数据	2 万元采购额度	2 万元，2 台，200 万～250 万元/台，40 人
3．赋予意义	其采购额度非常小	40 人，500 万元产值，人均产值 12.5 万元
4．假设	应该把时间和精力放到价值更大的客户那里	北京地区这类技术人员的年收入一般不会低于 10 万元

续表

推理阶梯步骤	销 售 人 员	销 售 经 理
5．结论	这个客户没有什么价值，不值得花费太多精力	这个数据是不对的，可能只是一部分
6．调整结论	如果不需要太费劲，2 万元也是钱	这个客户的情况存在缺失
7．决策、行动	这个客户不重要，保持联系就好	需要销售人员继续深入了解客户的情况

对比两者的心智模式，我们不难发现，在观察到相同事实的情况下，由于不同的人选择的事实部分（数据）不同，对所选部分的认识及赋予其意义的不同，对它们给予的假设不同，造成了最终结论的不同，进而产生了不同的决策性行动。

- 在推论阶梯的第 1 级我们需要清楚地认识到，第一，我们看到的是否是全部的事实情况；第二，在沟通中对方陈述的事实更多的是他的主观认识；所以，需要我们对事实部分进行更多的了解。
- 当我们查看事实数据之后自然就会进入第 2 级，选取我们认为重要的部分，从这一级开始不同的人的心智模式开始起作用了，就像对面走过来一位美女，男人看容貌、女人看衣服一样，不同的人选取的部分就不同了。作为一位优秀的管理者我们需要知道这一点，为什么销售人员选取的数据和你选取的数据不同，为什么你会选取这样的数据，对方为什么会选取那样的数据，双方选取的不同数据可能对决策产生不同的影响。
- 仅仅选出数据部分是没有什么意义的，真正起到作用的是我们对这部分数据赋予的意义，我们是怎样看待这部分数据的。当我们看到半瓶水的时候，你的反映是“不错，有半瓶水”，还是“哎，只剩下半瓶水”，对半瓶水的不同看法将为我们后面的行动带来决定性的影响。第 3 级是我们主观意识凸显的一级（在第 2 级我们的主观意识已经在起作用了），我们的看法是受我们既往的经历、经验、价值观及周围环境（社会、组织等）影响的。作为一位管理者，我们需要看到我们为什么会如此看待这个数据部分，我们需要反思我们的看法形成的原因；同时我们还需要不断补充、学习、吸收对待同一事物的不同看法，争取让自己的看法更全面，进而丰富我们的认识结构，帮助我们能够更好地分析问题。
- 在我们对选取部分形成看法之后，引入与其相关的假设（第 4 级）进入到我们的行为决策，不同的人运用不同的假设在（主观）看法形成之后就能够得出初步结论（第 5 级）。在此我们需要清楚的是——假设是一种未经证明的主张，尽管过往很多情况都证明了这个假设是成立的，但是在具体的事件上其还没有经过证明，就像前面我们举例对比中，我们假设在北京地区这类技术人员的年收入一般不会低于 10 万元，可是具体到这个客户，其技术人员的年收入可能真的很低。我们在此不需要争论假设的正确与否，任何假设都需要在之后被证明，我们需要看到的是我们在此运用了什么假设，是什么原因让你运用了这样的假设，别人在此运用了什么假设，他为什么运用这样的假设，到底哪个假设对当前事件（后续的决策）更有帮助。

- 一位成熟的管理者是不会鲁莽行事的，其一般都会在得出初步结论（第 5 级）之后对结论进行调整（第 6 级），在这一级我们往往会强化我们对前面结论的认识，更加认定我们的看法和结论是正确的。特别是在情绪化的时候，这一级的过程几乎不存在，会直接进入下一级（第 7 级）的决策、行动。这也是为什么一位好的管理者一定不要情绪化，避免情绪化行事。任何一个人是避免不了情绪的，但是我们可以看到情绪、控制情绪，这是管理者行为的关键。

为了帮助大家更好地利用推论阶梯看到自己的心智模式，我们在下面的表格中列出了每个层级自问的问题，当你在做出结论、决策、行动的时候，可以先问一下自己，长此以往我们的心智模式一定会发生改变（见表 3.5）。

表 3.5

推理阶梯步骤	调整心智模式过程（自问）
1．观察事实	我看到了什么事实？是真实的、客观的吗？是全部吗？
2．选择数据	我为什么选择（抽取）了这部分数据，它将会产生什么影响？
3．赋予意义	我是怎么看待这部分数据的？为什么会这么看待它？别人如何看待它？
4．假设	这使我想到了什么？为什么会有这样的假设？
5．结论	为什么是这样的结论？还有哪些事实支持这个结论？
6．调整结论	这个结论会对我的行动产生什么影响吗？这是我想要的吗？
7．决策、行动	真的要这么做吗？做了之后会产生什么结果和影响？是积极性的行动吗？

一个人无论是否是管理者，其自我修养的提升一定与他的经历、经验、知识结构、环境（社会氛围、组织文化、价值观等）等多种因素相关，但是真正的改变一定是发自其内在的思考和渴望的。自我修养的提升要经过不断地观察、体察、觉察、思考。自我修养提升的最快方式就是由心智模式过程认识的改变而发生的行为改变，但是这就要求我们能够时刻对我们的言行进行思考，特别是当你非常笃定的时候，这时是改变原有的认识，还是更加坚定我们原来的认识，这是要经过思考的。还有一种我们常见的方式就是通过外在的大量练习，通过练习逐渐改变我们的心智模式；一万小时定律，运动员大量的练习就是通过这种方式使其修为发生改变。

销售和销售管理工作作为一项以结果为导向的工作，在取得好的销售结果的时候，会使当事人增强自信，坚信自己心智模式过程中的假设、结论、决策等都是对的，经过事实验证的。特别是作为销售管理者，大多数人都有非常丰富的、成功的销售经验，面对销售过程中的各种情况和问题有着坚定地认识和看法，这些主观的认识会阻碍销售管理者自我修养的提升，我们不是不应该自信、不应该坚定，反倒这些在销售管理工作中是非常必要的，但是我们需要更全面地看待在销售过程中出现的情况和问题、看到主观意识形成的原因，这样才能使我们在与别人交往过程中能够更好地与别人展开全面的、深入的交流，这将为双方达成共识打下坚实的基础。

3.6　销售管理者自身的问题

销售管理者产生的负面影响是企业销售体系发展过程中最大的阻碍，级别越高的销售管理者可能起到的反面作用会越大。道德经曰："知不知，上；不知知，病。夫唯病病，是以不病。圣人不病，以其病病，是以不病"。（注解：知道自己有所不知，很好；不知道却自以为知道，这是毛病。圣人没有毛病，是因为他把"不知道却自以为知道"当成一种毛病，所以才不会有这种毛病。）

在我们的一次咨询项目过程中，面对销售总监提出来的激励方案，我们给予了否定的意见，表示这种激励方案无法促进销售目标更好地达成。然后，这位销售总监一脸不屑的样子说道："那你们说怎么办？你们有啥好办法？"他并没有听进去我们的建议，还是自以为对团队的情况最了解，他提出来的方案是能做到的方案里最好的。最后事实证明，按照我们咨询师的建议制定的方案是超出了客户的预期的。

自以为是是销售人员的普遍特点，特别是业绩好的销售人员、从业年限长的销售人员，作为一名销售人员，无论是一线的销售人员还是销售管理者，自以为是是正常的，因为销售人员需要自信，自信一定会带来一定程度的自以为是。如果没有了自信，销售人员面对销售过程中的各种情况无法做出判断和决策，总是在怀疑自己，这是销售人员的大忌。销售人员和销售管理者需要觉察到自己自以为是的表现，意识到自以为是可能给自己带来的阻碍，找到突破自以为是的方法。

我们首先来看看销售人员，特别是销售管理者自以为是的表现。

- 自以为自己了解的情况就是对的，主观判断大于对客观事实的了解。

在一个辅导项目中，有两位销售人员，一位是新入行的销售人员，一位是有一定经验的销售人员。在辅导过程中，我们作为教练针对两位销售人员跟踪的客户，向其提出了一些问题，新销售人员回答不上来就马上给客户打电话进行了解和确认，那位有一定经验的销售人员面对这些问题都能够对答如流。最后的销售结果是新销售人员的业绩超过了老销售人员的业绩。事后我们做复盘的时候发现：老销售人员对答如流的答案里面有很多信息都是他主观认为的，并不是客户的真实情况；而新入行的销售人员掌握所有的情况都是跟客户确认、了解到的，这为销售过程中的分析打下了坚实的基础。

这就是有一定经验的销售人员的自以为是带来的结果。这是在销售过程中一个主要的动作过程——"假设-验证假设"，我们在销售过程中需要根据了解到的情况对情况做出判断和假设，并进一步与客户进行确认，以验证判断和假设，这样才能够更加深入地、全面地了解客户的情况和想法。然而，我们很多销售人员在了解了客户的一些基本情况之后就根据自己的主观认识对客户采取了“自以为是”的行动了。特别是经验丰富的销售人员，很容易看到类似的情况，就根据既往的经验来处理后面的事务了。殊不知，世界上没有完全相同的两个销售过程，每个客户、每个销售过程都有自己独特的特点，只有夯实了客户的客观信息基础，才能更精准地开展销售行动。

- 自以为自己的解决方案和办法就是对的，这一点尤其在销售管理者身上更为明显。

销售是一个不断发现问题，解决问题的过程，每次客户拜访、每次客户情况的变化都需要相应的销售行动策略，特别是我们一些销售管理者在与销售人员分析销售项目、客户的时候会直接给出自己的解决方案，让销售人员去执行，而不是与销售人员一起探讨解决方案。这样做虽然看起来简单、有效，但是一方面这么做可能由于没有与销售人员进行充分讨论，使方案存在片面性，一方面缺少对销售人员自我解决问题能力的培养，后者也是销售管理者常见的错误表现。

一次在高铁上，邻座的一位销售管理者通过电话告诉销售人员：如果客户这么说，你就这样回答他，如果客户说……你就……

这种情况在销售人员和销售管理者之间是经常发生的。从表面上看这种做法有效率、有效果，但是时间长了之后就会养成销售人员的依赖性，对销售管理者提供解决方案的依赖，一方面不用承担责任，一方面不用自己费脑子想解决方案了，何乐而不为呢？在这个过程里销售人员并不能向销售管理者完全客观地陈述客户的情况，销售管理者并没有看到一线的情况，只能通过销售人员的叙述做出判断和决策，从而使这个过程和决策结果更加主观化。特别是在很多时候，销售管理者不能感受到这种自以为是的过程的时候，他们会很笃定自己的方案是可行的；这时需要销售管理者能够全面地、客观地针对具体销售过程的情况与销售人员进行分析，从而尽可能地制定出符合实际情况的方案。（关于这个过程我们会在销售教练的相关章节中与大家详细讨论。）

在我们给企业实施销售课程的过程中我们还发现一种情况，销售管理者自以为是地认为他们知道自己团队的问题在哪里，知道用什么方法来解决这个问题。于是，就像一位病人去看病，见到大夫之后就直接跟大夫说：你给我开这个药、那个药就好了。

有的客户说，我们的销售人员负责的是大客户销售，我们要上大客户销售的课程。他们最大的订单额也就十几万元，这种销售额的规模根本称不上所谓的大客户销售。（而且在我的观点中没有大客户销售的概念存在，无论客户订单额大小，销售过程的差异并不大，一个销售过程是由它的产品和客户构成的销售业态所决定的。）

所以，销售管理者一开始就要建立一种着眼事实、广泛讨论的意识，觉察到自以为是的状态的存在。

- 自以为销售结果还不错，特别是业绩还说得过去的时候，即便业绩不好，也不会以为是自己的问题，会寻找自身以外的各种原因。

这种情况不仅仅是在销售领域中，这在组织内部是一种典型的职场反应，我们称之为组织防卫，也就是没有人愿意承认自己不行，能力不够，在问题出现的时候就会寻找各种借口摆脱自己的责任。然而作为一名好的销售人员，特别是好的销售管理者，无论处于什么情况下都要勇于面对销售过程和销售管理过程中的问题和不足，任何一次销售过程，任何一个销售团队都不可能是完美的，这是由于销售和销售管理都是以人为核心的工作性质决定的。

无论销售人员和销售团队管理者的水平如何，都有可能将产品销售出去，特别是在市场大环境好的时候，这时取得的成绩往往就会掩盖销售过程和销售管理过程中的问题，如果相关人员不能及时发现问题，等到市场环境不景气，或者问题足够大的时候，再进行调整就会处于比较被动的境地。

我们曾经的一个客户，前面十几年在行业内处于垄断地位，客户主动上门采购产品，晚上十点多还排队等着交钱、开票。虽然从 2012 年开始公司组建了销售队伍，但是很多人不理解组建销售团队的原因，甚至包括销售团队的管理者也对销售工作不重视。随着行业竞争情况的变化，这个客户在 2014、2015 年开始面临着销售额大幅下滑的局面，甚至已经出现了要落后于竞争对手的情况。好在公司管理者及时发现了问题，请咨询公司介入，在大家一起努力下完成了当年的销售目标，并在接下来的两年里连续实现了 20%～30%的销售额增长。

事实上，我们在与大量企业接触的过程中发现了一个现象——大多数企业都没有自己的销售方法和管理方法论，全部都是靠管理者的经验和能力在支撑着销售体系的运转，一旦出现问题，就很难发现问题在哪里，也不知道应该如何更好地处理问题。我们在前文中提到的 W 公司的中国分公司就存在这样的问题，W 公司的中国分公司伴随着国内 GDP 快速增长，取得了相对于国外快速增长的业绩，就疏于管理。等到销售增长停滞后，就不知道问题出现在哪里了，于是开始外聘销售高管、销售人员换血，可是问题还是没有得到解决，钱却花了不少。

- 自以为自己的管理没问题，是销售人员的执行力不够。

我们在前面的章节中提到过销售人员绩效的第一责任人是他的直属管理者。这也是目前国内销售团队中面临的一个比较大的问题，销售管理者无法承担起销售团队的发展任务。

在我们辅导销售团队的过程中，遇到过一个销售团队中有很多具有很好销售素质和潜质的销售人员，如果放到一位好的销售管理者手下用不了 2～3 年的时间一定都是能够独当一面的销售人员，而不是在原来的销售管理者手下干了 3 年，一脸迷茫。（在我们的辅导下，销售团队中的成员发挥了他们的潜力，扭转局面、突破了销售瓶颈。）

✓ 在国内，很多销售管理者缺乏自我觉察的能力，缺少了自我觉察就不会去思考（关于觉察我们会在销售教练的相关章节中予以介绍）。

✓ 在很多公司里缺少规范化的销售管理体系，销售管理者完全依靠个人的感觉来管理团队，缺少相应的管理方法和销售理论的支持。

✓ 很少有销售管理者接受过系统的销售管理方面的培训，即便能看到问题也不能选择合适的解决问题的方法。

【重点回顾】

- 对于一个管理者而言，首先要认清自己，这样才能使自己在销售体系中做出更清晰、准确的管理动作，一个什么都搞不清的销售管理者只能给销售组织带来更多的麻烦，搞得销售人员怨声载道。
- 和销售工作要求的基本行为能力一样，销售管理者的基本行为能力也是沟通能力，不同的是沟通的对象变为销售组织内部的人员，沟通的内容变为与销售发展的相关内容，主要包括销售策略制定、销售过程管理、销售人员辅导等。
- 当业绩还说得过去的时候几乎每一位销售人员和销售管理者都自我感觉良好，这恰恰是作为销售管理者应该意识到的，作为一个管理者需要不断地进行自我提升，而一个人的提升和改变一定要源于他内在的心智模式的改变。

第 4 章　销售管理——销售机会管理

本章提要

销售管理是对销售管理者专业能力的要求，在销售人员的日常工作中，如何管理销售机会，管理销售人员的行为结果和效率，通过过程管理（销售过程，年度、季度、月度工作开展过程）尽可能地做到事前管理和事中管理，避免事后“亡羊补牢为时晚矣”的情况出现。

一个做卫生用纸的厂家，针对酒店、餐饮、物业、办公这四个细分市场展开项目型销售工作，销售业绩不理想，于是提出如下培训要求。

- 如何获取招标信息，招标工作如何有序推进，招标各环节的技巧，招标需准备什么材料，成功拿标的关键因素，招投标现场的模拟演练。
- 项目型销售内部团队的支持与协调，作为项目经理，如何协调好内部的人员分工，项目经理如何推动招标进程。

与销售负责人沟通之后，我知道了，他们根本不会做项目型销售。他们仅把目光放在招投标阶段了，即便是项目型销售，也是有其销售过程的，招投标只是一个靠后的阶段而已。如果在招投标前面的阶段没有做好，即便是推进到了招投标阶段，也是一个陪标的，前面的进程几乎已经决定了结果，只是在招投标之后结果才出现。奔驰卡车的一位有经验的销售人员说过一句话：如果没有参与客户制作招投标书的工作，直接去投标，80%拿不下这个项目，除非使用大放低价等手段。

在这个案例中，销售管理者仅仅把目光放在招投标阶段，试图通过解决这个阶段的问题来解决整个销售过程的问题，这是远远不够的。销售的成与败只有最终的结果才能够体现出来，但是问题并不是在最后才发生的。

4.1　基于阶段划分的销售过程管理

销售工作是一项“看结果，管过程”的工作，想做好销售、管好销售就要做好过程、管好过程。

- 对每个“销售线索到销售结果的过程”管理是每位销售人员必须掌握的行为能力，也是销售过程管理的最小单元。在这个过程中销售人员通过拜访客户和制定行动策略不断推动销售进程直至销售活动结束。

- 每位销售人员都需要同时面对多个分别处于不同阶段的销售机会，这些销售机会的质量决定了销售目标达成的情况。
- 管控销售人员的销售过程的状态是销售管理者最主要的工作。
- 对销售过程的管控是展开所有销售管理行为的源头，只有梳理清楚销售过程，才能够从客观事实出发采取销售管理行动。

既然是对销售过程进行管理，我们就需要看到这个过程是什么样的，只有认清销售过程才能够管理它、控制它。无论是销售人员还是销售管理者，很多人做销售工作都是凭经验、靠感觉，很多销售人员脑子里只有一个目标——拿下单子，而没有销售过程中每个阶段的目标——我们通常说的拜访目标。

也有销售人员说：没有两个销售过程一样的单子，这种把销售过程事先划分阶段的做法是没有意义的。这只能说明他并没有看到、理解销售行为背后的逻辑，而只看到了销售行为的外在表现。一位出色的销售人员需要了解销售过程中的逻辑，销售管理者更需如此。

针对一家公司的一种销售业态（一家公司内可能有多种销售业态存在）的销售过程一般会有 4～7 个阶段，每个阶段都会有相应的拜访目标（也会有相应的阶段目标），这些阶段就像楼梯的台阶，销售人员通过销售行为和客户表现逐级登上台阶，最终实现销售目标的达成（见图 4.1）。销售管理者的销售管理工作就是帮助销售人员更快、更好地登上这些台阶。

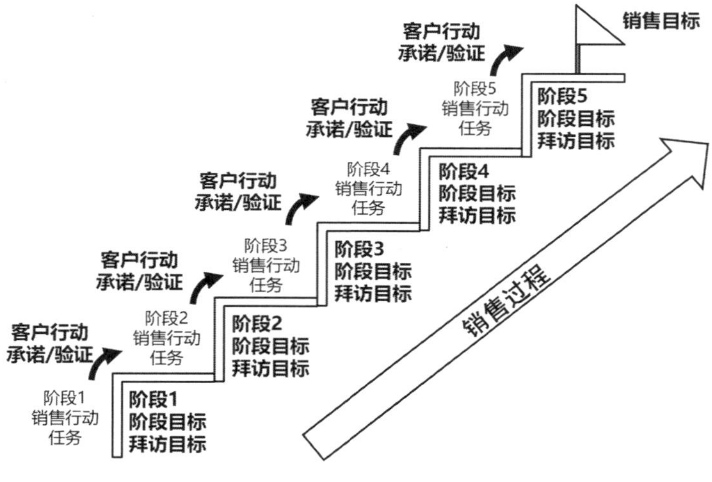

图 4.1

美国知名行为学家肖恩 • 扬在《如何想到又做到》一书中说道：研究表明，把焦点放在小步骤上，一个人便会有更高的成功概率。然而，就算人们知道这一点，也无法把改变坚持下去。这是因为他们不明白这些步骤该怎样划分，又没有模型可供参考。

把一个销售机会的销售过程划分为更小的阶段就是为了能够帮助销售人员获得更高的成功概率，帮助销售人员清楚地认识到现在的销售过程处于哪个阶段，应该采取什么样的销售任务和销售行动，应该取得什么样的阶段性成果。

销售人员的销售过程就像一位舞蹈演员演绎舞蹈的过程，在舞蹈（销售）基本功扎实的情况下，通过自己对舞蹈（具体客户和销售机会）的演绎，完成优美的演出（销售成交）。同舞蹈演员一样，销售人员要清楚如何开场（开发客户），如何跳至高潮（挖掘需求、提供方案），如何收尾（成交谈判）等。

图 4.2 就是一个比较常见的销售过程的阶段划分的例子，从“商机挖掘、销售拜访、发展支持者、方案呈现、商务推进、商务谈判”清楚地描述了销售过程的各个阶段，不过看完图之后您的脑子里或许会产生一个疑问，就这张图而言并没有什么实际的意义，仅仅是“硬生生”地把销售过程分为了几个阶段而已。没错，仅仅把销售过程划分为几个阶段是没有任何意义的，对销售人员和销售管理者而言，真正有意义的内容是每个阶段包含的内容，这些才是销售管理动作的着力点，帮助销售人员推进销售流程的实质所在。那么每个阶段包含的内容是什么呢？

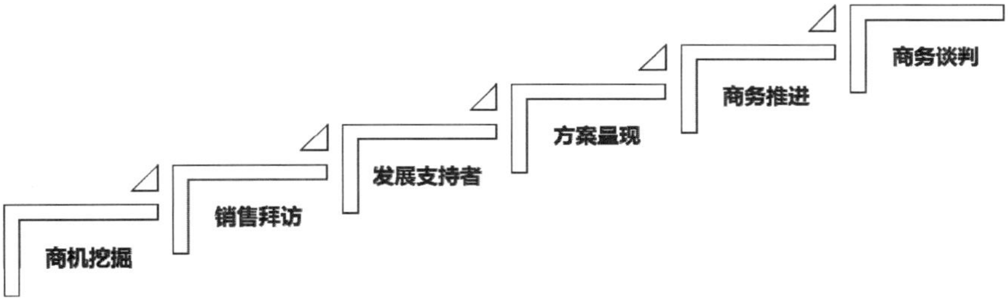

图 4.2

很多公司会强调开发客户、成交客户、维系客户的销售方法，其实这并不是具体的方法，这些是销售机会转化过程中的阶段，每个阶段中包含的内容才是相应的方法和工具。

在表 4.1 中最左侧一栏中的内容就是每个阶段所要包含的内容。

表 4.1

销售阶段	商机挖掘	销售拜访	发展支持者	方案呈现	商务推进	商务谈判
阶段目标						
销售任务						
销售行动						
方法和工具						
客户证据 （客户承诺目标）						
阶段完成标志						
可能性						

（1）阶段目标

每个阶段所要达到的目标，如在“商机挖掘”阶段，我们的阶段目标就是寻找潜在目标客户，找到相关联系人，并成功约访。

（2）销售任务

每个阶段必须要完成的工作任务，只有完成这些任务才可能将销售进程推进到下一个阶段。例如，在“商机挖掘”阶段，我们需要完成“寻找目标客户及联系人”和“约访目标客户联系人”两项销售任务。

（3）销售行动

每项销售任务都是由一系列销售行动完成的。这些行动的质量和结果直接影响着销售任务的结果及销售目标的达成。例如，在“寻找目标客户及联系人”时，我们需要根据相应的销售线索，寻找相关联系人；在“约访目标客户联系人”任务中，我们需要制定约访目标和约访理由，选择恰当的联系方式约访客户。

在一次模拟拜访演练的辅导中，一位学员给我看他的微信聊天记录，他正在约一个客户，准备在培训结束之后拜访这个客户，可是客户迟迟没有给他回复。我问他：这个客户有什么情况？他说：在清明节前，他第一次拜访这个客户，这个客户是外地过来做工程项目的，过了清明节他就过来培训了，他怕这两天客户就确定合作厂商了，所以想在培训之后马上见到客户，拿下这个订单。在他之前给客户发的约访微信中，他一直在跟客户说这个情况，但是客户没有回复。了解了相关情况，我跟他说：你这样发一个信息试试，大概意思是：您刚从外地过来，在这里人生地不熟，我是本地人，如果您在工作、生活方面有什么需要，直接跟我说，我这边比较方便。销售人员按照这个意思发了个信息过去，没过几分钟客户回复了：你培训回来之后马上联系我。

看，同样是约访行动，由于对约访的方法和工具掌握、运用的差异，使约访结果截然不同。

销售任务和销售行动是销售管理者管理销售过程的重要着力点，检查任务的完成情况，发现销售人员在完成任务过程中的弱项，帮助、辅导销售人员更好地完成任务是销售管理者的日常工作之一。

（4）方法和工具

在销售任务和销售行动中都会有相应的方法和工具供销售人员使用和借鉴，这些方法和工具的正确使用可以帮助销售人员提高效率并达到良好的效果。例如，在前面约访客户过程中我们使用的就是 PPP 约访客户的工具，在约访信息中要包含“见客户的目的，见客户的过程，见客户对客户而言有什么好处”三个要素。

销售管理者对方法和工具的认知、理解、运用及就方法和工具对销售人员的辅导都会对完成销售任务，推进销售进程有很大的帮助。

（5）客户证据（客户承诺目标）

客户证据是证明销售过程所处相应阶段的有力的、客观的证明。当前销售过程处于什么阶段不是由销售人员说了什么、做了什么来决定的，而是由客户说了什么、做了什么来决定的。客户做了什么能够证明我们是否达到了阶段目标，是否可以进入下一个阶段。例如，在“商机挖掘”阶段，客户同意见面，销售人员见到了客户，就说明可以进入到“销售拜访”的阶段了。

客户证据是销售进程推进的标志，如果没有来自客户的证据，特别是对自己一方有利的证据，那么即便跟随着客户的采购流程走到了后期的“招投标”阶段，那也是“陪太子读书”，你的销售进程阶段并没有与客户采购流程阶段相匹配。

为了更快、更有效地推进销售进程，我们在得到客户主动的行为证据的同时还需要向客户争取来自客户的行动证明，这也就是我们在销售拜访训练辅导课程中提到的“获取客户行动承诺”。我们需要得到其付出行动的承诺，并且结果是能够推动销售进程的。例如，客户同意见面、组织相关人员开研讨会、审阅方案并给予书面回复等。

客户行动承诺获取结果和客户行动承诺获取率是帮助销售管理者衡量销售人员行为能力强弱的非常好的指标。针对一些销售机会，可以在销售结果出现之前及时调整销售行动策略和销售行为，进而优化销售结果。

（6）阶段完成标志

从销售进程角度讲，当我们获取了相应的客户证据，并且实现了阶段目标的时候，这就是阶段完成的时候。

从采购流程角度讲，当前客户采购流程所处的阶段决定了我们销售过程所要对应的阶段，这时客户采购流程当前的内容就是前一个阶段完成的标志。例如：当客户已经明确了需求，进入解决方案阶段的时候，就需要我们的销售过程从“探讨方案”阶段入手。作为一名销售人员和销售管理者，我们需要清楚，销售过程可能从任何阶段开始（这是由客户的采购流程决定的），这个阶段的销售任务和销售行动是我们切入客户采购流程的关键。但是这并不意味着我们仅仅从这个阶段开始向后推进销售过程就可以了，这是绝对错误的。相反，因为你介入得晚，在这个阶段之前的阶段中的销售任务和行动反倒更为重要了，否则只是陪更早进入客户采购流程的竞争对手做游戏，或者用损失己方利益（如降低价格、增加附加价值等）的手段去博取胜利。

（7）可能性

可能性主要用于做销售预测，例如，当“商机挖掘”阶段完成后，我们会认为这个销售机会有 5%的成功率，当“方案呈现”阶段达成后，我们认为销售机会有 60%的成功率。如果这个销售机会有 100 万的销售额，那么就会有 5 万元或者 60 万元的销售预测额计入销售预测总额。在 CRM 和销售漏斗中都会用到可能性这个指标，进而定量地反应未来的销售情况和质量。但是，它只能反映单方向的情况，也就是销售机会是否缺少。（当销售预测额低于销售目标额的时候，可能性有一定的作用；当销售预测额大于销售目标额的时候，可能性的作用就不那么有效了。）

然而，销售并不是一个概率事件，对于销售结果来说只有成功或者失败。所以，可能性只用来帮助我们提前预测销售情况，例如，半年过去了，销售预测总额只有1500万元，而全年的销售目标额是4000万元，那么这说明现在掌握的销售机会是远远不够的，毕竟谁也不能保证100%的销售转机会化率；如果这个时候销售预测总额有8000万元，也不能说一定能够完成4000万元的销售目标。

为了帮助销售人员和销售管理者更好地判断销售机会的获取概率，我们正在研究从风险的角度去判断销售机会的情况，这也是我们在实际销售工作中经常思考的角度，在衡量销售机会获取的可能性的时候，我们更关注存在什么风险，这直接影响销售过程的质量及销售结果。

在销售过程中的每个阶段还有其他可以参考的因素。

（1）客户角色

在不同的阶段，客户可能会以什么角色出现，这些角色会对销售过程（采购流程）起到什么作用，这些作用对我们的影响有哪些？

（2）所需要的行业知识和技能

销售工作包含三个专业：销售专业、产品专业、客户行业专业。那么在销售过程阶段中，哪些行业知识和技能对销售进程的推进有帮助？

（3）达成可验证的阶段性结果

可验证的阶段性结果与客户证据是相似的，都是为了证明是否可以推进到下一个阶段。为什么我们会强调每个阶段的可验证性，是因为如果按照销售人员自己认为的阶段情况推进销售进程，极有可能就会被客户牵着走，直接进入降价的阶段，这是销售管理者不喜欢看到的。

（4）需要哪些资源支持

在不同的销售过程阶段需要哪些资源支持，如样品、技术支持等。

（5）常见的问题及解决方法

每个阶段都会有一些常见的销售问题出现，例如，很多销售人员在没有了解清楚客户需求的情况下，就被客户逼着介绍自己的产品了，结果介绍完产品之后就没有后续了。那么当客户要求我们介绍产品的时候，我们在简单介绍产品之后，还需要利用提问的方式继续挖掘客户的需求；或者跟客户说：您看我是否能够多了解一些咱们的情况，这样我介绍产品的时候会更有针对性。这就是常见问题和解决办法，这些被整理出来之后，会对销售人员的成长有很大的帮助。

（6）风险

任何销售过程中都会有各种风险存在，销售人员在向客户推介产品和解决方案的同时还要预防各种可能来自客户和竞争对手的风险，并根据风险的情况及时调整相应的销售行动策略，才能更好地抵抗风险、推进销售进程。很多销售机会最后不是输在产品、价格，而是输在了风险上。对风险的梳理可以帮助销售人员更加全面地了解销售机会可能存在的问题，对风险的预见可以使销售人员提早收集相应的信息来验证、抵消风险。

我们在前面讲到了利用对销售过程的阶段性划分的方法来细分销售过程，管理销售过程，销售管理者需要带领销售人员一起把学习过的、总结出来的销售工具和方法进行整理，以帮助我们更好地管控销售过程、调整销售过程中的动作，进而取得更好的销售结果。

针对一个具体的销售业态，销售过程的内容基本上是相对固定的，阶段数量越多，销售过程被切割得越细致，管理销售人员的行为和任务越细致；阶段数量越少销售过程被切割得越粗糙。那么什么时候切割得多一些，什么时候切割得少一些呢？

当市场环境好的时候，销售机会多，获取订单比较容易的时候，我们就需要将销售阶段划分得少一些，这样有利于销售人员捕捉更多的销售机会，并将其转化为更多的销售订单；当市场环境不好，销售订单少的时候，我们就需要将销售阶段划分得多一些，更细致地管理销售人员的销售行为和任务，这样才能更容易发现销售人员存在的问题，及时为销售人员提供帮助，提升销售机会的转化率。

在后续章节中，我们还会利用销售过程的阶段性划分来一起探讨如何通过销售漏斗管理多个销售机会。

4.2 基于销售冰山模型的销售过程管理

在销售过程中，最根本的是满足客户的需求，所以我们经常说 B2B 销售业态通常用两句话概括：当客户的组织利益被满足的前提下，客户会选择让其个人利益最大化的供应商；客户的组织利益和动机是由其相关人员的个人动机构成的，这将主导客户的需求方向和内容。

- 愿景：客户对采购成功后所能达成的目标产生的想象和憧憬。
- 方案：针对客户的需求提供的产品或解决方案。
- 需求：包括客户提出来的需求和客户真正的需求（我们通常所说的隐含需求）
- 问题：产生需求的问题，没有问题就没有需求，在 B2B 销售业态中 B2B 的问题更多地集中在组织所面临的问题上，这些问题是由相关人员的主观认识决定的，是由相关人员对目标和现状之间的差距的认识决定的。
- 目标：目标和现状的差距，就是问题所在。现状是人们对客观事实的主观认识，目标是人们希望达到的境地；所以在制定目标的过程中，要充分考虑情绪、动机等人们的主观认识因素对目标的制定的影响。
- 动机：动机是人们产生行为的源头，每个客户的需求都来自他们的动机，这个动机往往并不是需求本身，而是需求能够带给其个人的利益。

图 4.3 中的冰山模型将动机、目标、问题、需求、方案、愿景等几个采购—销售

过程中的因素联系起来，销售人员的日常销售行为也是围绕着其中 1～2 个或者是几个因素展开的。一般销售人员实施销售行为主要是从以下几个层面展开的。

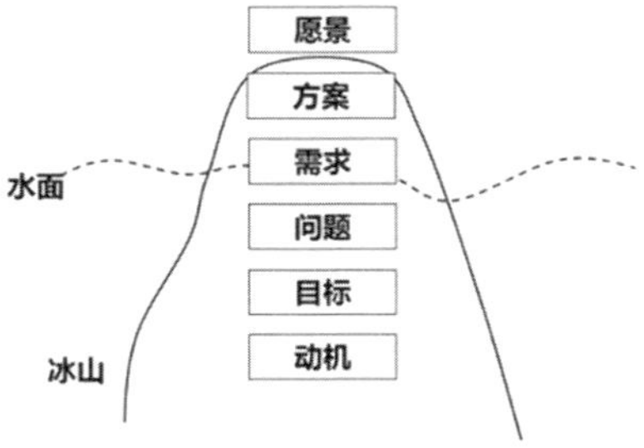

图 4.3

- 询问客户需求，介绍产品。
- 了解客户现状和问题，与客户一起探讨解决方案，并提供产品（解决方案）。
- 了解客户现状和问题，与客户探讨价值，通过解决方案为客户提供超出其期望的价值。
- 在为客户提供价值（满足和超出）的同时满足相关人员的（个人）利益诉求。

下面我们来看看冰山模型是如何将愿景、方案、需求、问题、目标、动机这几个因素联系起来的。

很多销售人员到了客户那里了解到客户的需求之后就开始寻找、介绍产品给客户，但是在大多数时候他们会发现并没有太合适的产品推荐给客户，抱怨公司的产品不行；最典型的情况是销售人员在客户那里得到了客户正在使用的竞争对手的产品（方案），然后按照竞品的性能选择自己相对应的产品去替换，并将其推荐给客户，但是往往我们提供的产品的性价比永远没有竞品的性价比高（这不是在满足客户需求，是在与竞品竞争，竞品在满足客户需求的时候一定突出了其长处，替换方案的性价比是没有优势的）。

这种情况的出现证明我们的销售人员还是在水面以上展开销售工作，在这种情况下销售就是一场赌博，赌的是自己提供的方案是否能够满足客户的目标和动机。

还有一种只在水面上展开销售工作的情况，就是通过我们的产品和方案能够调动客户对愿景的期待。在销售过程中能够使客户对购买产品后的愿景产生期待的情况是最好的情况，这时客户的焦点不在如何购买产品，而是在购买产品后能够实现的愿景上。但是在 B2B 的销售过程中组织利益需求和个人利益诉求的不一致性，以及采购过程相对理性，采购周期长，很难使相关人员产生对愿景的期待。

很多时候我们提供的方案能够解决客户的问题，满足客户的目标要求，却还是陷入了价格竞争，最后客户赢了，我们没赢。销售管理者是不愿意看到这种情况的，在这种情况下销售人员被客户牵着鼻子走，由于没有涉及客户方相关人员的个人利益和动机，他们就会尽可能地实现组织利益最大化，为他们在组织中获得更多的认可，这也是为什么很多情况下会出现最低价中标的情况。当销售人员无法打动客户的时候，自然就会陷入价格竞争。（当然在有些时候，当最低价才是他们个人动机的需求时，最低价的情况还是会存在的。）

销售过程真正的目的是满足客户方相关人员的（个人）动机，产品和解决方案只是满足这种动机的载体。这就是我们在销售过程中应该做到的——挖掘客户的动机，满足客户的动机。引导客户对现状、问题、目标的认识，进而梳理出清晰的需求，并且我们的产品和解决方案能够很好地满足客户的需求。

上述 4 种情况是销售人员常见的情况，也是销售人员绩效结果不同的原因所在，当销售人员就愿景、方案等与客户沟通的时候，销售过程很可能会被客户主宰；当销售人员能够探寻到客户的目标、动机及其存在的问题时，就会越接近客户的想法，这时销售人员就能很好地把握销售过程。销售管理者与销售人员一起去梳理、盘点销售过程中的冰山模型要素就能够对销售过程有比较清楚的认识，从而实现对销售过程的把控。

我们结合表 4.2 来看看销售管理者应该如何与销售人员一起对销售过程进行把控。

表 4.2

显性度	冰山	销售行为（行动）		销售行动策略	客户证据	风险评估
		人	事			
9	愿景					
7	价值					
4	方案					
2	现状					
1	需求					
3	问题					
5	目标					
6	动机					
8	认知					

我们设立这张表格的目的是帮助大家把控销售过程，理解销售过程中的各个环节。相比于冰山模型图，我们在表格里又增加了“价值、现状、认知”三项内容。增加这三项的目的是提醒销售人员在日常的销售行为中和执行销售行动策略时要探寻到销售过程的深处，销售人员在了解客户信息（广度）的同时还要借助冰山模型挖掘更多的客户信息，这样才能牢牢地把握销售过程，更好地实现销售目标。

1. 显性度

之所以用显性度主要是帮助大家来判断在销售过程中销售人员通常会遇到、做到的层次，在这个排序中我们还是按照冰山模型中的位置进行顺序排放的，而不是按照显性度顺序排放的，这是因为以需求为水面来看，在水面以上的因素更容易被清楚地看到，而水面以下的因素不容易被看到，甚至被忽略。

2．冰山

相对于冰山模型，我们在表格中增加了三项内容——价值、现状和认知。

（1）价值

客户通过采购过程获得的价值包含两部分，一是满足客户要求实现的价值，二是是在满足客户需求价值的前提下额外提供的、产生的价值。在大部分情况下我们仅能提供满足客户需求的价值是不够的，客户也会认为这是应该的，甚至不认为这是价值。在产品差异化小、买方市场的情况下，我们需要让客户看到更多的额外价值才能够使我们更好地实现销售目标。这些额外的价值主要有以下几个方面。

- 基于客户行业提供的产品以外的价值，如销售饲料仅仅依靠饲料本身是很难使养殖场改变饲料使用习惯的，对于养殖场而言更换饲料一方面会面临风险，一方面更换饲料之后也没有什么本质性的差异。这时就需要我们在产品之外提供客户更关注的价值，才会激发客户采购的欲望。
- 在满足客户组织利益需求的情况下，满足相关人员的个人利益诉求。我们提到过“当客户组织利益被满足的前提下，客户会选择对其个人利益最大化的供应商”。这是因为在 B2B 的销售过程中，组织利益诉求都是由相关人员的个人认知决定的。

我们曾经在国内推广过一个新的系列产品，这个系列的产品刚刚被研发出来不久，在国内还没有应用案例，我们在国内找老客户，想让他们成为“第一个吃螃蟹的人”，但是很多客户都没有同意，最后，一个对我们的产品非常熟悉的老客户同意在他们的新项目中使用我们的产品，这个产品相当于项目的中枢系统，其成败对于客户的重要性不言而喻。在项目顺利交付后，我们与客户交流：为什么当初你们会愿意尝试使用我们的新产品？客户说：我们使用你们的产品很久了，对你们的产品非常了解，也很有信心。

在这个案例中，无论客户选择我们的产品（为了个人学习），还是不选择我们的产品（避免个人承担风险）都是出于个人利益的考虑。

- 挖掘新的客户。

例如，数控机床产品在工业企业中已经很常见了，但是我们可以将其与培训教材打包卖给高职院校，作为学生训练的设备。

（2）现状

现状是客户对自身当前情况的认识，这个认识是客户方的相关人员对客观情况的主观认知。这也就是说，我们需要看到客户的客观情况，以及客户对客观情况的认识。现状能够帮助我们更好地理解客户为什么会有这样的需求，客户在目标与现状之间存在哪些问题。

在实际销售过程中，很多销售人员更容易看到客户方存在的问题，在与客户交流的过程中提出很多了解客观情况的问题，而缺少关于客户对客观情况认识的提问。而且很多时候销售人员在了解了客户的客观情况之后，就根据自己的主观认识开始介绍产品和解决方案，特别是当看到客户的现状与销售人员自己脑海里的主观认知之间存在着很大的销售机会的时候，就控制不住地推销起来。然而这时，客户对他们的客观情况是怎么认识的，他对目标的期望是怎样的，我们都不知道。那么你在推销介绍产品之后，客户会不会认为你们的产品是多余的，他现在不需要；如果你的产品并没有达到他的期望，不能够满足他的需求，那么怎样保证推销介绍的针对性和有效性呢？而且当你无的放矢地推介之后，销售过程中的主动权就被客户牢牢地掌握在手里，客户有没有进一步的采购意向完全由他自己说了算。

（3）认知

我们之所以将认知放到了动机的下面，是因为动机的产生一定源于客户的认知过程，也就是我们要探询客户为什么会产生这样的动机。很多时候我们都会认为动机的产生是一种感性的过程，其实并不是这样，只是认知产生的过程是非常快的，很难被我们觉察到，而我们恰恰就是要与客户一起看到这个过程，探讨其真正的需求。

在冰山模型中，不仅有客户对动机的认知，还有客户对客观情况的认知（现状），客户对目标的认知，客户对问题的认知等。这也是为什么有的销售人员在客户还没有看到问题和需求的时候，能够引导客户产生需求的原因。

一个小型养猪场，场主养猪以来一头母猪的年平均出栏数是 20 头猪，他觉得这不错了，这个时候你告诉他：与我们合作的客户，一头母猪的年平均出栏数都已经达到了 22 头猪，您觉得一头母猪一年多出栏 2 头猪，您这里 150 头母猪一年能多出栏 300 头猪，对您的吸引力如何？

客户：听起来不错，这样算下来，一年能多收入 30 多万元呢，是不是饲养方法上有什么特殊要求，难度大吗？（虽然客户看到了利益，但是也有他自己的顾虑，这就是他对更多收益思考的假设——是不是饲养难度大，自己做不到。同时，引发客户兴趣的动机是能够有更多的收入。但是如果客户对这些多出来的收入并不感兴趣呢？例如，客户只是在给老板打工，多出来这些收入跟他没有什么关系，他关心的是如果维持现状，就能保证个人收入稳定（动机）。（形成这个动机的认知来源是老板对于多出来的收入的分配机制。）

销售人员：您说的对，在饲养过程中会要求严格一些，但是我们会提供饲养方法，您只要照着做就好了。您有这么多年的养殖经验，我想您一定会综合考虑各种因素的，如种猪的选择、饲养的难度、收入/饲养成本……您最关注哪些因素呢？

客户：当然先考虑饲养难度，我就是一个农民，没啥文化，否则早就做大了，饲养难度太大，我做不到；在我能做到的前提下，还要考虑成本，虽然表面上收入增加了，但是成本自然也会增加，最后利润率低了，不见得比现在挣钱。（在客户的认知里有对自己学习能力的不自信，他把饲养难度放到了第一位，这也体现出其并不是一个愿意冒险、勇于尝试的人。这些都是客户在更换饲料的时候要考虑的因素，如果销售人员不能给出其满意的答案，那么就很难拿下销售订单。）

如果客户认为饲养难度大，不愿意尝试，这时我们工作的重点就要放在让客户建立对饲养难度的真实感受，并引导其勇于尝试上。

在 B2B 销售过程中，我们需要清楚地知道，所谓的组织认知都是由利益相关人的个人认知构成的，这些认知不一定是唯一的、一致的，所以我们需要衡量和分析相关人员的个人认知才能够制定出相应的销售行动策略，进而推进销售进程。

3. 销售行为（行动）人、事

这项内容包含两部分：人和事，主要是指**拜访客户后**获得的人和事方面的信息。将这些信息填写到表格中相应的单元格内，对我们得到的信息进行梳理、分析，在填写的过程中不必纠结哪个项目应该在哪个单元格内，按照自己的认识去填写表格就好，填写完成后再进行调整，这张表格能够帮助我们从广度和深度两个角度清楚地看到销售过程中的“全象”。

4. 销售行动策略

销售行动策略是在（下一次）拜访客户前制定的行动策略，它包括拜访目标、提问清单、类似案例、客户行动承诺目标、客户可能的问题处理等。在这个部分中切忌填写过于笼统的语言。

5. 客户证据

销售过程的推进不是销售人员、销售方说的，而是依靠客户的证明，依靠客户的行动证明。

6. 风险评估

根据我们了解到的客户情况，还有一些风险会阻碍销售进程的推进，这种风险不仅来自竞争对手，更来自客户和我们自己。

通过“冰山模型表格”内容的梳理，能够使销售人员和销售管理者更清楚、全面地看到销售过程的情况，并制定相应的行动策略。相比基于阶段划分的销售过程管理，基于冰山模型的销售过程管理更适用于一个具体的销售过程管理。之所以用了这么大篇幅介绍基于阶段划分和基于冰山模型的销售过程管理，不仅是让大家清楚销售过程中的各个阶段，更是让销售人员看到在销售过程中可以发力的地方在哪，让销售管理者看到销售人员存在的具体问题在哪里，以便给予针对性的帮助和辅导。

4.3 不得不说的销售漏斗

目前市面上绝大多数销售管理软件（一般被称作 CRM，Customer Relationship Management）都是以销售漏斗（Sales Funnel 或 Sales Pipeline）为核心开发的，这说明销售漏斗对于销售管理的重要性。经过对销售漏斗的研究，我们发现，销售漏斗在发挥它的作用的同时也有其局限性，这也是为什么很多公司的 CRM 系统在使用时的效果并不好，销售人员对其有抵触情绪的原因。

首先我们在这里需要强调的一点是，CRM 并不是销售管理软件，准确的翻译应该是客户关系管理，像我们经常收到的银行在我们生日的时候发过来的短信祝福，这些就是 CRM 的功能，CRM 主要的作用是帮助销售人员和销售管理者更好地收集与客户相关的信息，挖掘客户的潜在需求，拉近、加深与客户的关系。这样的定义对于大众消费者而言用起来更加贴近一些，对于 B2B 的销售业态而言就不是那么合适了。

在 B2B 的销售管理中应该从以下三个层面来进行管理。

（1）一线销售人员，针对销售行为进行管理

与其说是对基层销售人员的销售行为进行管理，不如说是帮助销售人员优化其销售行为。在销售人员的目标方向和销售策略确定的情况下，对销售人员日常拜访客户的行为进行辅导并提供帮助，以帮助销售人员提高拜访效率、优化销售效果。

这一点也是目前销售管理（软件）系统中存在的一个问题：销售人员不愿意填写客户关系管理情况，觉得这是在他们日常销售工作之外的一个负担。之所以出现这种情况，根本原因在于销售人员仅仅填写了内容，而没有得到相应的帮助和指导。销售漏斗发挥作用的三个基本前提是：要求数据是真实的；要求数据是全面的；要求数据是连续的。如果做不到这三点，销售漏斗就无法发挥出其效果，更无法做到销售管理过程中的事前和事中控制和管理。其实出现这种情况的根本原因在于：销售管理者并不理解销售漏斗的精髓所在，仅仅把客户关系管理看作销售结果展示和追究责任的工具，而不是帮助销售人员和支持销售进程的工具。所以，销售人员就会抱着“填写真实的客户关系管理情况会面临上级的批评，那还不如报喜不报忧，多一事不如少一事”的心态填写客户关系管理情况，最后客户关系管理的情况汇总就流于形式了。

所以，结合我们前文提到的基于阶段划分的销售过程管理和基于冰山模型的销售过程管理就是针对销售人员的销售行为进行管理。

（2）中层销售管理者，针对销售过程进行管理

作为一线销售人员的管理者，其最主要的工作就是对销售人员的销售过程进行把控。这里说的把控是指根据销售人员的销售过程，销售管理者给予适时的、适当的帮助、辅导和支持。所以，中层销售管理者就需要每天关注其负责的销售人员的销售过程，那么如何面对多个销售人员的多个销售过程呢？这就需要用到销售漏斗了，具体的我们会在后文进行详细介绍。

（3）高层销售管理者，针对销售结果进行管理

作为高层管理者，你需要将关注点放在结果上，这里的结果包括两部分，一个是每个销售过程最终的销售结果的汇总，另一个是每个销售过程中的关键节点结果的汇总。这样能使高层销售管理者先从宏观层面更好地把控销售工作的整体情况，再对微

观的销售团队和个人进行调整，并适时地给予其帮助和支持。

从事前和事中控制的思想出发，有几个节点是关键的。销售机会的获取情况，也就是流入漏斗销售机会的数量和质量，这保证了有足够的销售机会进来；销售机会在销售进程中的进阶性情况（流失、推进、停滞），防止进得多、漏得多；机会的质量，销售机会在最后 1～2 个阶段的情况。

而我们现在很多使用“CRM”的销售管理者恰恰仅把目光盯在了结果上，然后就督促销售人员去努力，胡萝卜和大棒一起上，这是不够的，甚至是不对的。

一家公司的销售管理系统应该分为三个层面，向上偏重结果、向下偏重行为、中间重视过程，三个层面的数据都是由一线销售人员的行为和结果数据分类、汇总得来的。当然，根据不同公司的销售团队的大小、销售业态的不同，在这三个层面的侧重是不同的。例如，针对中小型公司，其中层管理者和高层管理者通常是一个人，但是无论怎样，一线的销售行为和结果是所有销售管理的起点，是销售管理过程中的数据来源。

4.3.1 销售漏斗

1898 年，E.St.Elmo Lewis 开发了一个模型，该模型描述了从品牌或产品吸引消费者注意力到消费者进行购买活动的理论过程。E.St.Elmo Lewis 的想法通常被称为 AIDA 模型。此理论过程总结如下。

- 意识（Awareness）——客户意识到产品或服务的存在。
- 兴趣（Interest）——积极表达对产品的兴趣。
- 渴望（Desire）——渴望某个特定的品牌或产品。
- 行动（Action）——采取行动购买所选产品。

采购漏斗通常也称为“客户漏斗”“营销漏斗”“销售漏斗”或“转换漏斗”。漏斗模型与 AIDA 模型的关联是 William W. Townsend 在 1924 年在《债券销售技巧》中首次提出的。

现在，在很多公司中，管理者将销售过程划分为多个阶段，并根据阶段结合销售漏斗模型进行销售管理（见图 4.4）。结合我们在基于销售阶段划分的销售过程管理章节中划分的销售阶段，我们构建了一个销售漏斗。

按照我们设定的【销售阶段】，销售漏斗被划分了六层，当我们在【目标潜在客户群】中挖掘到有效的【销售线索 / 潜在商机】的时候，其就作为一个【销售机会】流入漏斗，这个时候在漏斗内的各个阶段可能会分布着不同的销售机会，这些销售机会随着时间的推移会出现三种情况：

【流失】——销售失败，销售机会流出漏斗。

【下流】——销售过程推进到下一个阶段。

【停滞】——销售过程停滞不前，在当前阶段停留的时间超过了常规时间。

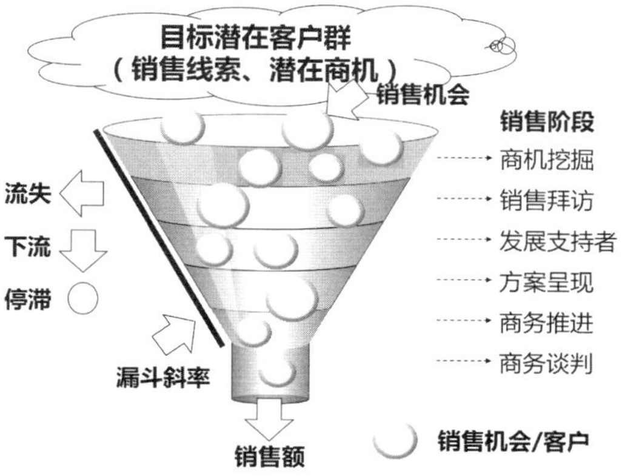

图 4.4

当销售机会经历所有阶段最终从漏斗流出来的时候就形成了【销售额】，在这个过程中，销售机会转化为销售额的转化率就是【漏斗斜率】。

对于销售和销售管理工作而言，最根本的目的就是达成销售额，获得更多的销售收入。没有人能够将销售机会完全转化为销售额，所以销售漏斗的理想形状是矮、粗的矩形，也就是让更多的销售机会流入漏斗，并将其以最快的速度全部形成销售额。这也就体现了销售漏斗在水平方向上是容量指标（销售机会大小的汇总），在垂直方向上是时间指标（销售过程的时间长短，针对不同的销售业态其典型的销售过程是一定的，有几天的、几周的、甚至几年的）。在某一个具体的时间节点观察销售漏斗中各个销售机会的状态是比较容易的，这需要销售管理者清楚地知道在某一个具体的时间节点看什么，看到的销售机会的状态意味着什么，接下来应该如何行动。

- 时间节点。观察任何一个销售漏斗中销售机会的状态，必须以一个具体的时间节点作为参考基准，这个时间节点可以是现在、也可以是过去的某个时间节点；缺少了时间节点，对漏斗中的销售机会的很多数据将无法进行判断。
- 销售机会数量。这个数量是指每个销售机会预测销售额的汇总数量，关于销售机会数量要参考两个数据，销售目标（额）和过往漏斗斜率（销售机会转化为销售额的转化率），如今年的销售目标额是 1000 万元，过往销售漏斗的斜率是 30%，那么这意味着今年至少要看到价值 3333 万元的销售机会才有可能达成 1000 万元的销售目标额；如果不考虑行业销售的季节性，那么就意味着半年要看到价值 1667 万元销售机会，一个季度要看到价值 834 万元销售机会，如果产品的典型销售周期是 8 周（一个半月），那么意味着当前漏斗中至少要有价值 417 万元的销售机会才有可能达成全年的销售目标，如果数量不够，或者当前漏斗的斜率小于 30%，那就意味着销售人员首先要做的是获取更多的销售机会和提高销售转化率。

- 各阶段销售机会的数量。各个销售阶段销售机会的数量的分布可以帮助我们看到销售机会获取和销售过程推进的连续性如何，也就是看到更多的销售机会是处于初步开发客户、建立关系阶段，还是处于后期的商务谈判、成功交付阶段。一个良性发展的销售团队，其销售机会的分布应该是连续的、持续的，当然这与具体的销售业态有关系，单个销售机会的金额越大，这种连续性会越弱，反之亦然。如果分布的连续性不好，就意味着在过去的一段时间内哪里出现了问题，这个我们会在相关章节中进行分析。
- 销售机会流失数量（率）。我们也可以称之为销售机会进阶率，不过看销售机会流失数量会更直观一些。销售机会的流失就是在各个阶段流失的销售机会有多少，流失的销售机会多了，自然就是这个阶段的销售人员的行为能力有缺失，销售行为和销售任务达成的效果不佳，这也为我们有针对性地为销售人员提供帮助、支持和辅导提供了方向；在这里我们看销售机会流失的数量会更有效，而不是销售机会的预测额。
- 销售机会停滞数量（率）。它指的是超过典型销售周期阶段时间的销售机会的数量，这个指标帮助我们看到销售机会的健康状态。例如，典型销售周期是 8 周，6 个阶段，那么如果一个销售机会在当前阶段停留时间超过 2～3 周，就说明这个销售机会存在问题了，一定要查明原因，是销售行为能力缺失而无法推进，是销售机会已经流失，还是客户的客观原因造成项目的停滞等。如果在销售漏斗中停滞的项目比较多，那么问题就比较大了，如在 2000 年前后，国家对冶金行业管控，造成了很多项目停滞，甚至已经签署的合同客户也专门发来公函暂停项目。
- 销售机会和个人。对于销售管理者而言，在销售漏斗中看到的是其团队所有销售人员手中的销售机会（销售人员填写的销售机会）的整体情况。对于每位销售人员而言也有其销售漏斗存在，所以通过销售漏斗我们还能看到每个销售人员的情况及其手中销售机会的情况，再根据基于阶段划分的销售过程管理或者基于冰山模型销售过程管理去调整销售人员及其手中的销售机会的情况。

当我们在某一个时间节点查看销售漏斗中的情况时可以遵循如下步骤（见图 4.5）。

① 看漏斗中的总体预测情况，对团队的销售情况进行整体判断（销售机会的销售额总和、已完成的销售总额、流失的销售机会的总额，这些数据要结合目标和时间进度来看）。

② 看每个阶段的情况，包括阶段中的销售机会的数量，流失的销售机会的数量，判断各个阶段的健康情况，这里需要注意的是后面的阶段会受到前面阶段的影响，特别是当前面阶段有较大问题的时候，后面阶段中的数据的可参考性并不强。

图 4.5

③ 看每个阶段的停滞情况，我们不仅要看每个阶段中的销售机会的数量，还需要知道每个阶段中销售机会的质量如何，也就是销售机会的停滞情况，我们前面提到过停滞可能存在真停滞（客户原因或销售人员行为能力原因）和假停滞（实际上销售机会已经流失），停滞的销售机会数量的多少将决定这个阶段的销售机会的质量。

④ 看出现问题的销售人员，销售漏斗的真正目的之一是查看销售机会的销售过程情况，进而有针对性地为相关销售人员提供支持、帮助和辅导，所以在前面看到问题之后，我们需要知道问题发生在哪些销售人员身上，他（们）负责的订单的整体情况是怎样的。

⑤ 看销售人员的销售机会，查看具体的销售人员的具体销售机会的情况，首先查看流失和停滞的销售机会的原因，其次查看正常的销售机会是不是也存在着这样的隐患，在这个环节中销售管理者需要与销售人员进行沟通。

⑥ 看销售人员的行为能力，销售管理者通过与销售人员对销售机会进行分析，发现销售人员行为能力欠缺的阶段，给予其针对性的辅导和支持，进而提升销售机会的转化率。

回顾一下销售漏斗和我们前面介绍的内容，通过销售漏斗我们可以从四个方面着手以提高最终销售额，“增加销售机会流入、减少销售机会流失、加快销售机会流速、查明销售机会停滞”这四个方面反映了销售人员在不同阶段的行为能力，从这四个方面着手能够帮助销售管理者看清销售额上不来的问题出在哪里，对哪里进行优化调整可以尽快见效。

我们不难看出销售漏斗对于销售管理工作的作用体现在如下几个方面。

- 分析、评估销售业务当前的情况和未来增长态势。
- 跟踪分析正在进行的销售机会的情况。
- 根据历史数据分析销售问题发生的主要阶段。
- 对销售人员的销售行为能力问题进行分析与判断。
- 销售额预测。

在前文中，我们针对前三个方面的作用进行了阐述，但是在销售漏斗后两个方面的作用我们还没有具体阐述。这两个方面的作用与我们在基于阶段划分的销售过程管理中提到的表 4.1 是有直接关系的。我们将表 4.1 填写完整后如表 4.3 所示。在表 4.3 中我们看到，我们将销售过程进行阶段划分后针对每个阶段的业务目的、所要付诸实施的销售行动和任务、可以利用的技巧和工具、需要获取的客户证据（客户承诺目标）、销售过程推进到下一个阶段的标志，以及完成相应阶段获取订单的可能性都做出了具体的描述，这些内容在帮助销售管理者更好地管理销售过程，发现销售过程阶段中存在的问题，并知道用什么方法和工具去指导销售人员解决问题，以及提升订单获取率是有比较大的帮助的；同时也可以帮助销售人员更加清楚地看到在每个阶段的任务内容和应该实施的行动。

目前，为什么大多数销售管理（软件）系统的运用并不成功？企业将销售过程根据客户的销售业态的具体情况划分为几个阶段，然后就开始统计各个阶段中销售机会的数量（机会个数和机会金额数）。就像表 4.1 一样，提供给使用者一张空表，然后就依据各个阶段的可能性对销售机会进行销售收入的预测，生成一堆漂亮的、直观的图表，让销售管理者，特别是高级销售管理者看起来很舒服。当系统实施之后，问题就会逐渐出现，因为一线销售人员的抗拒，造成了数据不够真实、全面和连续，从而使销售报表看起来并不靠谱，只是在某种程度上方便了销售管理者看销售数字做统计罢了，失去了销售管理系统的真正的意义和作用。因为，不对销售过程各阶段（见表 4.3）的内容进行梳理，我们看到的更多的是结果性指标。当结果性指标好的时候会掩盖销售团队中存在的问题，一俊遮百丑；当结果性指标不好的时候，无论是销售人员还是销售管理者看到了压力，但无从下手，因为缺少过程性和行为性指标的指引，这时销售人员的第一反应是明哲保身，而不是积极地寻找问题。

任何一个企业的销售管理系统一定是“量身定制”的，至少在一定程度上是“量身定制”的。这个定制开发的过程不仅仅是软件实施的过程，更是销售过程剖析的过程。每个企业需要结合自身的情况建立一套适合本企业销售业态的销售方法和知识体系，市面上任何一套销售方法都不会完全适用于一个具体的企业。所以，对销售阶段进行剖析、结合企业实际情况填充相应的内容才是定制化的精髓所在。在表 4.3 之外的销售漏斗中的关系（如流失、停滞、阶段销售机会数量等）都是既定存在的逻辑关系，相关人员只需要根据不同的企业调整销售阶段的数量、典型销售周期的时间、各阶段获取订单的可能性就好了。而且即便对于同一家企业，在不同时期，其销售阶段的划分也是不同的。在市场环境好的时候，我们减少销售过程中的阶段数量，这时我们需要更快、更多地获取销售机会并形成订单，我们要更加关注结果性指标；当市场环境不好的时候，我们要增加销售过程中的阶段数量，使我们能够更加细致地看到销售过程中的情况和存在的问题，以便我们及时采取相应的干预措施。

表 4.3

销售阶段	商机挖掘	销售拜访	发展支持者	方案呈现	商务推进	商务谈判
业务目的	• 建立潜在客户名单 • 取得拜访机会	• 区分、初步分析目前的销售机会	• 挖掘客户需求和支持者	• 出具满足客户需求的解决方案	• 证明具有超越客户期望的能力	• 完成协议确认
销售行动销售任务	• 确定目标客户群 • 寻找资料 • 兴趣激发	• 确认销售机会 • 决定我们的竞争优势	• 开发一个“赢”的策略 • 获得管理层的信任，完成角色覆盖 • 拜访关键决策人物	• 提供差异化方案 • 方案沟通 • 获得决策层的初步认可	• 沟通实施风险 • 定义成功标准 • 确定项目进展计划 • 投资分析	• 谈判准备表 • 竞争位置评估 • 谈判现场 • 获得书面合同
技巧/工具	• 商机评定的标准 • 客户群的确定方法 • 目标清单 • 成功故事 • 电话开发话术 • 邮件开发话术 • 意外商机应对流程	• 销售拜访流程 • 销售准备流程 • 开场技巧与话术 • 目标清单 • 成功故事 • 开发流程工具 • 承诺 • 总结邮件	• 关键人员分类标准 • 销售覆盖地图 • 关键人员发展流程	• 方案标准 • 桥接 • 价值分类与标准 • 价值计算表 • 利益陈述方法	• 风险沟通模型 • 成功标准 • 项目计划进展表 • 竞争排序判断	• 谈判分类标准 • 谈判准备表 • 让步流程
客户证据（客户承诺目标）	• 感兴趣 • 约定面谈时间表	• 战略目标的调整 • 区分驱动性事件 • 初次客户接触 • 客户预算 • 命名管理层支持者	• 管理层支持者初步接收我们的愿景 • 投资流程确认 • 建立购买程序 • 确认驱动性事件	• 决策者接受我们的方案 • 客户确认需求	• 满足客户需求 • 获得决策者的口头同意 • 正式的批准程序开始启动 • 获得项目推进表	• 签订协议 • 管理层支持者阻击了竞争对手的侧面攻击
阶段完成标志	• 获得一个面访承诺	• 机会认定	• 管理层支持者评估	• 提交方案建议	• 得到时间进步表	• 胜利
可能性	5%	20%	40%	60%	80%	100%

当一家公司实施销售管理系统的时候要对以下情况有一个清楚的认识。

- 这是一个整体销售情况剖析的过程，甚至需要请销售方面的咨询公司来帮忙，而不是一个软件项目，软件只是实施手段和工具而已。
- 这套系统不仅仅为销售管理者服务，更要为销售人员服务。销售人员不仅要将销售过程中拜访客户的相关内容填写到系统中，而且有权利通过系统获得他们所需要的帮助、支持和辅导。

- 为了更好地达成销售目标，抓过程比看结果更重要，这就需要销售管理者们有着通过数据看本质问题的洞察力和个性化的辅导能力，如果公司内有相应的销售方法和知识、工具体系作为支撑，这个事情做起来并不麻烦。

在我们进行销售漏斗案例分析前，我们需要强调的一点：基于销售漏斗的销售预测是有很大局限性的。基于各个销售阶段可能性指标测算出来的最终销售额预测并不准确，即便销售预测成功的可能性有95%，最后没有签订合同，那么这个销售额最终也是0。我们通过销售漏斗中的销售机会和（各阶段之间）转化率的情况，来判断未来的销售趋势，根据销售业态的不同，这种情况也不相同，单个订单金额大，订单数量偏少，这种预测（趋势）波动较大；订单金额小，订单数量多，这种预测（趋势）波动较小。

至此我们一直在对销售漏斗的原理进行介绍，这是我们在实施销售管理过程中的逻辑所在，但是在实际实施过程中，我们看不到销售漏斗的存在，而是通过收集到的销售数据构建了真实的销售漏斗。接下来我们通过一个案例来看看如何在实际工作中利用销售漏斗的原理来管理我们的销售过程。

4.3.2 销售漏斗案例分析

我们在前文中提到过，任何一个销售漏斗都是基于一个具体时间节点的，这是观察销售漏斗数据的前提；同时企业具体销售业态的典型销售周期也是一个参考值。在下面的案例中我们设定典型销售周期为8～10周，如表4.4所示。

表4.4是销售人员直接填写汇总的基础数据表格，我们从表4.4中已经能够直观地看出一些当前的销售情况。当前的时间节点是2018/12/10，产品的典型销售周期为8～10周。那么具体到每一个销售机会的情况，有如下几种。

A，基本处于正常状态，持续推进就好。

B，预计成交时间已过期半个月，且销售机会在方案呈现阶段停滞，这个销售机会是有问题的，而且应该在上一次报表时就发现这个问题，并对这个销售机会进行处理，是什么原因导致停滞了，还是销售机会已经流失了？

C，销售机会处于正常状态，但是还处于相对的前期阶段，存在的变数还较大。

D，这个销售机会几近成功，收好口就好。

E，虽然销售机会已经超过预计成交时间，但是目前处于商务阶段，考虑到每个销售机会的具体情况，这个机会也是基本正常的，作为销售管理者需要了解一下接下来进展的预估情况。

F，这是一个尚处于早期阶段的销售机会，接下来注意后面阶段的推进时间节点、销售人员汇报的销售过程情况和存在的主要问题及风险。

G，销售机会虽然超过了预计成交时间，但是处于最后的成交阶段，项目成交的可能性还是极大的，而且王五只有这一个项目，可能因为其是销售新人，还要看其汇报的销售过程情况和存在的主要问题及风险来对销售机会的情况进行判断。

H，这是一个尚处于早期阶段的销售机会，参照 F 的做法就好。

I，目前看起来这是一个正常状态的销售机会，鉴于当前时间节点是 12/10，预计成交时间是 12/20，还有两个阶段没有推进，这个项目的成交时间可能会晚于预计成交时间，查看具体的销售过程情况和存在的主要问题及风险来判断销售机会的具体情况。

表 4.4

报表生成时间：			2018/12/10											
序号	客户名称及销售机会	销售人员	客户需求及产品	预计销售金额（万元）	销售过程阶段进入时间（月/日）						预计成交时间	当前主要问题及风险	销售过程情况	建议与支持
					商机挖掘	销售拜访	发展支持者	方案呈现	商务推进	商务谈判				
1	A	张三		80	10/28	11/02	11/20	11/30	12/07		2018/12/15			
2	B	李四		112	09/20	09/25	10/21	10/27			2018/11/23			
3	C	赵六		69	11/14	11/20	12/09				2019/01/12			
4	D	张三		78	10/20	10/26	11/13	11/22	12/02	12/09	2018/12/17			
5	E	赵六		137	10/09	10/13	11/05	12/01	12/09		2018/12/08			
6	F	李四		89	11/29	12/03					2019/02/15			
7	G	王五		45	10/10	10/12	11/11	11/20	11/28	12/02	2018/11/30			
8	H	李四		77	11/05	11/07					2019/01/05			
9	I	赵六		81	11/01	11/04	11/21	12/03			2018/12/20			

上面我们按照销售阶段的顺序来进行了销售机会情况的分析，除了销售机会 B 存在问题，其他的销售机会看起来还都正常。真的是这样吗？我们将表 4.4 的数据进行提炼、转置成表 4.5 来看一下。

- 目前在商机挖掘阶段没有任何销售机会，这意味着在未来 8～10 周之后，我们可能面临阶段后期没有销售机会或者销售机会很少的情况，这样在未来 8～10 周我们获得的销售额就会偏少。
- 张三目前的销售机会主要集中在后两个阶段，销售机会开发不足，未来一个销售周期内没有其他的销售额。
- 李四虽然在两个阶段有销售机会，但是因为销售机会 B 停滞（或者流失）使他的有效销售机会只有 F 和 H，且都处于销售拜访阶段，销售机会转化情况还不明朗。

- 王五只有一个销售机会，意味着在未来 8～10 周，他没有新的销售额产生。
- 赵六的销售机会分布还好，需要加强前期销售机会的挖掘，以更好地持续产生销售额。
- 虽然这里看到了 473.2 万元的销售额，去除销售机会 B 的销售预测收入 67.2 万元（112 万×60%），销售预测额只有 406 万元，并且只有最后的商务谈判阶段的 123 万元销售额比较有把握。
- 从表 4.5 来看，销售机会挖掘工作严重不足，流入的销售机会不够多，势必会对后续的销售额产生影响，查明销售机会挖掘不足的原因是必须立即展开的工作。
- 平均每名销售人员手里有两个销售机会，销售机会总额 768 万元，平均每个订单金额 85 万元，近一半的销售机会集中在后两个阶段，使销售漏斗的形状趋向倒漏斗型（倒标准型），未来的销售趋势不容乐观，要加快销售机会的挖掘速度，增加每名销售人员手里的销售机会。

表 4.5

销售阶段	可能性	销售机会名称	张三（万元）	李四（万元）	王五（万元）	赵六（万元）	销售机会总和（万元）	销售额预测（万元）
商机挖掘	5%						0	0
销售拜访	20%	F、H		166			166	33.2
发展支持者	40%	C				69	69	27.6
方案呈现	60%	B、I		112		81	193	115.8
商务推进	80%	A、E	80			137	217	173.6
商务谈判	100%	D、G	78		45		123	123
销售预测合计：								473.2

由于篇幅限制，我们只能将处于漏斗中的数据呈现给大家，已经成交的、流失的销售机会没有呈现出来，对这些历史数据和销售情况的判断和分析也很重要。

根据实际销售过程的数据，在很多时候，我们看到的销售漏斗呈现出来的情况都不是接近标准型（漏斗形）的，接下来我们看看非标准型销售漏斗存在的问题有哪些。

① 倒标准形（见图 4.6.a）。

图 4.6.a

- 销售机会挖掘的方法有问题。
- 销售机会挖掘力度不足或勤奋度不够。
- 销售后半程推进力度不足，销售阶段推进缓慢，导致销售机会囤积，无法实现成交。
- 销售后半程推进的方法、技巧或工具应用不到位，或能力欠缺。

② 哑铃形（见图 4.6.b）。

图 4.6.b

- 销售过程中后程的推动力度不足，导致销售机会囤积。
- 销售中后程的销售方法、技巧运用不得当或销售能力不足。
- 前期阶段销售机会有虚报的情况，造成销售过程中期销售机会流失数量过多。

③ 尖底形（见图 4.6.c）。

图 4.6.c

- 销售机会挖掘基本正常，但中后期的销售成功率快速降低，销售推进工作存在问题，主要体现在销售过程中后期销售能力不足（技巧、方法、工具使用等）。
- 有一些客户在最后阶段会出现突然变更的情况，这是因为前期对销售过程各阶段情况的把握不准。

④ 菱形（见图 4.6.d）。

图 4.6.d

- 销售前期推动工作不到位，导致销售机会数量不足。
- 在销售中期，销售机会的推进速度缓慢，导致项目囤积严重。
- 有的项目在前期并没有放入漏斗，进展到中期才被放入漏斗。常见的原因是，销售人员隐藏销售机会信息。

虽然，销售漏斗模型应用在销售预测方面不够准确，但是基于销售过程对销售机会的把控还是能够帮助销售管理者更好地看清当前的销售情况，并及时做出相应的调整。所以我们在使用销售漏斗的时候要注意以下几个方面。

① 销售漏斗发挥作用的前提：数据是全部的；数据是真实的；数据是持续的。

② 销售漏斗使用的三大原则：控制过程比控制结果更重要；该说的要说到，说到的要做到，做到的要见到效果；预防性的事前管理重于问题性的事后管理。

（销售漏斗中对各个阶段可能性的设定是为了做出销售预测，但是由于其不准确性，对于销售管理而言意义不大，而且这种可能性的预测与销售人员在衡量销售机会时的做法也不一致，销售人员在衡量销售机会时，更多的是先看还有什么风险。）

4.4 复盘

一个有效的复盘过程对于销售人员的能力提升和销售管理工作都有着良好的辅助作用。复盘一词源于围棋，指对局完毕后，复演该盘棋的记录，以检查对局中招法的优劣与得失的关键之处。复盘的方法被柳传志先生引入联想公司之后，在中国的很多企业内得到了应用。但是在实际的管理工作中，特别是针对销售工作的复盘并没有围棋的复盘那么简单，因为围棋复盘面对的主体是棋招、棋路，棋盘上的内容是可见的；但是我们无法拉着客户与我们一起复盘，而且管理工作和销售工作复盘所面对的主体是人，这就有可能产生对当事人责任的追究或规避，尽管口头说"对事不对人"，但在实际的复盘过程中表现出来的就是咄咄逼人。那么应该如何进行复盘呢？接下来我们就一起来看看。

就复盘而言，一般分为事后复盘和阶段性复盘。事后复盘是指一个事情结束后，参与事情的人们及与事情相关的人们一起回顾事情发生、演变的过程，并在今后类似的事情中借鉴复盘取得的经验和成果。阶段性复盘是指一件事情还没有结束，发展到一定阶段之后进行的复盘，主要是总结、回顾上一阶段的情况，并对下一阶段的行动做出调整。

对于销售工作而言，一般会有以下形式的复盘，无论什么形式的复盘都有一个明确的前提，那就是有一个清晰、明确的目标，并且基于这个目标产生了行动过程；复盘就是结合目标对这个行动过程进行复盘，除了讨论过去行动的情况，还要总结和提炼可以传承的经验，如果是阶段性复盘就需要根据复盘的情况调整接下来的行动计划。

（1）月度、季度、年度复盘（针对月度、季度、年度目标）

针对月度、季度、年度销售目标进行复盘，这个复盘可以是针对上一个阶段的主要工作的事后复盘，也可以是一个阶段性复盘。如果销售团队比较新、销售业绩完成得不好可以加大复盘的密度，如一个月进行一次复盘，如果销售业绩还不错，销售团队的情况也比较稳定，则可以一个季度或者半年进行一次复盘。

（2）项目复盘（针对项目目标和项目阶段性目标）

项目复盘可以是项目完成后的事后性复盘，也可以是项目进行中的阶段性复盘，对于项目型销售而言，及时复盘是必要的。

（3）产品、行业复盘（针对产品行动目标和行业行动目标）

以产品目标或行业开拓目标为依据展开的复盘行动。一般来说是阶段性复盘和事后复盘相结合的。

4.4.1 销售工作为什么要复盘

- 复盘能够帮助我们看到更全面、更深入的情况。
- 复盘将使我们收获更多的意见和建议。
- 复盘能够提炼出来的优秀的、有共性的经验供复制和放大。

很多时候销售人员是一个人在战斗；很多时候销售当事人根据个人的主观认识来指导他们的行动；很多时候我们做出的行动和决策都依靠感觉行事，缺少分析、思考的过程；很多时候我们实际行事所依据的践行理论与目标所提倡的名义理论之间存在着很大的差异。

通过复盘的过程可以使我们看到更多的情况，并对情况产生更多的认识；可以帮助我们看清楚支持我们产生行动、做出决策的背后的观点和假设；可以听到针对同样的事情和情况，别人的想法和做法；也可以看到在过往的行动过程中哪些是做得好的、哪些可以做得更好。

复盘有助于我们厘清情况，看清问题，调整接下来的行动计划。

4.4.2 销售应该如何复盘

其实复盘在过程上并不是很复杂，一般有以下几个关键的环节（见图 4.7）。

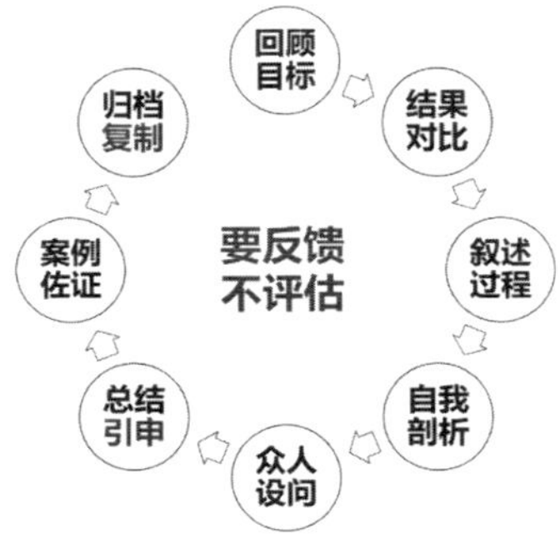

图 4.7

（1）阐述并明确目标

离开了目标，复盘将无法进行，当事人向参与复盘活动的人阐述目标是复盘的基础。对目标的阐述和明确将直接决定着复盘的质量和走向。除了事情本身的目标，相关人员还要明确复盘所要达到的目标，以及当初目标设定的合理性，这些都是复盘展开的依据。

例如，适逢年中，我们对过去半年的销售情况进行复盘，“盘点过去半年的销售情况”与“过去半年销售行为的有效性”这两个复盘目标关注的事情都是过去半年的销售情况，但是可能复盘的内容和结果是截然不同的。我更倾向“过去半年销售行为有效性”这个复盘目标，因为这个目标更具有建设性。

（2）回顾事情发生的过程

结合目标由当事人回顾事情的过程，这个环节需要注意的是要将事实陈述和主观意见明确地区别开来。事实、数据、细节、全面、条理（顺序）将是这个环节需要的，这样的内容将能够帮助当事人和参与者更好地回顾和剖析事情，为给予更好的建议和提炼有用的经验建立基础。

（3）当事人自我剖析

由当事人结合事情过程和目标进行事情的分析，以及对在事情的过程中做出的重大、关键行动和决策做出阐述和解释。这一环节更多的是让参与者看到当事人：

- 如何认识、看待这些情况的？
- 如何思考和选取事实的？
- 思考的依据和假设是什么？
- 支持其做出行动和决策的原因和理由是什么？
- 结果显现后，当事人是如何看待的？
- 结合结果和目标，回过头来看，当事人对当初的看法、思考和假设等是如何看待的？

在自我剖析的过程中除了还原当事人当时的思考和想法，更重要的是帮助当事人看到自己的心智模式，因为心智模式是其产生行为、做出决策的根源，只有心智模式发生改变，人们的行为、决策及其产生的结果才可能发生改变。这个过程并不是当事人自我检讨、自我表扬的过程，而是展示其思考、决策的过程；在很多复盘实践中，当进行到这个环节的时候，当事人出于自我防卫的心理就会对结果进行自我评价，这是在整个复盘过程中不需要进行的，我们复盘是为了更好地提升销售人员的行为能力，而不是对其行为能力进行评估。

（4）参与者进行设问

既然是设问，一般会有两种情况：增加假设（条件）或去除限制（条件）。也就是要用“如果……将会怎么样？”的句式向当事人进行提问，这个过程将帮助当事人看到更多的情况、观点和可能，并促使其进行思考，做出回答。

在这个环节有一点需要注意，这个过程中所有的设问都是基于假设的，因为销售过程的唯一性，没有任何一个销售过程可以重新再来，所以我们只能基于假设进行思考。“这些都是假设，没有办法证实”，当事人这样的回应在这个环节是不被允许的。我们只有通过这种假设才能使当事人看到更多，在将来的行动中才能有更多的选择。在设问过程中，可能会出现被理解为攻击性的问题，作为复盘的主持人要注意这种情况，当出现这种苗头的时候，可以请问题的提出者进一步阐述清楚问题及问题背后的思考。除了当事人，其他人也可以根据问题给予自己的思考和建议。

（5）总结提炼共性经验

总结提炼共性经验是复盘过程中最重要的部分，也是升华的部分。如果能有一套理论体系（销售方法和知识体系）作为基础，总结提炼工作将会进行得更加容易。

在这个环节中，首先我们要看到参与者们感兴趣的内容是什么，以及是什么原因使他们感兴趣；其次，我们需要看到所有参与者对这些感兴趣的点的认识，并通过讨论达成共性的认识；复次，要用更多的案例来佐证共识；再次，将这些共性的认识以容易被广泛理解的文字描述出来；最后，梳理共性经验及共性经验之间的关系。

（6）形成可分享的文件及行动计划

复盘的最后一步就是要将总结提炼出来的经验形成文档并进行归档，这是最基本的要求，其实还需要在这个基础上将好的经验进行分享，帮助团队成员一起成长，这种从团队实践中提取出来的经验对于团队的成长是最直接、最有效的帮助。

如果能够将每次复盘提炼出来的经验嵌入知识体系，如案例库等，这对企业而言是一笔很大的无形财富，当然这并不是一件容易的事情。因为并不是简单地把这些经验堆积、分类就可以了，这需要一个理论体系的支持及理论体系对这些提炼出的经验的辨别和确认，这样才能做到有理有据。现在很多企业做的所谓优秀经验萃取的活动看起来不错，实际上因为缺少理论体系的支持，只是看起来很美。这其实是饮鸩止渴。所以，我们非常提倡基于方法论的经验萃取，反对单纯的经验萃取，因为单纯的经验萃取缺少对萃取结果的验证，缺少底层逻辑的支撑。

除了形成文档，对于未来的工作和行动，也可以基于复盘的成果构建和优化接下来的行动计划，这将使行动计划更加符合实际情况，进而保证计划的有效性。

4.4.3 销售复盘过程中应该注意的事项

复盘表面看起来是一个很简单的过程，很多企业按部就班地在做着复盘，然而对于复盘的结果，参与者却褒贬不一。因为管理工作和销售工作的复盘所面对的主体是人，是企业里的人，他们与其他参与者之间存在着利益关系，这将直接影响到他们在复盘过程中态度的客观性，这也就决定了复盘的质量，影响了复盘的效果。所以在复盘过程中我们要更加注意人、人与人的关系及与人有关的内容，只有理顺了这些，才能够真正地保证复盘的效果。

（1）明确的目标和人员

复盘是基于一件事情的目标针对事情的过程的讨论，这就要求我们的复盘目标描述是过程性的，而不是结果性的。例如，“对半年销售情况的反思”这种结果性倾向的复盘目标将会使人们产生一种被问责的感受，当人们面对这种被问责的风险时自然会选择保护自己、规避责任。而“销售行为对半年销售情况有效性的分析”这样的目标将会使人们进入一个过程性的情境中，会更倾向于讨论事儿，而不是人。

复盘的主体是人，参与复盘的主体也是人，这样在复盘过程中就存在了每个人的角色、状态、心理等及人与人之间的关系这样复杂的因素和因素关系，而且在组织环境里，一旦人的个体感受不好，他们势必会不由自主地选择回避风险，保证自己安全，这也就是阿吉里斯提到的组织困境，在这个时候人们说的是有利于自己安全的话，而不是真话和实话。

我们一般会给复盘的参与者一个定义：利益相关者。利益相关者可以包括当事人、当事人的直接领导、当事人的同事、供应商、合作伙伴等，也就是大家之间要有利益关系，这种利益关系会促使大家达成共识，会促使大家发出不同的声音。而没有利益相关的人员的参与，可能因为他的一句与他无关的言语改变复盘活动的走向，甚至这些利益无关者的在场能够破坏复盘现场的场域和氛围。

（2）倾听是最好的尊重

倾听不仅是沟通中一项重要的行为，而且是对表达者的尊重，在复盘过程中缺少了倾听，就会有每个人主观认识的碰撞和争执，而不是复盘需要的基于事实情况的思考和不同认识的交流。

在复盘过程中缺少了倾听，复盘就失去了本来的意义，复盘也就自然而言地变成了一场辩论会。

（3）避免指责多说事儿

复盘的过程是对事情的分析和讨论的过程，是一个解决问题的过程，复盘活动不是批判会，不是责任认定会，作为参与者和当事人，在复盘过程中不要指责、不要自责。一旦出现了指责或者自责，哪怕是当事人感觉到了被指责，都会陷入对人不对事儿的情境中，这时复盘就失去了意义。

所以在复盘的过程中我们要做的不仅是不指责，而是要避免有人感觉到被指责。

（4）注意情绪，倾听自己

任何沟通的矛盾和障碍都是由主观认识的不同造成的，面对相同的事实和数据，不同的主观认识是因为每个人选取事实部分的不同及针对这些事实部分既有的观点、认识不同。深层次的沟通是要对参与者“选取的事实、对事实的观点和认识、做出判断和决策的依据和假设”等内容进行沟通，而不是听到不同意见就激发情绪，造成沟通的无法深入。

这就要求参与者在沟通的过程中注意自己的情绪变化，并提示自己。同时，主持人也需要在复盘一开始和过程中适时地提醒大家注意自己的情绪。

（5）主持人保持中立

在复盘过程中需要一个主持人主持复盘活动，而且很多时候这个主持人都会由销售管理者担任，这时就要求销售管理者能够保持足够的中立，只有中立才能客观地、全面地看待复盘过程，参与者才不会被领导者的观点和意见所左右，无论参与者的观点正确与否，只有他们把观点、想法表达出来，参与者才能看到他们的真正的想法和观点（包括让他们自己看到）。把大象关进冰箱里首先要保证冰箱里的东西被清空，把正确的观点装进销售人员的脑子里首先要把其脑子里原有的东西清空，这个过程就是让销售人员把原有的想法表达出来，让销售人员自己看到其自身存在的问题，这样才能促使其改变。

所以这就要求主持人要保持中立，允许不同观点的碰撞，只有不同声音的交融才能达成真正的共识。因为我们需要的是心服口服的共识，而不是口头上的同意和统一。

中立不代表主持人没有自己的观点，如果主持人需要表达自己的观点，需要向参与者明示自己角色的转变。

（6）坦诚开放，避免形式化

在复盘过程中，大家尽可能全面地阐述事实，这就要求复盘的氛围是坦诚开放的。坦诚开放的氛围并不是领导和主持人开场说一说就能够做到的，要靠参与者共同营造。在复盘过程中我们需要积极、及时地鼓励每一位参与者坦诚、开放的表现，干预指责性、指向性的言辞，利用开放式提问使参与者更多地表达自己的观点。在复盘过程中尽量避免“我以为……”的情况发生，如果发现双方的理解有歧义，首先要与对方进行确认，“对刚才您的表述，我的理解是……您看对吗？”只有将讨论中各方的理解都准确地呈现出来才是后续深入讨论的保证和基础。

走形式、走过场的复盘是无法进行下去的，因为参与者会觉得从中不能汲取经验，就会逐渐放弃复盘。

（7）聚焦目标，不忘初衷

在复盘过程中随着话题的打开，会进入发散的阶段，在这个阶段，与目标、话题相关的很多信息和内容都会显现，这时就可能会出现话题焦点转移的情况，也就是我们常说的跑题。这时无论是主持人还是参与者都要尽早发现这个问题，并提醒大家，如果转移的话题很有价值，我们可以将其记录下来，在原来的话题讨论结束后继续讨论这个话题。

以初始目标为核心的信息发散能够将大家引入讨论阶段，这个阶段各种观点相互激荡，为了避免各执己见、相争不下，建议参与者用设问的方式来提出疑问、表达观点，这样能够深化沟通和交流。

当各方观点都被看到、被听到、被讨论之后，大家就会看到可以达成共识的光亮，这道光亮将引领参与者走向提炼共识、形成解决方案、制定行动计划的（收敛）阶段。如果争执激烈，我们可以将不同的观点“悬挂”起来，大家一起寻找能够达成共识的、解决问题的方法。

（8）总结提炼方显价值

总结提炼是复盘过程中的画龙点睛之笔，如果缺少了这个环节，我们看到的只是一场没有成果的热闹。

如上所述，当参与者的观点、认识等被所有人看到、听到、讨论之后，大家就会形成一些新的认识，所有参与者对这些新认识的共性认识将是我们复盘过程产出的成果。这里需要提到的是共性认识并不是要求所有人都完全同意，而是大多数人都认为这是解决问题的好办法，而且即便是持不同意见的少数人也会听到、看到，并且他们的不同意见也被大多数人听到、看到。这样才能够保证最后制订的行动计划是能够被大家接受和认可的。

在总结阶段产生新的认识的高度和深度将受到参与者自身素质的影响。我们要从两个方面看待这个问题，一方面是我们不能忽视参与者的潜能和力量，他们聚集在一起所爆发出来的能量和产生出来的结果是我们意想不到的；另一方面，如果在专业内容方向上有专业人士或者理论体系支持，将会保证复盘成果的质量。

销售年终复盘（工作坊）参考流程

- 年初销售目标及销售策略回顾
- 目前销售情况
  - a、已完成订单额及销售额
  - b、销售机会总量及转化率
  - c、个人销售额与平均销售额的差额
  - d、平均订单额及每单平均拜访次数
  - e、销售机会流失与销售过程阶段分布
- 销售人员主要工作任务和销售行动情况描述

- 面临的主要问题的描述

内因：

外因：

- 当前销售完成情况与销售目标和策略对比分析
- 全面、系统、立体设问
- 明确需要改善的点
- 制订改善行动计划

复盘原则：

a、对事不对人，寻找原因和解决办法，不问责

b、尽可能全面、细致

c、通过假设看到更多的可能

d、向内看，不要过多地强调外因

【重点回顾】

- 销售管理的重点在于过程管理，对单一销售过程的管理，对多个销售机会进展过程的管理；一方面为销售机会的推进提供支持和帮助；一方面通过销售机会的进展情况，了解、判断销售团队的行为能力情况，并给予相应的优化调整。
- 销售漏斗的作用不仅仅是了解销售工作的情况，更重要的是通过这些情况给予销售人员支持、帮助和培养，然而实际情况是很多销售人员把填写客户关系情况表当作了一种负担，这是因为他们无法得到应有的帮助和支持，因为他们的直属管理者不知道应该如何通过客户关系情况表来管理销售机会并帮助销售人员，更多的时候只是靠经验行事。
- 销售管理过程是周期性、循序渐进的过程，通过不断、持续的销售情况更新和梳理手中所有销售机会的情况，关注重点销售机会的推进情况，市场情况好的时候降低管理（销售漏斗阶段）密度，使销售人员获取更多的订单，市场情况差的时候加大管理密度，规范销售动作的有效性，提高订单获取率。

第 5 章　销售管理——销售任务与销售行为

本章提要

拜访客户和制定销售行动策略是销售人员日常工作中最常见的工作，销售任务和销售行为的有效性将直接决定销售业绩的优劣。每家公司的销售业务都有其各自的特点，所以每家公司都应该有自己的销售方法用于指导销售人员的日常销售行为，使其更好地完成销售任务；通过大量实践整理出来的销售方法能够保证销售行为的有效性，构筑适用于本企业销售方法的快捷方式是利用经典的通用销售方法，并将其中通用的部分结合实际情况加以改良。

同样是以贵金属作为主要销售产品的两家公司，尽管他们的最终客户相同，但由于各自公司具体情况不同，在销售任务和销售行为方面就完全不一样。一家公司拥有设计和（委托）制造能力，主要通过各大银行的理财经理进行销售，这时就需要销售人员能够与各大银行的相关人员建立关系，只有维护好客户，才能有更好的销售结果；而另一家公司只是代理其他公司的贵金属产品，因此很多电话销售人员，给潜在目标客户打电话，通过电话促成交易。我们不难看出这两家公司的销售人员所要实施销售行为和完成的销售任务是截然不同的，这些不同是由公司情况、战略目标、直接客户决定的，目的是使销售的收益/投入比尽可能最大化，或者说在一段时间内不断地优化收益/投入比。

我们每个人所面对的结果都是前面的行为所决定的。当面对结果时，我们会习惯性地给执行者一个看法或定论——能力够或是不够。那么什么是能力呢？能力是指在任务或情景中所表现的一组行为。

在销售人员日常的销售工作中，主要有两项任务——拜访客户与制定销售行动策略（针对一个具体的销售机会），它们是由一系列销售行为完成的。当具体到一个企业的时候，我们就需要思考如下几个方面。

- 根据企业情况、产品、目标客户的情况，这两项任务的目标和主要内容是什么？
- 为了达成任务的目标，我们的销售行为都有哪些？
- 这些销售行为应该做到什么程度才能满足销售策略要求？

我们一直在强调销售管理是一项看结果、管过程的工作，销售人员在工作过程中的主要内容就是由他们的销售任务和销售行为构成的，最终取得的结果也是由他们销售任务的完成情况和销售行为的有效性决定的。销售管理者就是要帮助销售人员更好地提高销售行为的有效性，进而优化销售任务的完成情况。

拜访客户和制定销售行动策略是一名销售人员日常的主要工作任务，我们也称之为销售任务，这两项工作任务的比例之和应该占销售人员工作任务的 70%以上，从时间、重要性等角度看，拜访客户这项任务的比例应该占到各销售人员日常工作任务的 50%以上。如果一名销售人员的时间、精力有 50%以上没有投入到拜访客户和制定销售行动策略两项任务中，那么这家企业的销售体系一定是存在问题的。

从企业的角度看一名销售人员主要有三项工作任务：拜访客户，制定销售行动策略，配合、支持销售管理工作。

5.1 拜访客户

拜访客户是销售人员日常最为显性的销售行为表现，是最容易被观察和被客户感受到的，拜访客户的质量将对销售效率产生直接的影响。我们前面提到过，一名销售人员一年当中拜访客户的总次数是一定的、有限的，这属于稀缺资源。提高拜访的质量将能直接提高资源的利用率，就能够提高销售收入，这个因素是可控的、可优化的。

（1）拜访前的准备

拜访客户前的准备可能比拜访客户本身更重要，拜访前的准备将明确你的拜访目标，明朗你要获得的信息及如何进行沟通，明晰你欲获取来自客户的行动承诺，预见可能遇到的情况和态势并准备预案。

很多时候销售人员是不做这种拜访准备的，最多就是准备一些样本或样品而已，其实这些都无所谓，这些都是道具，我们需要预测将会出现的情况以及怎样应对。拜访客户的过程就像一个打牌的过程，我们事先只知道牌面是什么、有什么规则，具体打起来的时候牌局的变化是随机的。

我们在准备过程中需要知道的是自己手里有什么牌，怎么能看到客户手里有什么牌，客户打牌的风格是怎样的，我们应该如何应对，我们需要得到什么样的牌（客户的行动承诺）才能够推进销售进程……

如图 5.1.a 所示，在拜访过程中我们需要明确以下几个关系。

① 销售进程就是由一次一次的拜访推进的，最终达成销售目标。

② 并不是每次拜访都能够推进销售进程，销售进程的推进（迈上台阶）是由客户来决定和验证的，销售人员只能争取获得这个验证。

③ 来自客户的行动承诺和行动是销售进程推进的有利证明，特别是在竞争对手处于优势的情况下。

④ 拜访的终极目标就是在与客户沟通的过程中建立关系、发展信任，并获得来自客户的行动承诺。

⑤ 客户的行动承诺（获取与否）是销售进程的标志（见图 5.1.b）。

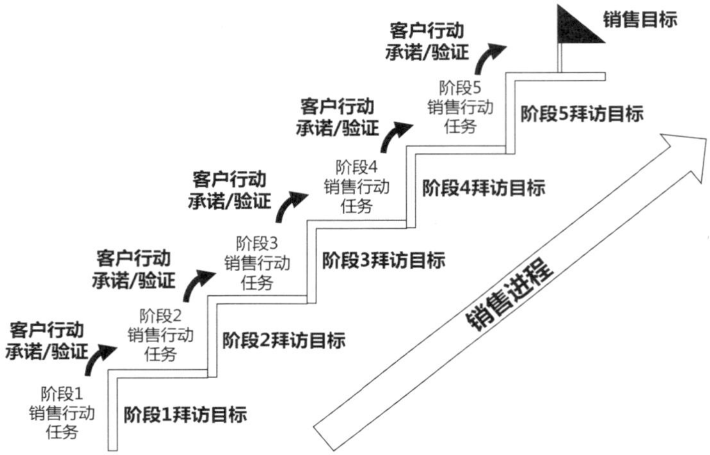

图 5.1.a

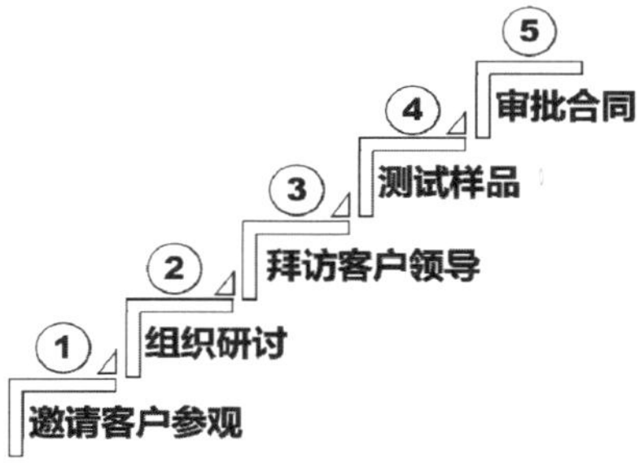

图 5.1.b

所以，在拜访前我们需要明确以下内容。

- 清楚每次拜访的目标，是为了与客户建立关系、挖掘客户需求，还是为了与客户深入探讨方案等。
- 明确通过拜访所要获取的（具体）行动承诺。
- 梳理拜访沟通过程中需要涉及的要点。
- 准备拜访过程中需要了解、明确的问题（清单）。
- 明确拜访前设定的假设，预想到假设验证过程中可能发生的情况，并准备相应的对策。

……

（2）进行拜访

如前面提到的，销售人员拜访客户的过程就像打牌，这个过程是一个动态的，销售拜访不是销售人员把手里的牌摊到桌面上就行了，而是需要与客户进行交互，这个过程的实施行为就是沟通。在“高效客户拜访”的课程中（拜访方法+模拟演练）为我们提供了一套完整的拜访客户的方法和工具。在后续章节中，我们将就销售拜访实施过程中遇到的问题与大家进行讨论。

（3）拜访后回顾

通过对拜访过程和内容的回顾能够帮助销售人员更好地制定下一步销售行动策略，这是推进销售进程比较重要的一步。如果销售人员能够在拜访过程中进行录音，在回放录音的过程中就会发现自己在拜访过程中的一些漏洞，这种情况是正常的。拜访过程是一个动态的过程，它对销售人员的反应、应变能力等要求非常高，没有人能够在拜访过程中做出几近完美的表现，那么拜访后的回顾就是帮助我们进行查缺补漏、深入思考客户表现的环节，这个环节得到的结果将是我们制定下一步行动策略的依据。在每次拜访结束后，我们都需要进行以下思考。

- 在本次拜访过程中获得了什么信息？
- 这些信息中哪些是事实，哪些是客户的观点和意见？
- 基于这些信息，我（销售人员）的反应和感受是怎样的？
- 客户的期望和动机是什么？
- 客户的问题、动机是否清晰，是否准确？
- 在产品或方案上是否能够给客户带来更多的价值？
- 客户方会有哪些人参与或影响采购决策？
- 客户内部人员之间的关系是怎样的，会对销售进程产生什么影响？
- 本次销售过程中的优势有哪些？
- 客户关注的优势是什么？
- 还有什么信息不清楚？
- 哪些因素会阻碍销售进程的推进？

拜访客户是销售人员主要的销售行动之一，拜访客户的质量将干扰销售人员对销售机会的判断，影响销售进程的推进。对拜访客户的过程进行录音，并通过录音回放回顾拜访过程是销售人员提升拜访行为能力最好的方法，如果能有与之配套的销售拜访方法进行指导，就能够很快地提升销售人员的拜访质量。

通过对销售人员拜访过程的观察是判断销售人员行为能力高低的最直接、最简单的办法。

- 在拜访过程中销售人员的拜访目的是否清晰、明确。
- 拜访过程中销售人员与客户说话（正式话题）时长的比例（销售人员占比至少要小于 50%）。
- 在拜访过程中销售人员提问的运用情况，开放式问题与封闭式问题的结合情况，以及现状类、目标类、顾虑类等问题的运用情况等。
- 在拜访过程中倾听的运用情况、行动承诺的获取情况等。

5.2 销售人员拜访客户容易出现的问题

拜访客户作为销售人员两项主要工作之一，其重要性主要体现在以下几个方面。

- 拜访客户的质量将直接影响后续销售行动的质量。
- 拜访客户的质量将直接影响到最后销售机会的成败。
- 拜访客户的质量将直接影响到销售目标的达成情况。

我在做了大量的销售模拟拜访客户训练的实践和陪同销售人员实地拜访客户之后，总结了销售人员在拜访过程中经常出现的十大问题，这里特别介绍给大家，以方便大家在辅导销售人员的时候参考。

1．开场与暖场，过度尬聊

在拜访过程中的开场与暖场是与客户建立联系的第一个环节，这个环节一方面用于融洽交谈气氛，让客户更愿意张口说话，另一方面还可以起到缓解销售人员心理压力的作用。我们在实践过程中发现，很多销售人员在这个环节中做得并不好，做起来不自然，甚至起到反作用。

- 没有准备开场主题和内容。
- 开场时有些尬聊，客户有种被盘问的感觉，缺少与客户有关的、客户关注的、喜欢的话题。
- 销售人员缺乏亲和力。
- 开场话题与正式话题之间的过渡太突然。

一位销售人员以健身话题与客户开场，了解到客户在哪里健身，与客户相约一起健身。

典型开场：以一个无关痛痒的封闭式问题进行开场，无论客户回答“是”，还是“否”都不会影响后续的话题，基于客户的回答稍做话题扩展就好。

好的开场：通过开场话题联系到本次拜访的主题。

2．沟通中的用词不恰当

很多销售人员在与客户沟通的过程中会出现用词不当的情况，让客户感觉不舒服。

“让我们【言归正传】”（那么刚才你在跟客户干什么？直接说明来意、切入正题就好了）

“王主任，听说您最近【焦头烂额】”（你是在嘲笑客户吗？“听说您最近在××方面上投入了很大精力……”会更好些）

沟通中的绝大多数问题和障碍都来自各方的主观认识和感受，正确的用词可营造出良好的沟通氛围，这对于销售拜访而言是极其关键的。

3．不能够发现切入点，深入挖掘客户需求和动机

这一点的缺失对于销售拜访质量而言可以说是致命的，甚至可能得到截然相反的结果。我们拜访客户的目的就是要通过与客户的交流，从客户的表达过程中挖掘到更多的、更深层次的信息，用于支持接下来的销售行动。

- 仅仅挖掘表面的现状类信息，不去探询客户更深层次的感受、目标等信息。
- 执着于自己的想法和意识，忽略了客户的动机，只顾问自己想问的问题，而忽视客户。
- 缺少对客户角色和客户关系的认识。

一名销售人员向物流公司推销卡车，他的拜访对象是物流公司的副总裁。在沟通中副总裁提道，想了解更多的物流规划方面的内容，销售人员表示，下次拜访会带着物流专家一起过来，却没有仔细询问副总裁想在哪些方面做更深入的了解，为物流专家的准备工作提供素材。作为副总裁更关注的是物流规划，这是一个很好的切入点，只要在物流规划方面让他满意了，销售卡车就是顺理成章的事情了，更何况还可以在物流规划中埋下销售卡车的种子。

很多销售人员喜欢按照自己准备的套路和脚本展开客户拜访，在沟通的过程中一味地只顾自己的问题，忽略了来自客户的回应，从而非常容易忽略可以深入挖掘客户需求的切入点，加之又缺少挖掘客户动机的意识，造成更多的客户需求处于表面层次。很多销售人员都明白显性需求和隐性需求的概念，可是如何挖掘隐性需求呢？通过现状类问题能够看到更多的是显性需求，而且客户呈现出来的其对现状的（主观）认知是否正确呢？那么其显性需求是否正确呢？只有探询客户的感受、目标、动机等深层次的内容才能够看到客户的隐性需求——真正的需求，这样才能校验客户的显性需求。

4．面对客户的异议、顾虑和担忧，急于解释

很多销售人员是能够发现客户的顾虑、异议的，于是他们会自然地做出解释、争辩等反应性言行，然而这种解释、争辩在客户的顾虑和异议之下会有多大作用？我们更多的时候看到的是苍白无力的解释和争辩。

- 不能意识到客户的异议、顾虑和担忧，容不得客户说不同意见。
- 不能觉察到此时自己的反应。
- 不懂得倾听。

当听到不同的声音，特别是让自己不舒服的客户的声音的时候，销售人员的第一反应应该是倾听（您能说得更详细一些吗），然后处理、认同客户的情绪（认同的是情绪而不是客户说的内容，哪怕客户说的内容是错误的，我们也要认同客户的情绪和感受——您有这样的担忧我非常能够理解；一看您就在这方面深入研究过……），确认客户有异议的问题（我对刚才您说的内容是这么理解的……您看是这样吗），再进行解释（就刚才您提到的问题我们是……解决的……），并与客户确认是否满意（您看是否能够解决您刚才提出的问题呢）。

5．不会讲案例，错失良机

案例讲得过于模糊，更多的是在告诉客户我们在哪里有一个案例，而案例的具体情况，与客户当前情况的共性，当时给客户带来的收益等都没有进行陈述。虽然每家公司都有非常多的好的案例，但是真的极少见到能够讲好案例的销售人员（先姑且不谈案例的适用性，就是能够细节化、具体化、数字化地讲好案例的销售人员都很少见）。

一个好的案例讲解应该告诉客户如下几个方面的信息。

- 当时是什么情况。
- 这些情况与客户当下的情况哪里是一样或类似的。
- 我们做了什么。
- 取得了什么样的成果。
- 当时的客户是如何评价的。

在公司里，目前以案例作为销售工具在使用时存在两种情况，一种情况是公司没有整理相应的案例并将其提供给销售人员使用，另一种情况是由专门人员整理了相应的案例并下发给销售人员了，但是销售人员还是用不好这些案例。为什么会出现这些情况呢？第一，案例是需要整理的；第二，案例在作为行业典型应用案例的同时，还要作为销售人员的销售工具来使用，这两者还是有区别的。前者是告诉销售人员产品（服务）在客户那里怎么用（产品角度），后者是要告诉销售人员当时客户的背景情况如何，用了产品（服务）之后有什么好处（客户角度）；第三，整理案例的人不合适，这一类案例的整理应该由销售人员来完成，这样他们就会在整理案例的过程中知道自己应该如何将案例运用到今后的销售工作中。很多公司会定期组织销售人员进行案例分享，但是这种案例分享更多的是侧重销售过程的分享，而不是案例应用的分享。

6．不会提问，不能够把握谈话的过程

不会提问不仅仅是销售人员欠缺的行为能力，也是很多职场人士欠缺的基本职场技能。（为此我们将会在原有“提问版权课程”的基础上进一步开发相应的提问能力训练课程，以支持职场人士提问行为能力的提升）提问在销售拜访过程中有着非常重要的作用，甚至远远大于表达的作用。

- 销售人员说话的时间多于客户说话的时间。
- 不会运用提问引导客户说话。
- 不能够运用提问把握谈话的节奏和控制权，被客户牵着走。
- 提问目的、目标不够清晰，不清楚自己在问什么。
- 问题间缺乏逻辑，使谈话不能够深入。

有效的提问行为能够帮助我们挖掘客户信息，探询客户的认知、想法和顾虑，能够引导客户向有利于我们的方向去思考（而不是拼命地向客户表达我们的产品和服务

多么好），甚至能够通过提问促使客户做出采购的决定。同时，提问是控制谈话节奏、把握谈话局面的有效行为，很多销售人员在与一些客户交谈的时候感觉到客户很强势，谈话被客户把控、主导了，出现这种情况是由于有效提问用得少，从更深层次来看就是销售人员对谈话氛围、局面的心理效用和对提问作用的认识不足造成的。

7．介绍产品像背书，缺少优势自说自话

当客户说：介绍一下你们的产品（方案）吧，销售人员就像得到圣旨一样，开始滔滔不绝地讲起来，甚至有些人就是将在公司里背过的产品介绍背一遍，其所讲述的内容根本没有跟客户关心的点相联系，其所介绍的产品优势根本不是客户认为的优势。

有效的产品介绍一定是结合客户需求展开的，产品优势的介绍也要尽可能获得客户的认可，基于这两点就需要销售人员事先明确客户的需求，清楚客户关注的点才能够有的放矢地介绍产品。这里就涉及前文我们讲到的“提问”，如果前面提问的效果不好，客户真正的需求不明确，自然这里就无法更好地贴合客户。所以，我们有一个观点：一名新的销售人员进入公司之后，在专业方面为其提供的培训不是产品培训，而是挖掘客户需求的培训，销售人员一开始可以不用了解我们的产品，只需要学会如何挖掘客户需求（自然在培训的时候会让销售人员从有利于我们产品的角度来挖掘客户的需求），这也是要教会销售人员到客户那里如何进行提问、问什么问题等，销售人员只要能够把客户需求带回来，作为新销售人员就成功了，因为公司里并不缺少了解产品的人。

8．缺少行动承诺

在拜访结束前没有向客户索取行动承诺的意识。不会让客户承诺为接下来推进销售进程做一些行动。如果销售人员没有接受过获取客户承诺方面的培训，一般很难会有这种意识，反观那些好的销售人员会无意识地实施这样的行为，因为来自客户的行动承诺是推动和证明销售进程的重要标志。

- 来自客户的行动承诺是检验和推进销售进程的标志。
- 没有行动承诺就意味着销售进程没有推进。
- 没有结果的行动承诺等于零，行动承诺的结果才是真正用来推动销售进程的。（行动承诺四要素：时间、地点、任务、有什么结果。）

很多销售人员会跟客户说：*我接下来把方案发到您的邮箱里，您看看。*这种说法和接下来的说法哪个效果会更好呢？“*我周五之前会把方案发到您的邮箱，你看是否能在下周三之前给我一个书面或邮件回复呢？把您对方案的意见、想法反馈给我们。*”后者就是一个行动承诺，如果客户答应了并真的回复了，这说明客户愿意跟你一起往下走，如果客户不答应或没回复，也是一种销售进程的标志，表明客户还在观望或是不愿意跟你合作。

9. 拜访目标定得过低

每名销售人员一年中拜访客户的次数是有限的，时间、资源等也是有限的，按照一天拜访两次客户计算，一年只有 400～450 次拜访客户的机会。提高拜访质量，减少每个订单的拜访次数是销售人员能够做到的提升销售额最直接的办法。

一名销售人员在拜访客户时，与客户沟通了技术要求，客户表示会将技术要求发到销售人员的邮箱里。销售人员就觉得这次拜访达到目的了。我示意销售人员继续跟客户聊，在接下来的沟通中，销售人员了解到了客户对成本的要求，以及参与这个需求决策的相关人员的情况等。

过低的拜访目标会影响销售拜访的效率和质量，我们应该根据销售进程的需要制定合适的销售拜访目标，并配合与之匹配的客户行动承诺目标。

10. 不做拜访总结，缺少锦上添花

由于在国内，销售人员在与客户交流过程中非正式话题的比重远远大于正式话题的比重，使销售人员与客户的沟通显得没有那么正式，很多必要的环节就会被遗忘，拜访总结就是其一。当销售人员觉得这次拜访基本达到目标的时候，还有两件事情需要做。

- 向客户询问：非常高兴今天与您聊了这么多，您看今天还有什么我们没有谈到的？
- 做拜访总结（拜访结束前当面沟通、拜访结束后邮件、微信等沟通都可以）。

拜访总结，一方面可以让你与客户一起回顾刚才的沟通过程和内容，再次确认接下来的（双方）行动，另一方面会使客户感受到这个销售人员很专业。

5.3 销售提问，不得不说的痛

提问对于销售工作而言是一项非常重要的行为能力，相比于表达，提问和倾听能够相辅相成则更为重要，提问可以帮助我们更深入、更全面、更准确地挖掘客户（组织及个人）的需求，只有充分的提问和倾听才能够更精准、更有针对性的表达，从而产生更好的效果。

然而在我们实际观察销售人员的拜访行为和在模拟拜访演练过程中发现：尽管销售人员在与客户的交流过程中使用了提问，但是提问的方式、效果却不理想，不仅对销售进程的推进没有帮助，甚至阻碍了销售进程的推进，乃至毁掉了销售机会。

提问对于销售进程的推进主要有两方面的作用，一方面是在销售拜访过程中与客户进行交流，通过提问获得更多的、更全面的、更深入的信息；另一方面是在回顾销售拜访和制定下一步销售行动策略的时候向自己进行提问，通过提问看到更多情况和假设，进而为下一步行动计划的制订提供支撑。

5.3.1　提问在拜访客户过程中的九大作用

1．用于开场和暖场

开场与暖场对于拜访客户有着比较重要的作用。

- 能够与客户建立关系。
- 能够营造相对轻松的沟通氛围。
- 能够缓解销售人员的紧张感。

相比于直接开场进入主题，或者是在开场过程中陈述性的表达，利用一个无关紧要的非正式话题的封闭式问题，可以拉近与客户的关系，并且能够让客户通过较容易的回答建立沟通的开端。

例如，"您最近开起来气色不错？""看样子您最近比较忙？""最近忙不忙？"……

通过这样封闭式的问题，无论客户回答"是"或者"否"都不会对后续的谈话产生什么负面影响。客户回答起来也比较容易和轻松。在这个过程中即便是用封闭式问题，也要注意问题的内容和主题，不要引起客户的负面情绪。例如，"听说您最近忙得焦头烂额？""焦头烂额"就可能会让客户产生不好的感受，为后续沟通埋下隐患，"焦头烂额"这样的词汇客户自己说可以，但是我们说就不好了。除非你的目的就是通过使客户产生不好的感受建立沟通的氛围，并且你在后续的沟通过程中能够很好地把控谈话过程和局势，否则还是用一个无关痛痒的封闭式问题来开场就好。

例如，看起来您最近气色不错，是在健身吗？

客户：是的。

销售人员：看样子教练不错呀，是在哪个健身房，哪位教练呀？能介绍给我吗？我也好过去跟他练练。

……

这样，销售人员就创造了更多与客户接触的机会。

2．用于了解客户的情况

利用提问的方式了解客户的基本情况是拜访客户的时候提问最基本的作用，如果没有提问就向客户推介产品那就真的成了"我有药，你有病吗？"。

很多销售人员都会用提问的方式去了解客户的基本情况，这些提问会围绕自己的产品（专业）和客户行业（专业）展开。但是在这个过程中经常会出现三种常见的错误（惯性）表现。

（1）习惯用封闭式提问，而不是开放式提问

人们通常更习惯于使用封闭式问题。特别是当销售人员以产品为中心出发的时候，更习惯于基于产品提出封闭式问题。

例如，您的运营线路的地形是以平原为主，还是以山地为主？【开放式：您的运营线路的主要地形（类型）是什么？】

每位销售人员都希望将自己的产品推销出去，这就使销售人员在与客户交流、提问的时候提出与自己产品相关的问题，这时销售人员就容易提出限定性很强的封闭式问题，尽管你可能得到了你想要的答案，但却忽略了客户的想法。

所以，我们可以在开始的时候利用开放式的提问与客户进行交流，根据客户的回答再利用确认性问题（封闭式）与客户进行确认，并且相关问题尽可能从客户的业务角度出发，而不是从我们的产品角度出发。

在这里可以利用以“What、Which、Where、Which、Who、How much”开头的提问词汇就事实和数据类问题与客户进行沟通。

（2）提出的问题之间缺少逻辑

在了解客户情况的时候，销售人员需要利用一系列问题与客户进行沟通，这些问题之间存在着一定的逻辑关系（顺序逻辑、专业逻辑等），这样的提问可以使沟通更加具有条理性，也能够彰显销售人员的专业性，而不是东一榔头西一棒子让客户摸不到头脑。（除非有意打乱逻辑寻找客户谈话中的漏洞，发现客户隐藏的信息）

现在您的运营线路主要有哪些？

在这些线路上配套挂车的情况是怎样的？

我们在这条线路上要求的运输时效是多少？

在这条线路上，我们现在运营的实际油耗是多少？

……

（3）不能够通过客户的回答联系到更深层次的问题

在了解客户基本情况的时候，客户答案背后往往还有很多更深层次的信息，这些信息能够帮助销售人员挖掘到更多的客户需求和信息。这就要求我们销售人员能够根据客户的回答及时调整提问的内容和方向，以使我们获得更多的信息。

现在我们的项目进行到什么阶段了？（目前正在编写招标书）

此次招标我们会重点考虑哪些方面呢？

在 XXX 方面我们的要求是什么？

您看我们能够帮助您做些什么？

3. 用于了解客户对情况的认识、认知（现状）

在讨论这部分内容前我们需要建立一个共识——每个人面对客观事实情况都会有自己的主观认知。

- 面对相同的事实情况，不同的人的主观认知可能不同，甚至其主观认知是相反的。
- 这种主观认知的产生和建立有其相应的前提（认识）和假设（这与客户的过往经历、学识乃至个人动机都有关系）。
- 客户所提出来的需求一定是被这种主观认知所引发的。

- 这种主观认知是可以被引导和改变的。

如图 5.2 所示，我们称这种主观认识为“客户的现状”，也就是客户对其目前事实情况的态度和认知。

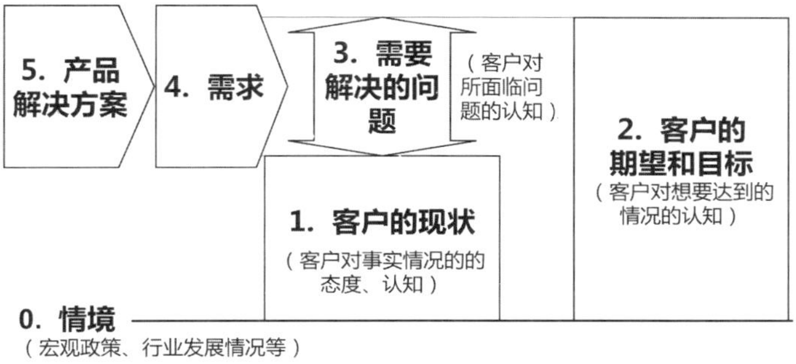

图 5.2

在很多时候，销售人员在了解了客户的客观情况之后，特别是发现客户的客观情况与自己的产品符合度比较高的时候，就开始向客户介绍自己的产品了，其实这时还不是介绍产品的最佳时机。

此时，我们还没有跟客户探讨对这些客观情况的认识，客户的认识和我们的认识是一样的吗？

如果客户的认识和我们的认识不一样，又应该怎么做呢？

今天的温度是多少？（35℃）

您觉得这个温度怎么样？（有些闷热）<探询对温度的认知>

这样的温度下我们怎样才能更舒服一些呢？（有个空调房会很舒服）

除了空调房还有什么办法呢？（如果有电风扇或冷饮也是不错的）

那么你对电风扇的性能有什么样的要求呢？

为什么你对这个性能比较关心呢？<探询对性能关心的原因和认知来源>

……

4. 用于探询客户的期望（认知）

如图 5.2 所示，客户之所以产生需求，是因为其想解决他所面临的问题。我们对这个问题要有一个清楚的认识。

- 客户要解决的问题是由其对目标和现状认知的差距产生的。
- 这个差距是一个主观的认知。
- 这个问题的根本不在于销售人员提供的产品或解决方案上，而是在客户的业务中。
- 客户对期望的认知是为了满足其个人动机。

我经常在课上说一句话：“没有人会为了买鞋子而买鞋子。”也就是说人们购买鞋子是为了满足某种欲望，这个欲望可能是为了搭配衣服、出席某个场合、从事某项运动、增加身高……（是欲望，不是需求，是欲望引发了需求，所以了解和把握客户对欲望的认识才能看到客户真正的需求，引导客户的需求）。

客户在一款鞋子前面驻留了，这时我们可以跟客户进行沟通。

您打算在什么场合穿这双鞋子呢？（准备平时走路和快走的时候穿）

除了运动的需求，您还考虑什么因素？（我体重太大，想找一双减震好一点的鞋子）

……

通过对客户现状认识和期望认识的了解和探询，可以使销售人员避开单纯地围绕着产品和解决方案谈问题，而且能够发现客户的需求来源是否对自己的产品和解决方案有利，如果不利应该如何进行引导。

5. 用于快速建立信任

任何一个客户都希望自己的采购过程是开心和放心的，让客户放心就需要让客户信任你，信任你的产品，与客户建立信任最快捷的方式就是建立“专业信任”，也就是让客户觉得你足够专业（这里的专业最好是客户行业的专业）。

在专业信任中有一个方法就是利用提问的方式向客户提出一个（客户行业）专业性的问题，这个问题要能够击中客户的要害，让客户看到你的专业性，并引发客户的思考和对你专业能力的“仰视”。如果在了解客户的一些基本情况之后能够在没有沟通的情况下，直接指出客户方业务中存在的问题，并与客户进行确认，就能让客户建立起对你的信任。这也就是说用于快速建立信任的问题应该是一个封闭式的确认性问题，在这之前，你需要描述看到的问题，然后与客户进行确认。“根据我们刚才的交流，贵公司会存在……的情况，是这样吗？”也就是这个问题要一下子问到客户的心坎儿上，让客户觉得你懂他。

根据我们刚才的沟通，贵公司的生产过程中存在……情况，这个情况会产生……影响，是这样吗？

根据您目前的运营线路和使用的车型，您的正常油耗应该在32L/100km，而且如果油耗超过35L/100km，您的利润就很少了，是这样吗？

6. 用于探寻客户的顾虑

在与客户的沟通过程中，客户的顾虑和异议可能在任何时候出现，有时候销售人员发现客户的顾虑和异议的时候，更多的反应是进行解释和争辩。（有时候销售人员意识不到客户的顾虑）

面对客户的顾虑直接进行解释和争辩是不对的，因为这样很容易引发与客户在沟通过程中的不愉快，不利于沟通顺畅地进行。

当我们感受到客户的顾虑和异议的时候，可以运用LSCPA法（见表5.1）来处理客户的异议和顾虑。

表 5.1

异议处理：LSCPA 法		
L 倾听	仔细倾听客户的异议，找出真正的反对理由，并详细记录	• 您能说得更详细些吗？ • 麻烦您再解释一遍好吗？ • 您的想法很有意思 • 好，我明白了 • 我会尽可能地帮您找到喜欢的东西
S 分担	肯定客户的看法，理解客户的感受，用你专业的知识帮助客户找到自己最满意的产品	• 我也有同样的感受 • 我能体会您的感受 • 我知道你的意思了，您是担心…… • 我知道这种时候会有很多困难 • 很多客户都这么说，所以我不会对您的想法感到奇怪
C 澄清	澄清客户的担忧，消除误解	• 如果我没理解错的话，您是担心……是吗？ • 我是否可以这样理解，您觉得真正的问题是…… • 您先别急，听我给您解释一下好吗？ • 从另外一个角度来看，这个问题是…… • 我自己常常也会有同样的想法，问题在于……
P 陈述	详细陈述你的方案，确认你的方案正是客户需要的	• 我有一个建议，不知您觉得是否可行？ • 前面我们已经确认了您的需要，您对……还有疑问是吗？您看我们是否可以尝试…… • 另外一种可能性就是…… • 关于这个问题，您看我们是否可以…… • 既然我们双方都很有诚意，您看是否可以各退一步呢
A 确认	这是客户自己的想法，让客户自己做出选择。	• 您也是这么想的，是吗？看来真是英雄所见略同！ • 您觉得哪个方案更适合您呢？ • 您觉得这种方案更好，是吗？……，您真是好眼力！ • 您更愿意选择哪种方式呢？ • 这样做，您觉得是否可以

7．用于掌握交谈的局面和节奏

我们在沟通的过程中会发现一个情况——谁的提问多，能提问到点儿上，谁就能够掌控谈话的节奏和局面。一直被客户追问的感受可不怎么好。这就要求销售人员能够利用提问来掌握交谈的节奏和局面，营造一个平等、充分、深入交互的局面。

当利用提问掌握交谈的局面和节奏时，要注意以下几点。

- 要有意识地利用提问带动交谈的节奏，哪怕是一些对你而言无效的问题。
- 不要一味地问，特别是问一连串封闭式的问题，要在提问的过程中利用认可性、分享性回答作为沟通的缓冲（哦，那我们的情况还可以呀……）。
- 将开放式问题和封闭式（确认性）问题结合使用，确认性问题可以让客户觉得你在倾听，这样他会更愿意说（如我是这么理解的……，你看对吗？）。

- 当客户反问你的时候，不要置之不理，要回答客户或使用缓冲性的话语来回应客户的问题，并在最后提出你的问题。
- 通过把握好提问的逻辑性，可以使交谈过程的质量更高。
- 不要试图利用提问掌控交谈的局面，这样极易形成单向沟通的局面，会让对方感到不舒服。
- 提问可以给你提供思考的缓冲时间。

8. 用于陈述和引发客户的思考和兴趣

我们可以利用提问的形式表达自己所要陈述的内容，也可以用提问的方式引发客户的思考和兴趣。利用提问的方式陈述的效果要好于单纯的宣讲式陈述。

- 利用提问的方式表达陈述内容。

您觉得一双鞋具有前后减震的功能，是否能够满足您的需求呢？（封闭式）

您觉得一双鞋具有前后减震的功能，能够给您带来什么样的帮助呢？（开放式）

- 当我们用一个或一组问题引发客户思考和兴趣的时候，要能够一下子击中客户所关心的点，同时让客户感觉到是情理之中、意料之外的。在提问之前我们就要想到客户可能的回应是什么，是否需要客户直接做出回答。

如果有一个弹簧装置，能够在震动过程中伴随着震动的变化，利用弹簧的原理保持夹紧的状态，您觉得是否能够解决您所面临的问题？（前提是客户面临着因震动产生松动的问题，而且没有考虑过利用弹簧。）

什么样的言行能够让客户感觉到我们是以客户为中心的呢？

是一味地答应客户的要求吗？

是我们觉得这样对客户好就是客户认为的好吗？

仅仅靠换位思考就可以吗，还需要做什么？

（有时候一组连续的问题可以更好地引发对方的思考）

9. 用于确认（信息、想法、态度、感受……）

用于确认的问题更准确地说应该属于倾听的范畴，是倾听过程中的一种提问的表现形式。确认类问题主要用于谈话中我们与对方的理解、认识是否一致。

- 确认客户的现状、想法、期望（包括顾虑和异议）。
- 确认客户的下一步行动（承诺）。
- 确认客户认可的优势。
- 确认客户的痛点和需求。

……

当我们听到“将手中的纸对折两次，撕掉左上角”这样的口令的时候，如果在不实际动手的情况下，你是否能够确认你的理解和口令的要求一致。

两次对折的方式是什么？

是连续对折还是交叉对折？

是边对边对折还是角对角对折？

左上角判断的标准是什么？

……

这些都是用来与对方进行确认的问题，目的就是让双方形成一致的理解和认识。而且有时候我们通过确认类的问题能够检验刚才客户表达的内容是不是准确，是不是随口一说等。

5.3.2　提问在销售行动策略制定中的作用

1. 帮助自己回顾拜访过程中更多的情况

按道理说，每次销售拜访都要进行准备和回顾，只有这样才能够帮助我们更加清楚地看到拜访的情况和收获。特别是在拜访结束的时候，我们更应该回顾拜访过程，以便发现更多的机会和不明确的地方，以便为下一次拜访制定相应的行动策略。我们可以在拜访结束后向自己提出以下问题（供参考），并结合拜访情况进行回顾、总结，进而制定下一步行动策略。

- 为推动销售，我们收集了哪些信息？
- 为了更好地了解客户的想法和认知，我们收集了哪些有用的信息？
- 我们创造了什么差异点？
- 客户认为哪些是我们的独特优势？
- 这些独特优势是否能够被客户所认同？
- 怎样去检验或增强我与客户之间的信任？
- 我们在呈现产品和方案前是否了解了客户的想法和认知？
- 客户给出了哪些行动承诺？
- 客户行动承诺与我们期望的相关性有多大？
- 我们的最低可接受行动承诺是什么？

2. 通过提问方式提出假设

销售工作很多时候就是一个“假设——验证”的螺旋上升的循环过程，就像我们上学时候解题一样，带入一个假设条件，从而一步步证明最终的结果。销售过程亦是如此，需要销售人员在与客户进行沟通之前预先进行一些假设，并在拜访客户的过程中逐步验证假设，并获取新的情况，进一步提出假设，再逐步验证。这就需要销售人员在思考行动策略的时候具备通过提问方式提出假设的能力。

还有哪些人员参与此次采购？

他们将会在采购和决策过程中起到什么样的作用？

是什么原因使我还没有看到其他角色？

……

4. 通过提问发现需要进一步确认的信息

销售过程就是一个要看到“全象”的过程，看到客户在采购过程中的全部“图像”的过程，这个图像信息包括客观情况、主观认识等。

这就需要我们根据拜访客户的情况向自己提出问题，引发思考。

现在看到的情况对于销售过程的推进有什么样的帮助？

还有哪些信息能够帮助我们更好地推进销售进程？

哪些方面的信息是我们还不知道的，并且可能给我们带来风险？

……

4. 根据提问制订下一步行动计划

销售不是一项靠感觉、凭经验、拍脑袋完成的工作，需要充分的准备和有针对性的行动计划，即便行动计划的结果是不好的，也会为下一步行动提供参照依据，而不是靠感觉去碰运气。这就需要我们根据销售进程不断地制订下一步行动计划。

目前的情况是什么？

为了推进销售进程、达成销售目标我们还需要做什么？

下一次拜访客户我们要做什么（说什么）？

接下来我们需要获取哪些行动承诺才能推进销售进程？

在接下来的销售行动中我们需要做哪些准备，取得哪些支持？

在行动过程中客户可能的反应有哪些，我们应该如何回应？

在行动过程中可能遇到哪些风险（意外情况等）？

……

5.3.3 常见的销售提问存在的六大问题

1. 错误的提问习惯

错误的提问习惯是一个普遍存在的问题，由于人的天性，更多的人喜欢问封闭式的问题，甚至有些销售人员问题的前半部分明明是一个很好的开放式问题，却习惯性地在问题的结尾加上一句“是不是？对不对？”生生把一个好问题给毁掉了。

2. 不能够深入提问

一个好的销售人员，一个以客户为中心的销售人员一定要关心客户所关心的问题。利己的天性使销售人员会一味地问自己想到的问题，而失去了从客户的回答过程中深入挖掘提问的机会。

同时，由于销售人员在客户行业的专业性上的欠缺和逻辑性的缺失，也会造成他们不敢问，不会问的情况出现，而且销售人员会说，我想到了，但是因为对那部分内容不熟悉，我不敢问。其实不然，销售人员不是万能的，有不熟悉的内容是正常的，但是如果不问你不熟悉的部分就会造成信息的缺失，这样连回去请教自己的同事的机会都没有了。

3．不会倾听丧失提问机会

这个问题和前面的问题是有联系的，很多时候销售人员不能够进行深入的提问，是因为他没有很好地倾听客户的回答，进而失去了深入挖掘提问的机会。

（1）倾听对方的内容、观察对方的情绪、体会对方的意图

这是倾听最基本的要求，但很多销售人员都没有做好，在这个过程中，我们需要在听的过程中不断地问自己：

我真的听懂了吗？

我的理解和对方表达的一致吗？

他为什么这么说？背后有什么意图吗？

通过他的回答，有什么我没有看到的信息，基于这个信息我还需要了解什么？

基于对方的回答，对于我来说有什么能够推进销售过程的机会吗？

……

换位思考、感受对方（见图 5.3）。

图 5.3

很多人会说在沟通的过程中要抱有一颗同理心，同理心这个事情真的不好把握，所以我们需要把自己放到对方的位置上进行思考。

（2）倾听自己、倾听自己的反应

其实在倾听的过程中，自己的反应和状态才是真正决定倾听质量的关键，所以我们不仅仅要听到对方，还要听到自己，这也就是我们常说的觉察。只有觉察到自己的状态才能够及时调整自己倾听的状态，才能更好地倾听。

4．急于表达忘记问

很多销售人员当遇到自己熟悉的内容时，或者在客户的提问下，或者在没有什么可问的情况下就开始急于表达，而放弃了提问。出现这种情况的原因主要有以下几点。

- 产品专业和客户行业专业功底不足。
- 不敢问、怕冷场。

- 进入了自己的熟悉模式和舒适圈。

5．自我中心只顾问

往往这种销售人员没有把客户放在眼里，只顾关心自己的问题，会让对方感觉到不舒服，没有一个客户会为了别人关心的内容买单，除非你们关心的点是一致的。

6．没有缓冲一直问

很多销售人员也知道提问，但是往往一连串问题问下来之后自己和对方都感觉不舒服，为什么？因为他们的提问进入了一种追问的状态，让对方感觉像被审讯。其实我们在提问的间隙加一些陈述性的语言，在客户回答之后加一些铺垫，就能使整个对话过程显得比较流畅和舒服。

您看国家新环保法实施之后，很多行业的环保要求都比较高了（陈述性语言），我想了解一下贵公司在这方面的想法是什么样的？

……（客户回答）。一看您就在这方面深入思考过，的确您说的是很关键的（这句话就是铺垫），那么您看除了这些还有哪些方面是您关注的呢？

还有一种情况比较复杂，就是销售人员在提问的过程中缺乏逻辑性，这就使整个对话成了碎片状，会让客户觉得很不舒服。

有一次一名销售人员问我：孙老师，我在客户那里用了九宫格提问法（见图 5.4），怎么不好用呢？

我问：你是不是问到第 4 个和第 5 个问题就问不下去了？

答：是的。

我问：你是不是从痛点开始，按照 R1、R2、R3、I1、I2、I3……，这样的顺序一直问下去的？

答：是的。

痛苦	诊断原因	探究冲击	设想能力
开放型	R1	I1	C1
控制型	R2	I2	C2
确认型	R3	I3	C3

获得愿景

图 5.4

这种情况就是缺乏逻辑性，这只是顺序性提问，尽管顺序是逻辑关系中的一种，但是一味地按照和客户表达不合拍的顺序进行提问，就会造成逻辑性的缺失，让对方感觉不舒服。

很多时候我们判断一位销售人员是否合格的简单标准就是看在与客户沟通过程中，销售人员和客户各自说话的占比是多少，如果销售人员说话的占比大于 50%，那么这名销售人员就不是一名合格的销售人员（哪怕他业绩好也不是合格的，毕竟销售成交的偶然性还是普遍存在的）。要想降低说话的占比，销售人员就要通过提问来引导客户多说话。销售人员只有夯实了提问的能力才能够对各种复杂的销售过程应对自如。

5.4　销售行动策略

销售进程是由“销售行动策略——销售拜访——销售行动策略——销售拜访…”不断螺旋推进的。

既然我们要思考的是针对一个具体的销售进程中的销售行动策略应该如何制定，我们就需要知道销售结果是如何达成的，都有哪些路径存在。如图 5.5 所示，我们把销售达成的路径勾勒出来，通过这张图来和大家一起分析销售行动策略应该如何制定。

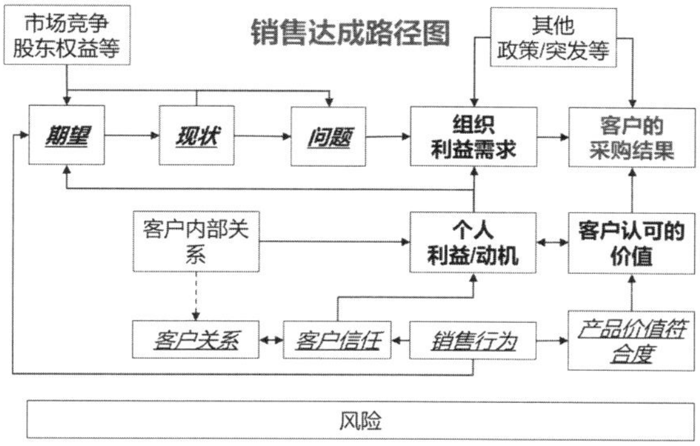

图 5.5

作为销售人员，我们需要明确知道的是任何销售结果的达成都是客户采购结果的达成。所以我们就要分析是什么影响了客户的采购结果，具体因素如下。

（1）客户的组织利益需求

组织利益需求几乎是所有客户采购过程中的显性需求，大多数情况下是客户组织在发展过程中产生的需求，是由组织内在产生的。但是即使是两个相似的企业，其组织利益需求也可能是相差甚远的，这是因为其组织内相关人员的个人认知和个人利益诉求不同。

（2）政策、环境、突发事件等引发的需求

当外界环境、政策发生变化的时候就会促使组织利益需求的产生，这种需求往往是来自外部环境的变化，迫使企业不得不做出改变，进而产生需求。

（3）客户认可的价值

对于客户的采购结果而言，产品（服务）一定要具备客户认可的价值。

销售进程达成的过程是一个复杂的过程，很难依靠单一的路径来实现，这也是图5.5 看起来比较复杂的原因所在，它是一个系统路径，需要全面考虑才能从中找出销售行动策略制定的重点在哪里，为此我们把图中存在的单一路径展示给大家，然后再整合起来考虑应该如何制定销售行动策略。

5.4.1 直接销售路径

这是比较常见的销售路径，销售人员通过销售拜访了解客户的情况、问题和需求，接下来就开始为客户提供产品、方案，然后报价，等待客户的选择。如果仅仅是这样，销售人员就会十分被动，接下来面对的情况就是一味地比价、降价，销售方苦不堪言，如图 5.6 所示。

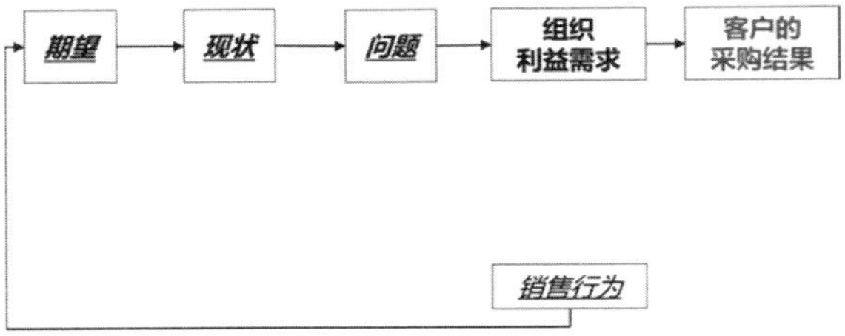

图 5.6

在产品同质化严重的今天，仅仅在冰山模型中的水面以上去实施销售行为，就会陷入被客户牵着走的被动状态，这时客户要寻找的差异就只有价格的差异了。

曾经有一位销售人员跟我抱怨：已经被客户压榨得没有降价的空间了。我问他：竞争很激烈吗？他回答：这是给客户定制的软件系统，只有他们一家，经过半年的开发，客户认可了软件系统，然后就开始压价了，在降价之后，客户持续压价，搞得他苦不堪言。

在定制优势的情况下，没有发挥差异化的作用，又缺少了其他路径的配合，进而使自己陷入了降价的困境。在定制进程推进的同时，我们还需要辅以其他路径，制定相应的行动策略，以避免最后面临窘境。

5.4.2 客户情绪价值路径

在这个路径中，销售人员通过与客户方中的某个人建立起来的关系，满足了其个人利益诉求和动机，从而达成销售目标。在产品基本能够满足客户组织利益需求的情况下，很多小额订单（无论是否为连续性的订单）因为客户方参与采购过程的角色比较少，这种方式往往能够取得很好的效果，如图 5.7 所示。

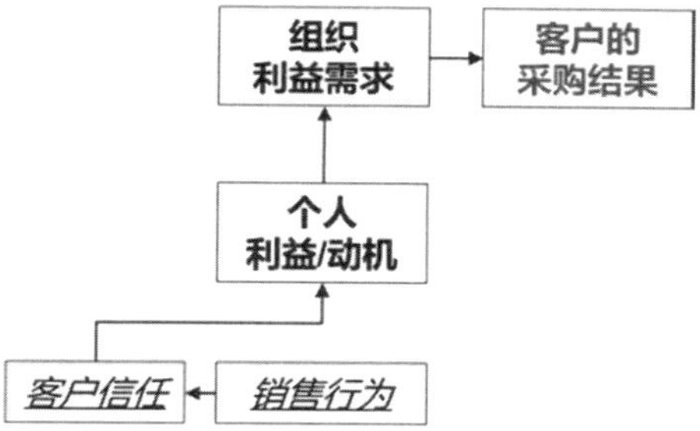

图 5.7

这个路径也体现了为什么有很多销售人员将焦点聚焦在了给客户“好处”上，认为只要给了客户“好处”就能够达成销售目标。但是项目大了，客户内部关系复杂，客户方的采购制度、流程发生变化，销售结果就会受到很大影响和冲击。

5.4.3　产品优势价值路径

在目前产品趋于同质化的买方市场情况下，很少有销售方具有产品优势。在产品具有优势的情况下客户没有选择的余地，产品或解决方案所提供的价值是客户认可的价值，并且已经超过了客户对价值的期望，如图 5.8 所示。

我们曾经销售过一系列产品，作为全球唯一一家在客户行业内有 20 年应用经验的供应商，客户没有办法回避我们，尽管我们的产品在测试阶段也不时地出现各种状况，客户还是不离不弃，最多就是引入我们的竞争对手（其客户行业应用经验不超过 5 年）来试图打破垄断的局面。但是我们所拥有的在客户行业应用方面的快速响应能力和解决问题的能力还是客户所依赖的。所以当时我们能够在短时间内快速覆盖所有行业内的客户，当然出现的状况也给我们带来了一些麻烦，但是并没有丢失订单和客户。然而客户也很强势，一直在培养我们的竞争对手，在给其提供改进的机会，经过近十年的发展，我们的竞争对手也具备了一定的行业经验，也在市场中分得了一杯羹。

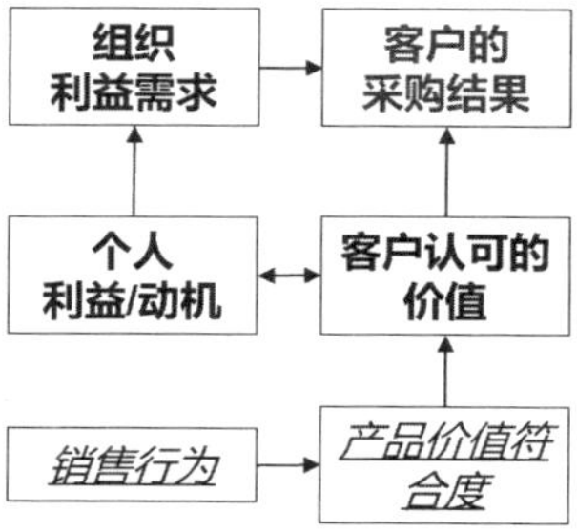

图 5.8

单纯地依靠产品优势价值取得销售成果就要求我们的产品优势要持续保持领先，不断地引领客户行业的发展，这对于企业而言是一个非常大的挑战，这也是华为为什么在研发领域投入大量资金的原因所在，它要保持在通信领域的领先，引领通信行业的发展趋势。

5.4.4 客户关系价值路径

客户关系价值路径在很多地方的经销商、代理商那里是比较常见的，他们通过发挥本地人际关系的优势，梳理客户关系建立起关系网，从而达成销售目标。客户关系价值路径和客户情绪价值路径的不同点在于前者在关注客户方内部的相关人员的情绪价值（个人利益）的同时，也在了解、处理、平衡客户内部之间的人际关系，甚至出手干预客户内部的人际关系，而后者的重点在于对某一个人的关注，如图 5.9 所示。

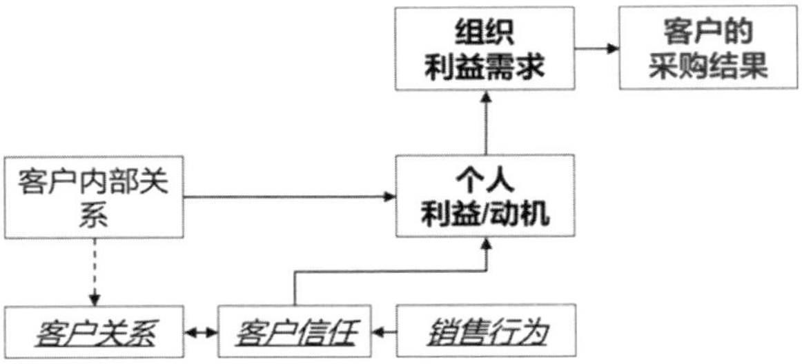

图 5.9

在复杂销售、大项目销售中，客户关系在更多的时候决定了最终采购结果。这里的客户关系包含两层意思，一是销售人员与客户方相关人员（们）之间的关系，二是销售人员对客户方内部相关人员（们）之间关系的认识、理解、平衡和运用。这两个层面是相互促进和制衡的，也是很多销售人员制定行动策略的依据。从系统路径角度来看，我们在摸清客户关系的同时，也要发展客户情绪价值路径，同时更要尽可能地提供产品优势路径，这样客户在帮助销售人员的时候更容易找到说辞，这也是客户满足自己个人利益和动机的关键。客户的利益和动机是通过产品实现的，客户在其内部交流的时候说的也是与产品优势路径相关的内容、其衍生的内容及它们带来的价值，这些是能够放到桌面上说的，而客户的个人利益和动机很难放到桌面上说。

曾经为了突破一个大客户，在经过客户方内部人员指点之后，我们发展了一个本地的代理商，这个代理商在客户方内部发展的关系及对客户方的内部关系把握得非常好、非常到位，帮助我们快速打开了在客户那里的局面，拥有了不错的销售额。唯一需要解决的问题就是代理商对产品和应用不了解，需要我们提供产品和行业应用方面的支持。无独有偶，在另外一个大客户那里也是这样，客户在展会上看到我们的产品，了解了产品以后，将所有的商务关系转到了他们指定的代理商那里与我们展开合作。

这就是在客户认可了产品优势之后，为了避免复杂的客户关系带来的负面影响，简化了合作流程。

5.4.5 系统销售路径

我们将上面的四条路径整合起来就如图 5.10 所示的系统销售路径，结合系统销售路径，落实到具体的销售进程当中的时候，就能够看到当前销售进程的健康程度，这其中薄弱的地方就是我们需要制定销售行动策略的着力点。

在清楚了销售路径之后，我们需要明确在销售进程中的不同阶段应该将销售行动策略的重点放到哪里，销售行动策略和行动策略之间的逻辑应该是怎样的。

- 销售进程伊始，在系统销售路径中我们能够知道的只有自己的销售行为，也就是第一次如何拜访客户。
- 在销售拜访初期，基本上都会以直接销售路径开始。了解客户的基本情况、期望、问题、需求等。这就需要清楚地知道：结合我们能够提供的产品和服务，我们需要了解什么，也就是未知信息清单。（初始行动策略：了解客户相关信息。）
- 随着拜访的深入，我们在基本掌握了客户组织层面的现状、期望、问题类信息的同时，还要去了解相关人员的个人利益诉求和动机是什么，与采购有关系的相关人员都有谁，他们之间的关系是怎样的，会在采购过程中起到什么作用等；这些都是我们销售行动策略的方向和着力点。（进阶行动策略：探索人际关系、发展客户信任。）

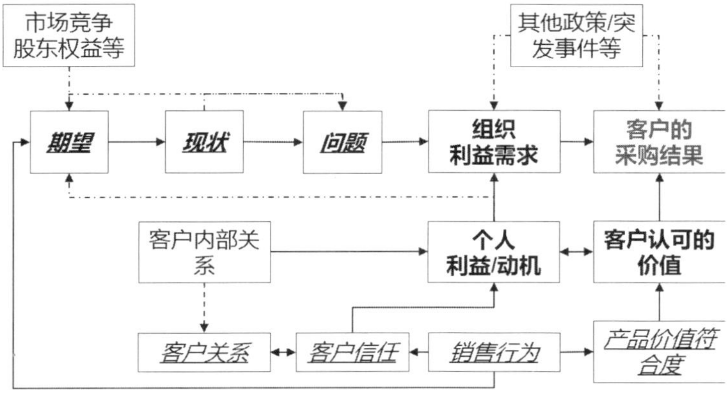

图 5.10

奠定基础后，如何引导客户的认知和期望使之对我们有利，如何结合客户的需求向客户呈现其认可的产品、方案优势，如何与客户一起构建我们的销售竞争优势？（深化行动策略：建立竞争优势。）

5.4.6 制定销售行动策略

看到这里我们只清楚了制定销售行动策略的方向和重点是什么，具体的销售行动策略都有哪些。如图 5.11 所示，我们将销售行动策略制定过程中的相关依据绘制成一张图，这些将能够给我们介绍销售行动策略的内容提供帮助和支持。

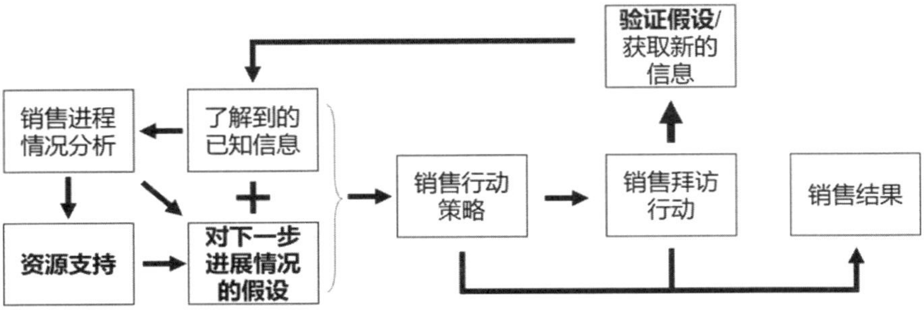

图 5.11

- 销售工作是一项实践性极强的工作，不能坐在办公室里闭门造车、一厢情愿，所以销售行动策略要依据了解到的信息和**假设**进行制定，并且在下一次销售拜访行动中**验证假设、确认假设**、了解更多的信息，进而修正、推进销售进程。
- 从客户那里获得的信息可以帮助我们全面、深入地了解客户的情况，依据获取的信息进行的分析和提出的假设可以使我们更深入地了解客户的情况，并推进销售进程。
- 通过系统销售路径对销售进程情况的分析，结合销售经验（销售专业、产品专业、客户行业经验）对销售进程情况的判断是我们提出假设、制定销售行动策略的依据，所以销售进程情况（了解到的信息）和销售经验的质量将决定下一步销售行动策略的质量。

在与一位销售副总聊天的过程中，他提到他们的销售人员不能够深入挖掘客户的需求，更多的是停留在产品层面，我问他：公司的重点行业有哪些？他回答：还没有确定。我再问：那自然没有给销售人员针对行业应用的指导了。是的，他回答道。不难看出，在客户行业方面知识的缺失阻碍了销售人员销售行动的深入。

- 不同企业对内外部资源掌握、运用的不同，也决定了销售策略的内容，就像种地使用不同的工具（资源）效果自然是不同的。
- 在具体的企业内部需要通过销售进程实践的积累不断地完善"系统销售路径薄弱清单及对策、常用假设清单（需验证假设有效性）、资源作用有效性统计"等销售工具。

5.4.7　销售进程中的风险

一位成熟的销售人员随着销售进程的推进，在判断销售结果获取的可能性的时候，更多的是看还有什么风险存在，而不会像新销售人员一样被有利信息冲昏头脑，从而放大销售结果获取的可能性。

（1）已知的风险（信息），但不可控

这是销售人员不愿意看到的情况，明明知道风险、问题、不确定性就在那里，但是却无计可施。在这种情况下，我们通过了解到的信息，看到了不利的情况和不确定的情况存在，这个时候往往我们因为缺乏资源（能够影响客户个人利益诉求的人或事儿）的支持造成了无计可施。此时，为了消除风险我们能够做的无非就是寻找资源消除风险或者是放手一搏（放手一搏的时机很重要）。

还有一种情况在销售人员推进销售进程的过程中比较常见，很多销售人员无法看到、意识到销售风险的存在，很多销售人员尽管在客户那里拿下了订单，但是客户关系基础做得并不扎实，甚至双方建立了长期的生意关系后，在客户内部连自己的关系网都没有。

一位销售叉车的销售人员通过采购部门将叉车卖给了客户，过了一段时间，客户要开始二期工厂的建设，客户方的生产副厂长找到销售人员，要再次采购叉车，并要求降价。销售人员不知道怎么办，找到采购部，采购部的人告诉他，不用管，听采购部的安排就好。结果采购部把采购计划报到总经理那里，生产厂长不同意，双方闹了起来，最后客户决定更换叉车的品牌，销售人员再次销售的机会没有了。虽然销售人员实现了第一次销售，但是没有排除、处理客户内部存在的隐患和风险，甚至在风险出现的时候也没有采取有效的措施和行动，进而造成了第二次销售机会的流失。

（2）未知的风险信息

对于销售人员而言，销售进程就是一个不断获取信息、验证信息的过程，在这个过程中客户方面的信息远远要大于销售人员所掌握的信息，而且在多数情况下销售人员面对信息的时候是处于一个被动获取的状态。这也就意味着有一部分信息是我们无法得到的、看到的，而这部分信息恰恰决定了销售结果。这就要求销售人员根据系统销售路径去判断销售进程中可能缺失的信息有哪些，这些信息会对销售进程起到什么样的作用，如何能够得到这些信息。

对于销售过程中的风险研究还处于一个初始阶段，现在绝大多数的销售理论都是从正向的角度研究怎样成功获取销售机会的，然而风险是在这条正向的道路上不得不考虑的重要因素，特别是在大项目销售、大客户销售等复杂的销售过程中，更要加以重视。为了更好地规避风险，我们在具有风险意识的同时还需要通过复盘等方法对已经发生的销售进程中的风险、风险产生的原因、可能的应对方法进行总结，汇总成**风险清单**作为销售工具供销售人员参考。

【重点回顾】

- 每年拜访客户的次数是销售人员最稀缺的资源，在有限资源内提升拜访客户的效率是最根本的销售管理动作。
- 拜访客户是为了获取更多的客户信息，验证销售人员的假设，为制定下一步销售行动策略提供依据，进而推进销售进程。
- 关系型销售已经不能够给销售人员带来更多的订单了，客户要看谁能给他们带来更多的利益和价值，单一的销售路径已经无法确保销售的成功，我们需要通过系统的销售路径推进销售进程，完成销售活动。

第6章 市场策略——市场营销的作用和威力

本章提要

很多人都会把市场营销和销售混为一谈，也有很多 B2B 销售的公司不重视市场营销活动，其根本的原因就是没有搞清楚市场营销和销售工作各自的重点及其之间的联系。在 B2B 的业务状态中，市场营销的作用就是开发和创造更多的销售线索，以利于销售人员发现更多的销售机会。用一个比喻来形容，市场营销更像是空军，负责侦查、搜索和轰炸，销售更像是陆军，负责攻占山头、收获成果。

就在刚刚要写这部分内容的时候，我接到了一个电话，是我前一部车的 4S 店打来的电话（我的车已经更换 3 个月了），没有等他开口，我就告诉他："今后可以不用给我打电话了，我已经换车了"。对方说："好，那我给您标注一下"。

从服务角度讲这家 4S 店做的还是可以的，每次保养完车都会给我打电话做回访，每次车应该做保养了、保险快到期了都会来电话提醒。但就是这样，他们丢掉了一位 8 年的客户（我没有更换同一品牌的车）。而且，之前保养后的回访电话也让我比较烦，我不止一次跟他们说过：不用给我打电话了，如果有问题我会找你们的。

为什么一位老顾客流失了呢？因为无论是从营销还是服务角度来看，他们做的几乎都是无效的行为。每年在 4S 店上保险也不是因为他们打了电话，而是我本人偷懒，做保养的时候在店里上了保险就好了，根本没有做什么比较和选择。

那么对于一位 8 年的车主他们应该有一些什么样的营销行为呢？注意，是营销行为而不是销售行为。其实在他们的数据库里，车型、车主的年龄、车龄、车子的里程及保养情况都记录得非常清楚，他们也可以通过交谈来了解客户在更换车辆时候的选择。那么是不是会在第 5~8 年就开始了解车主更换车辆的打算呢？如果得知客户有更换车辆的打算是不是要把这个商机转到销售部门呢？当车主再次来店做保养的时候，是不是能够主动与车主接触，进行再次销售呢？

而且当他们得知我更换车辆的时候，第一反应是标注一下，以后不用给我打电话了；而不是询问我：

- 您什么时间换的车？
- 换了什么品牌的？

- 这次换车主要考虑的因素是什么？
- 为什么没有考虑换同一品牌的车辆？

……

当然，这些行为的缺失并不是这位客服人员的错，这是销售体系中营销单元功能缺失的结果。在销售体系中没有营销单元的支持，帮助销售单元发现商机、寻找市场资源等。一方面这么好的机会流失了，另一方面销售人员还在苦苦寻找销售机会和线索。

虽然表面上看起来客服人员在尽职尽责地完成工作，但是这些工作行为都是无效的，不能对工作体系中其他的单元产生效果，其本身的行为是孤立的。按照德鲁克的话来看——企业有且只有两个基本职能，那就是营销和创新。如果其他行为都无法为这两个职能提供支撑和支持，那么就是无效的工作行为。

市场营销工作是为了更好地达成销售目标，销售也同样证明了营销工作的效果如何；销售是为了“卖好”，营销是为了“好卖”。“好卖”了没人去卖不行，想“卖好”没有“好卖”的支持也好不到哪里。

营销和销售两个功能单元是相辅相成的关系，在不同类型的销售业态中它们的表现、作用、重要性等是不同的。包括我本人在做销售之初也一度认为在 B2B 销售业态中，市场营销的作用不大，无非就是开展会、印资料、联系一下行业协会等，然而，如果你的公司里的市场部门只是在做这些事情，那么就真的是市场营销功能严重缺失的表现。

很多人经常拿空军来比喻市场营销，拿陆军来比喻销售，那么这就需要空军来进行空中侦察和轰炸，为陆军进行地面进攻做好指引和铺垫。空军和陆军真正地衔接起来才能够发挥 1+1>2 的效果，而不是各自为战，市场环境好的时候互相抢功，市场环境差的时候互相推诿。如图 6.1 所示，对于营销和销售而言，关键的作用节点在于他们的结合部——销售线索转化。这个转化过程不仅仅是把潜在客户名单甩给销售人员去跟踪那么简单，更应该像在苗圃里选种、育苗那样，培育目标客户市场，营造一个良好的销售环境。

图 6.1

6.1 B2B 销售业态的市场营销

和大众消费品不同的是，以 B2B 为主的市场营销任务主要有如下几方面。

- 扩大产品品牌的影响力。
- 挖掘更多的商机和销售线索以供销售队伍去进行深入挖掘和转化。

相对于 B2C 市场而言，B2B 的市场具有如下特征。

- 大多数企业客户、用户是隐形的，并不像 B2C 市场几乎每个人都是他们的潜在客户或用户。
- 具体到一个具体的产品（业务），销售人员只与客户方一些人或几个人有关系，而且这些人并不容易接触到。
- 企业客户、用户思考、决策购买的过程更偏于理性，而且往往并不能由一个人做出购买决策，需要多人参与决策，这也就增加了购买的复杂性及营销的针对性和有效性的难度。
- B2B 市场产品的复杂性使 B2C 市场广告式的营销传播模式在这里并不适用，从市场传播层面讲，B2B 销售业态更强调在客户和用户那里的口碑和品牌认可度。
- 相比 B2C 营销活动，B2B 营销活动需要更加务实、可被证实，很难通过造势的手法对业绩有所帮助。

B2B 市场营销的主要对象为渠道、行业及相关产品的合作伙伴，通过对目标市场和目标客户的分析，进行相应的市场活动，以提升品牌的曝光率、增进目标市场各个相关单位的关系，在增加销售线索和商机的同时为销售团队提供更多的资源。

B2B 市场营销的主要任务有以下几个。

- 提升产品品牌在客户和用户中的认可度和接受度。
- 针对具体的目标客户和行业展开相应的市场推广活动，如展会、研讨会、路演等。
- 通过各种渠道、资源获取更多的商机和销售线索，如行业协会、客户商会、合作伙伴等。
- 为销售团队提供各种辅助性资源支持，如政府、行业协会、行业领军人物等。
- 将目标市场发展动向、趋势的反馈，提供给产品和销售人员做参考。
- 引领（区域或行业性）行业发展（标准、趋势），并引导客户共同发展。

对于 B2B 市场中不同产品及销售业态的企业而言，各种市场营销的手段起到的作用还是不同的，特别是在互联网飞速发展的今天，网络也成了 B2B 营销的重要手段之一。无论采用什么样的营销手段都是围绕着我们前面提到的“好卖”展开的，只有这样才能够保证营销活动的有效落地并使之产生实效。

有一家做工业传感器（零部件类）的公司，在新换了市场管理者之后，在市场营销方面做出了一个决策，一次性花了 500 万元购买了 10 台奔驰商务车，车身上喷涂了他们公司的 Logo 和宣传画。我还真在马路上亲眼见过一辆这样的车。可是我在想，这些车对于营销的作用有多大，投入产出比是否合适，这样的车在马路上行驶有多少人知道他们是做什么的？估计连千分之一的人都没有（因为其内容太专业了）。即便开着这种车去客户那里送货，或者是载着销售人员去拜访客户也不会起到什么营销作用。

接下来让我们结合前面提到的 B2B 市场营销的主要任务和销售业态来看看每项任务的作用和应该如何操作。

（1）提升产品品牌形象

我们曾经在推广一个小品牌的产品的时候就遇到了这样的问题，这个品牌的产品几乎没有在中国市场中销售过，并不被国内广大目标客户所熟知。当时我们的主要对手是西门子，有时候与客户介绍完产品，客户很实在地跟我们说：你们的产品听下来还是不错的，性价比也好，但就是一个问题，我们用西门子的产品出了问题没关系，大家都用西门子的产品，质量还不错，我们出问题了只是运气不好，如果用了你们的产品出了问题，那么责任一定是我们的。由此可见，这就是西门子产品的品牌效应起到的作用。（注：这里指的是西门子的工业电气产品，并不是人们平常所熟知的西门子家电）

在 B2B 市场中提升品牌形象并不是一朝一夕、做几个活动就能完成的事情，B2B 产品的品牌形象，客户认可和接受度是要通过长期的积累和沉淀形成的。所以这就需要我们的企业在平时有意识地积累能够提升品牌形象的相关资料、内容、活动等。以下几类活动是有利于提升品牌形象的。

① 成功的应用和项目的积累，最好有来自客户的证明。每个成功的项目都会在品牌形象上打下烙印，如果有一份来自客户的证明文件那是极好的，如果这份证明文件是来自潜在客户行业的代表性客户的，那就再好不过了。

某品牌产品作为唯一一家在风电行业拥有 20 年应用经验的产品，在国外风电设备上得到了广泛的应用，当国内开始逐步大批量研发、生产风力发电机的时候，由于技术沟通等原因，造成了产品偶尔出现了“水土不服”的情况，而且这个情况被国内风电客户几乎周知了，即便如此，因为这个品牌的丰富应用经验，还是被客户认可、接受，客户说了很简单一句话：“即便他们家的产品偶尔会出现问题，但是其在行业中解决问题的经验是其他厂家所不具备的，20 年的应用经验我们是认可的。”

② 被客户行业内认可的重大客户、机构、重大项目的使用。B2B 市场同行业客户之间的横向联系是十分紧密的，甚至很多人都是同学、同事。能够在客户行业内被认可并树立好的口碑，对提升品牌形象有极大的帮助。

一位朋友曾经给石棉瓦行业中的领军企业做过一台后包装设备，在原有的功能上进行了优化，可以说是一个实用创新型的项目。结果这台设备被位朋友的竞争对手复制了，并打着这家领军企业应用了同类设备的旗号在石棉瓦行业进行推广，结果他们收获了 100 多张订单。

同样，我们在国内第一条取向硅钢生产线上使用了前面提到的小品牌产品，结果接下来国内上马的 8 条取向硅钢生产线全部使用了我们的产品。

这就是行业典型客户的示范性效应对品牌形象的影响。

③ 被客户行业内的权威、专家认可、推荐、使用。

④ 在行业及客户行业的媒体、会议、评比等活动上正向的、积极的曝光。

《阿里铁军销售课》一书中提道：总结“非典”对于阿里巴巴的影响，可以分以下几个方面。第一，在市场方面，原本阿里巴巴是杭州一家很小的公司，知名度不高，但是因为全国乃至国际性的媒体对“非典”铺天盖地的报道，这家小公司一下子就被全世界记住了。过去，我们跑业务的时候很多人都没听过阿里巴巴，在“非典”之后没有人不知道阿里巴巴，我们再也不用打广告了。公司抓住了这次机会，如推出了“阿里巴巴携手百万商人，同舟共济抗‘非典’”这种大型的主题活动。一向低调的公司在那个时候加大了宣传力度，尤其是在中央电视台综合频道推出了阿里巴巴的诚信通广告，宣传网购，口碑、品牌在一夜之间就建立起来了。

（2）开展市场推广活动

市场推广活动是 B2B 营销比较常用的形式，这类市场推广活动比较突出的特点就是能够聚集相对定向的目标客户群体，能够提升产品推广的针对性和有效性，能够提升用户的黏性，能够提高品牌的曝光率和影响度。

① 以推广会议形式带动销售实施。一些针对中小型企业客户展开的推广会议活动就可以利用机会达成销售的目标，这种形式适合那些客户决策相对简单，产品在性价比方面能够激发客户购买欲望的销售业态中。例如，企业管理类课程（产品单价相对较低，客户容易决策）、养殖类产品（特定生长期的饲料、添加剂等，针对中小型养殖企业老板）。

② 参加目标客户群体的展会。宝马展作为世界知名工程机械展德国 bauma 在中国的延伸，已经成为全球工程机械企业竞技的舞台。在这个展会上你会发现，除了大量的工程机械厂商，还有很多零部件、元器件厂商参展，这些厂商的目标客户就是这些工程机械厂商。这个展会并不仅仅是工程机械展会，更是以工程机械为中心的上/下游产业链的展会。

③ 参加本行业的展会。参加本行业的行业展会是很多 B2B 销售业态的企业最常用的市场营销形式之一，这样的展会能吸引很多目标客户群体的相关人员（技术、采购等）前来参观。但是随着行业的成熟、互联网的发展，这种展会的效果没有以前突出了。

④ 组织目标客户观看路演。路演是一种性价比相对较好的市场推广方法之一，通过在各个地区组织目标（潜在）客户参加活动，可以更有针对性地接触到目标客户，这种形式单次活动的成本较低、可以让销售人员更近距离地接触客户，对于产品更新、方案推广等会起到比较好的作用，但是对销售人员邀请目标客户会提出比较高的要求。

⑤ 在线产品应用推广活动。随着互联网技术的应用和发展，在线的市场推广活动是不容忽视的市场营销形式之一。由于在线形式相较于面对面形式互动的效果不佳，我们考虑在线推广活动（形式）时更应该发挥在线形式的长处。随着“85 后”“90 后”

在客户群体中的比重越来越大，在线方式是他们更熟悉的、更习惯的方式。

- 虽然在线形式的互动效果不佳，但是同时容纳人数庞大、参与方便。
- 在线形式对于客户或用户而言，时间和经济成本都较低，只要主题具有吸引力，就能够吸引大批的客户或用户。
- 相较于 B2C 市场而言，B2B 市场很难形成在线成交，那么就将在线活动内容聚焦在激发客户兴趣，激发客户的购买欲望，发现销售线索等方面。
- 实时在线方式（直播）要优于其他在线方式（软文、论坛等），实时在线方式可使相关人员看到客户对相应主题需求的迫切程度，对于销售线索的质量是一个辅助判断标准，而且实时在线方式具有一定的互动性，能够及时获取、验证相对准确的用户、客户信息，保证销售线索的质量。
- 实时在线形式对于用户在使用过程中需要大量技术支持的产品，以及用户基数比较大的产品具有比较好的效果。
- 任何在线方式都要与客户有一定程度的交互，要从客户那里获取一些有用的信息（可以通过问答+礼品的方式获取与客户更进一步交流的机会）。
- 任何形式的在线方式都需要销售人员进行后续的跟踪和反馈，以便及时调整在线推广的形式和方向。

我们曾经为一家建筑类软件公司策划过在线课堂的市场推广活动，他们拥有 10 万+付费用户，利用直播的形式组织用户研讨、学习建筑专业（与软件有关）的相关内容，第一次直播就有 2000 多人同时在线，这个效果远远好于他们原来组织的 200～300 人的线下推广会。现在这种在线直播已经成为他们每周定期的活动。这个活动也为他们产品的后续研发方向、市场发展的动态提供了重要的参考。

（3）获取商机

营销活动的根本目的就是发现商机、营造商机、获取商机，为销售人员提供有效的商机，从而实现销售目标。

（4）辅助性资源支持

辅助性资源支持主要包括友商合作、政策性文件支持、政府性支持行为获取等，从相对宏观的角度为销售活动的展开提供便利条件。

（5）目标市场发展趋势研究与分析

我们一直在强调 B2B 销售业态中优秀的销售人员要具备三个专业，其中一个专业就是客户行业专业，说白了就是我们要懂客户，要懂客户行业的发展方向和趋势。关于客户行业发展的研究和分析一方面能够为销售人员提供客户行业的情况，另一方面也能将有关情况反馈给公司，从而创新产品、跟上乃至引领客户行业的发展。

国内近十年来产品经理的概念被逐渐重视起来，产品经理的职责是收集客户信息和需求，研究行业发展趋势；建议公司产品研发、改进方向；指导销售人员进行产品销售。

（6）引领行业发展

当年北大方正的激光照排技术就是引领印刷行业发展的一个动作，这不仅仅是一个技术方面的突破，更是王选教授洞察市场趋势的结果。任何一项技术如何得不到市场的认可，那只是实验室里的作品而已。

任何一项技术都要能够满足市场发展的需求、解决市场中客户存在的问题、引领客户更好地发展。这也是 B2B 市场中新产品、新技术诞生的两个来源，一个是来自客户的问题和需求（客户行业发展），一个是不断地探索，为客户提供更好的产品和技术（产品行业发展）。

6.2　销售线索

销售线索就像一团乱麻当中的线头，顺着这个线头展开挖掘销售机会、跟踪销售机会的工作。如图 4.4 所示，有效的销售线索是销售机会和销售额的决定性要素，销售线索的数量和质量的重要性是不言而喻的。

市场营销的重要作用就是发现、创造更多的销售线索，在我们前面谈到的市场营销活动之外，作为销售人员也要积极地发现销售线索，一般销售人员可以从以下几个方面寻找更多的销售线索。

（1）从老客户那里发现销售线索

- 老客户那里的新销售线索和销售机会，国外称这种方法为交叉销售，特别是对于拥有多条产品线的销售方，要尽可能地在同一个客户那里销售更多的产品。
- 老客户转介绍的销售线索，这是销售人员非常喜欢的方式，因为被介绍的客户将对你的信任建立在对介绍者信任的基础上，比较容易达成好的销售结果。
- 老客户同行业竞争对手的销售线索，我们在一个客户行业应用成功之后就要熟悉客户行业的情况，了解客户的主要竞争对手，并将成功经验复制到其竞争对手那里。

（2）发现新客户的销售线索

- 区域、行业梳理，这是销售人员应该做的基本功，我们在前面的章节中也提到过，在互联网如此发达的时代，应该将自己负责范围内（区域、行业）的潜在目标客户梳理清楚，并对重要的潜在目标客户展开相应的工作，与客户建立联系，挖掘销售机会。
- 友商共享，与目标客户群相似的、没有竞争关系的友商（销售人员）共享销售线索，拜访客户的时候，遇到了同行业的销售人员找机会多聊聊。
- 相关网站、资料，如招聘类网站、客户行业类网站等，都是我们发现、获取销售线索的地方，还有一些专业类网站，如拟在建项目网，可以使销售人员在早期了解到销售线索，进而布置相应的销售行动，当然这是需要费用的，尽管这类网站中的很多消息（如联系人等）不是很准确，但是至少能看到一些机会。

在保证销售线索数量的基础上，我们还需要注重的是销售线索的质量，销售作为结果导向的工作，一个优质销售线索的成果可能胜于十个劣质销售线索的成果之和，但是其付出的工作量却不可同日而语，所以我们需要判断销售线索的质量如何。

① 销售线索转化为销售机会的可行性，有些销售线索的确是我们能看到的，但是将其转化为销售机会绝非易事，如某些特殊行业的行业壁垒、某些大型企业的供应商名单资格等，都不是一朝一夕能搞定的，在这方面投入过多的精力会造成投入产出比很低，不划算，除非无他路可寻，否则这种销售线索应该作为公司层面逐渐培养的工作。

② 根据“从快、从大、从稳”的销售行动原则，判断销售线索的易得性、可能的销售机会大小、深入销售机会的难易程度。毕竟销售人员的时间和精力是有限的，是稀缺资源，我们需要将时间和精力投入到更多的可能产出当中，这需要每家公司根据自己的情况、目标客户市场的情况来制定销售线索质量的判断标准，帮助销售人员更好地投入到线索转化的行动中。

- 从快，先去获取容易转化为销售机会的销售线索，口袋有粮，心里不慌。
- 从大，将精力、资源的重点投入到销售（额）机会更大或者长期销售机会更大的销售线索转化行动中。
- 从稳，优先将精力投入到能够更好地发挥己方优势的销售线索转化中。
- 可以通过团队配合的方式将精力投入到更有效的销售线索中，如可以让新入职的销售人员去寻找销售线索，成熟的销售人员帮助其分析销售线索，并与新销售人员一起投入到更有效的销售线索转化中。

保证销售业绩的第一要务就是要保证销售线索的数量和质量，没有销售线索，所有的销售工作和销售管理工作都无从谈起。

【重点回顾】

- 市场营销活动是必须的，它是开发和创造销售线索的必要性活动。
- 无论公司大小，是否有专门的市场营销部门，都要有市场营销活动，否则只能看天吃饭，烧香磕头，将命运掌握在别人手中。
- 每位销售人员都要有市场营销的意识，在自己的工作安排中要有一定的市场营销方面的活动；大公司要有专门的市场营销部门和基于市场营销角度的产品经理，挖掘、创造销售线索，为销售人员提供指引和帮助，满足目标客户市场的需求。

第 7 章　销售建设——销售辅导与培养

本章提要

销售人员难招聘的情况是几乎每个销售组织所面临的问题，企业总是抱怨找不到好的、合适的销售人员，新入行的销售人员又不愿意培养，因为付出的成本太高，最后可能还为竞争对手做了嫁衣。可是优秀的销售人员凭什么跟你干呢？解决销售人员短缺的问题还是要靠企业培养自己的销售人员。

销售人员的培养绝对不是找个老师来上几次课就能够解决的，销售人员的辅导和培养是为了提高销售人员的行为能力，从而使其取得更好的业绩。

在 2010 年左右，正逢风力发电行业爆发的好年景，但凡跟风力发电行业沾边的公司都想分一杯羹，我所在的公司同样在风力发电行业有着自己独特的优势，也想大力拓展这个行业的生意，然而现有的销售人员很难满足我们的需要，在招聘销售人员的过程中也遇到了个别合适的、行业经验丰富的候选人，但是人家一开口年薪 50 万元，搞得我只好跟人家说拜拜，老老实实地培养自己的销售人员去开拓风力发电行业了。后来的事实也证明了我们快速培养了一名非常优秀的风力发电行业的销售人员。

销售辅导与培养这一部分是目前很多企业没有做到或者是没有做好的重要单元（见图 7.1）。这个单元的作用效果是长期的，不是立竿见影的。目前企业在这个单元中常见的问题有以下几方面。

- 缺少有效的销售辅导与培养机制，销售人员的成长完全靠自己。

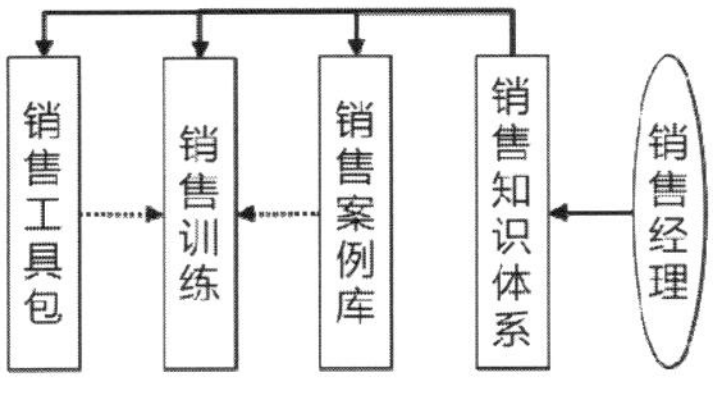

图 7.1

- 实施销售辅导的主体人员（销售教练）不对，其不懂业务，不了解销售工作。
- 缺少适合自己公司的销售知识体系和理论，碎片化的知识导入。
- 将销售管理者的主观意识强加于销售辅导体系之上，自以为是对的。
- 销售辅导与培养完全与实际销售工作分离。

销售辅导与培养的最根本的目的就是通过提升销售人员的行为能力进而提升销

售业绩。这里的销售人员行为能力不仅指销售人员超强的销售能力，还有符合公司销售形态需要，适合业务发展的行为能力，否则再好的销售行为能力、知识体系、销售理论不能得到落地实施、践行和不断改进，都将是空中楼阁。

企业内销售培养与辅导不足的最直接的表现就是总是找不到合适的销售人员和销售业绩上不去。作为销售管理者，在选人、用人方面要有一个清晰的认识——没有任何一位成熟的销售人员会直接过来跟你干。真正优秀的销售人员对自己手里的资本和自身价值是有着清楚地认识的，直接让这样的销售人员加入自己的团队所要付出的代价可想而知，除非你的领导魅力十足。

7.1 销售教练与训练

在一次销售拜访训练的课程中，一位刚刚从事销售工作两个月的销售人员被他的直属领导推上来进行拜访客户的模拟演练，而且模拟演练的案例还是一个比较复杂的案例。这位销售人员的表现可想而知，除了那几句套话，几乎不知道该说什么，做什么。课间休息的时候，这位经理非常负责任地辅导这位销售人员。只见他不停地、滔滔不绝地跟销售人员讲述着，销售人员也在点着头，看起来好像比较有效果的样子。

根据我们大量的实践经验总结来看，这种说教式的辅导对于销售人员的行为能力提升帮助并不大。这是为什么呢？是销售管理者说的不对，还是销售人员没有认真学习？其实都不是，是销售管理者的辅导方式错了。这种辅导方式就像把往水瓶里灌酒，可能连瓶盖都没有拧开呢，更别提水有没有先倒出来。

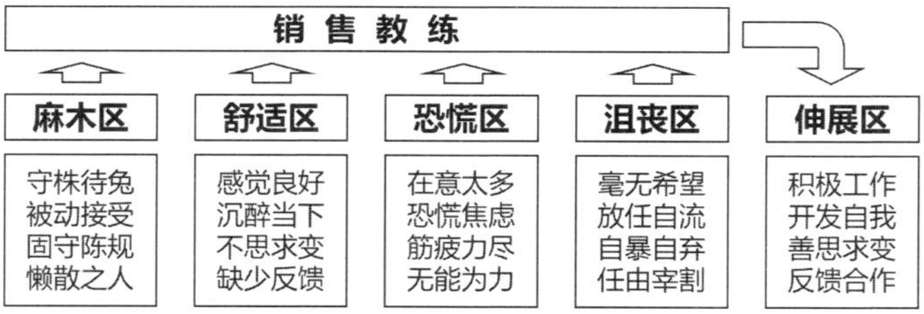

图 7.2

除了这样的销售新人，在我们的销售团队中还有其他类型的销售人员。如图 7.2 所示，处于前四个区域的销售人员在我们销售团队内都是存在的，对销售目标的实现都有着负面影响，作为销售管理者，我们希望更多的销售人员处于伸展区，使我们的销售团队是一个积极上进的团队。

（1）麻木区

工作不主动；业绩说得过去，但是还有更多的潜力可挖，其却不去努力；工作懒散、墨守成规，甚至对其他团队成员产生负面影响。

（2）舒适区

销售工作有一个特点：当业绩还说得过去的时候，一俊遮百丑，很多问题掩盖在说得过去的业绩下面。这时的销售人员自我感觉良好，沉醉于当前的业绩，觉得自己没有什么问题、能力不错，不再思考如何提升销售行为能力。特别是当市场行情好的时候，无论你的销售水平如何，都有可能拿下订单，你的销售业绩随着市场行情的发展还是不错的；然而等到市场行情不好的时候，就会出现业绩迅速下降的情况，这时销售人员往往会把原因归咎于大环境不好，而不是向内看。

（3）恐慌区

处于恐慌区的销售人员是非常努力的，但是工作不得法，面对销售工作的压力越是着急越是手忙脚乱，就是做不出销售业绩。他们就像陷入沼泽中的人，拼命地挣扎，急于寻求一根救命稻草。如果不能得到及时的、合适的帮助和指导，他们将越干越丧失信心，甚至进入沮丧区。

（4）沮丧区

位于沮丧区的销售人员往往是销售管理者要放弃的人，一方面这个区域的销售人员的确是不适合做销售工作，另一方面是由于各种原因使其丧失了做销售工作的信心。

我们为一个销售团队提供过咨询服务，整个团队没有斗志，团队绩效吃大锅饭，到了年底谁能拿多少钱完全由销售管理者说的算，也没有一个参考标准，而且销售管理者故步自封，甚至为了满足自己旅游的欲望，利用团建的名义让团队成员自掏腰包一起陪着他去旅游。可想而知销售人员的状态是怎样的。在我们换掉了销售经理，改革了绩效制度之后，原有的销售人员的能力爆发出来，通过我们在一线陪访、辅导之后，几乎所有团队成员都完成了销售任务。事后总结的时候，我们几位老师感叹道：这些销售人员的素质还是不错的，要是放到我们手下带三年，早就各自独当一面了。

在我们的销售体系结构图中，有个椭圆形标识的内容，销售管理者，这也是图中仅有的以岗位角色名称为内容的标识，而且对于大多数企业而言，销售管理者和销售教练在现实工作中往往是同一个人。然而对于这两个角色的行为要求却是不同的，管理者更倾向于指示，销售教练更倾向于引导。

之所以将销售管理者这个角色着重凸显在图中，目的就是说明这个职位（角色）对于整个销售体系的重要性。在任何一家公司的销售体系中，销售管理者就像足球场上的中场球员，他是球队进攻的发动机；销售教练恰恰又是销售管理者所要扮演的重要角色，是使销售团队具备自我造血功能的关键。如果一个销售管理者不能担负起辅导和教练的职能，他的团队成员就不会更快地成长，更多的时候仅能依靠销售人员本人的能力去成长，整个团队无法有序、有效地成长。

我们提倡销售管理者在销售人员的实践工作中给予销售人员实时的、适合的销售辅导和教练（OJT-On Job Training）。OJT 对于销售工作而言是效果最为显著的，最为适合的方式。这也就对我们的销售经理们提出来一个要求：他们要具备销售教练和辅导的能力，这样才能够更好地提升销售人员的辅导、训练效果。

就像我们前面提到的很多销售管理者在一开始担任管理职务的时候并不会管理销售团队一样，绝大多数管理者都不会辅导和教练销售人员。因为一名合格的销售教练必须具备以下两项行为能力。

- 销售教练的方法。
- 销售教练的内容——销售知识体系。

这两项内容保证了我们能够利用有效的教练行为和统一的教练内容，帮助销售人员形成统一的销售动作。这就像学习舞蹈一样，教练要利用合适的方法和内容帮助舞蹈演员掌握基本的舞蹈动作，在这些基本的舞蹈动作基础之上，每位舞蹈演员才能够演绎出自己的精彩。销售人员亦是如此，需要销售教练们给予他们基本销售动作的指导，以使其在销售过程中更好地演绎，才能够充分发挥每个人的潜能。如果销售教练不能为销售人员提供有效的教练行为和统一的教练内容，即便给予销售人员辅导与训练，也很难使销售人员有所收获。很多时候我们看到的情况是一位销售人员面对不同的销售情境时，他们运用的销售知识和逻辑是一样的，但是因为销售管理者没有统一的销售知识体系（内容），可能每次的表达是不一样的，这时很少有销售人员能够从中总结出其背后的知识（点）和逻辑，最后出现了邯郸学步的情况。由于缺少有效的教练方法，更多的销售管理者运用的是“给（直接给方案）、压（施加压力）、上（亲自上阵）”的方式，结果使销售人员丧失了思考问题、解决问题、制定方案的能力。

在我们做过的上百次销售教练、辅导模拟演练过程中，没有一次扮演销售管理者角色的人能够做到真正起到教练和辅导的作用的，更多的是或早或晚地直接将答案和建议给了销售人员。这种做法看起来效率高，而且我们也相信销售管理者给出的方案和建议一定是有效的，毕竟他们销售的经验和阅历是很丰富的，但是这样直接给答案的方式会养成销售人员放弃思考、放弃寻找解决办法、方案的习惯，形成依赖性之后更严重的会丧失责任心。“经理都说这么做了，我还说啥，就这么做呗，反正最后做不成责任在他，跟我没关系，方案是他出的。”

我们提出来 OJT 的目的就是在日常实践工作中通过对销售人员的培养与辅导，帮助销售人员形成正确的销售行为并提升其思考问题的能力；让销售人员能够做出正确的销售行为，而不是假设销售人员能够做出正确的销售行为，只需要给他们销售建议就好了。这是我们很多销售管理者日常给予销售人员帮助的形式，这样的形式对那些经验丰富的销售人员是有效的，这些成熟的销售人员通过日积月累的经验，知道什么样的销售行为是正确的，对销售过程中的很多情况有着自己的思考和判断，他们只需要在这个基础上在与销售管理者交换意见就好了。

在我们接触的上万名销售人员中，我们发现至少有超过半数的销售人员的基本销售行为动作是不合格的，甚至我们仅仅通过销售人员与客户沟通的时候双方说话的比例就能够判断出来一位销售人员是否合格。销售人员说话多（超过 50%）、过早地介绍产品、忍不住报价、一味地降价等，这些行为直接导致了销售过程的失败，最终的销售结果就不言而喻了。

销售管理的重点就是对销售过程的管理，对销售过程中销售行为、销售行为结果的管理，通过教练和辅导帮助销售人员制定出更适合的销售行动策略，并指导销售人员的行动。只有销售管理者通过日常工作行为中不断帮助销售人员提升销售行为能力，通过行为结果的对比反差，才能使销售人员的认知发生改变，进而做到行为上的改变。

在辅导销售人员的过程中，销售管理者会不自觉地对销售人员进行说教（不是提问）、直接给答案（不能帮助销售人员进行思考），甚至对销售人员进行带有主观情绪的批评、指责（给予销售人员很大压力，会造成销售人员的流失），而这些都是不利于销售人员行为能力提升的。

7.1.1　销售教练方法

琳达•理察森在其著作《完美销售教练：销售经理绝对提升指南》中给出了一个销售教练的模型（见图 7.3），这个模型与教练技术中很多方法和模型的逻辑和结构是一样的，在模型中结合销售人员的特点加入了相应的销售行为培养的特点。

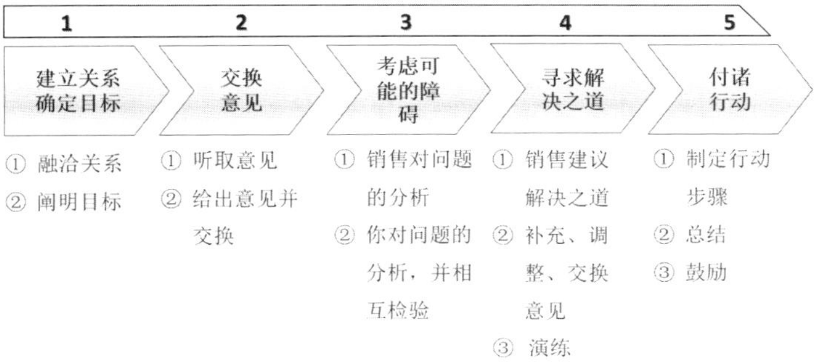

图 7.3

这套销售教练模型旨在鼓励销售人员自己找出问题，分享各自见解，并最终解决问题。这个模型有以下几个理解要点。

- 鼓励销售人员自己主动找出问题，而不是命令销售人员自己找出问题，这就需要教练与销售人员在沟通的过程中能够调动销售人员的积极性。
- 要将销售人员对问题的想法，哪怕是错误的想法放到桌面上，而不是一味地将销售管理者成熟的经验直接给销售人员。在我们总结销售教练经验的时候，发现那些在教练过程中与教练就事情本身进行探讨、争论，甚至拍桌子的销售人员会得到很好的成长；反倒是那些唯命是从的销售人员的成长效果一般，因为我们不了解他的想法，无法与其交换意见、并给予指导。

- 通过销售人员分析问题，与销售人员交换看法和意见，补充、丰富建议和解决方案，与销售人员一起建立思考的过程，培养销售人员独立思考的能力，最终达到销售人员能够独立解决问题的目的。

在对销售人员实施教练过程中我们要秉承的原则有如下几个。

（1）提问式的训练策略

利用提问的方式与销售人员进行沟通，提问是能够引发销售人员思考的。所以，即便我们知道了答案，有了可行的解决方案，也要利用提问的方式引导销售人员思考。在这个过程中教练需要将销售人员的想法、观点放到桌面上，帮助销售人员看清楚问题、看清楚自己的想法；然后利用意见和建议交换的方式引导销售人员进行思考。

在教练过程中，特别是随着沟通的深入，教练容易忘记了、忽略了提问，而是用陈述、告知的方式直接将自己的想法、建议给予销售人员。所以，作为教练，我们需要利用提问的方式与销售人员进行沟通，需要从销售人员的回答中发现其存在的问题，帮助销售人员厘清（事情）目的、梳理（思考）逻辑、明确（具体）内容。

（2）一次只优先考虑一件事情

一次教练过程只聚焦一件事情，我们教练的目的是培养销售人员独立思考、解决问题的能力，在这个过程中销售人员的思路往往是不清楚的、混乱的，聚焦到一件事情上可以使销售人员更清晰地思考问题，减少不必要的干扰因素。

在教练过程中，一件事情往往会涉及很多其他的事情，这时作为教练要能够弄清事情的重要性和紧急性，能够利用提问引领销售人员专注于重要、紧急的事情，并对其进行优先思考。在这个过程中作为教练一定不要转移事情的焦点，这会造成销售人员的困惑，使其陷入迷茫的状态，又没有办法说出来，因为销售人员会认为这也是与他沟通的一部分。对于沟通中涉及的其他事情，可以先记下来，在当前的事情结束后再继续讨论。

（3）要分清评估和培养的不同，两者都需要，但不同时进行

我们实施教练的目的是开发销售人员思考问题、解决问题的能力和习惯，而不是评估销售人员行为能力的好与坏、优与劣。我们进行教练活动的目的就是要帮助销售团队拥有自我造血的功能，提升销售团队的行为能力。很多时候销售管理者会抱怨找不到好的销售人员，其实这是一个悖论。第一，没有那么多现成的、好的销售人员供我们开展业务；第二，即便找到好的销售人员，人家凭什么跟你干，你有什么筹码能够让他为销售团队做出应有的贡献？所以，我们需要通过教练的方式帮助销售人员提升行为能力，利用自我造血功能不断地强大、壮大自己的销售团队；通过销售教练的方式培养自己的“子弟兵”；通过销售教练的方式培养合格的销售人员（的销售行为），并在合格的销售人员中培养销售教练。

销售教练的过程就像培养舞蹈演员的过程，我们的教练需要做到的是帮助销售人

员掌握正确的、基本的销售行为能力，在此基础上，销售人员才能够根据每个销售机会的具体情况自由发挥。在这个过程中我们并不是要告诉销售人员这样做不对（评价），而是要告诉销售人员怎么做会更好，并使其拥有这种能力。

在我们教练的过程中，我们首先要做的是培养，这并不意味着我们完全不进行评价，在教练过程中，我们作为教练和销售管理者会对销售人员产生一个评价，在这里我们需要评估的是这名销售人员是否有继续培养的潜力和价值，以及接下来我们要如何对该销售人员展开后续的教练，当然这里面也包括放弃教练、放弃这名销售人员。

7.1.2　开发式反馈

在我们详细介绍教练模型之前，我们先来解释一下教练过程中的开发要领，这 14 个要领有助于我们更好地展开销售教练过程、取得更好地销售教练效果。

（1）实事求是，避免臆断

一切以事实为基础，一切从事实出发；不要脱离事实做判断，不要规避事实说感受。在教练的过程中，要注意双方都要以特定事实情况为讨论交流的基础，沟通交流的障碍和分歧产生于我们对事实情况的不同看法和观点，客观事实是不会引起争议的。当我们发现沟通中出现分歧的时候我们首先要想到的是双方的沟通是否是建立在同一个事实情况基础上的。在教练过程中作为教练我们要注意避免自己主观的判断和定论，不是不让大家有自己主观的判断和定论，而是要让教练看到哪些内容是自己的主观内容，并且要告诉对方；同时，我们也要看到销售人员描述的情况是客观事实还是销售人员的主观臆断。

（2）集中火力，莫求速成

一次聚焦一件事情，要有耐心地实施教练。有效的反馈是循序渐进的，只有集中火力、各个击破才能产生最好的效果。销售教练过程与销售行动策略建议过程是不同的，为了更快、更好地制定销售行动策略，从而推动销售进程，作为销售经理在建议过程中可以给予销售人员更多的观点和想法供销售人员参考，以便尽可能快地产生效果；销售教练过程是对销售人员行为习惯的塑造，需要专注、重复地训练，帮助销售人员养成习惯，所以集中火力、重点突破，方能凸显效果。

（3）均衡反馈，统筹兼顾

销售工作是一项系统性很强的工作，并不是单单靠某一个因素就能够决定胜局的，而且我们绝大多数销售人员都没有经历过销售训练，不能支持他们的销售工作和思考，所以我们在教练的过程中要帮助销售人员看到更多的情况、可能（假设），更多的解决方案，这样才能够使销售人员更全面地成长。

在教练过程中我们不仅仅要帮助销售人员看到问题、解决问题，也要看到他们做得对的地方、做得好的地方，这样能够强化他们正确的销售行为。我们教练的目的不仅仅是帮助销售人员纠正错误动作，更重要的是帮助他们巩固正确的销售行为。

我曾经辅导过一名销售人员，小伙子从表现上看非常认真、谦虚，抱着一个本子记录着，生怕漏掉什么，我也是不断地指出他的问题，给出我的建议。在当时看来这个过程和效果是不错的，可是我最后还是放弃了这名销售人员。后来我在回顾辅导、教练过程的时候发现一个问题，我太过于聚焦对方的问题了，这样在辅导一开始就传递给了对方一个信号：你不行，我要教你。小伙子也就抱着自己不行的心态在学习。然而真正的结果是他学不进去，一味地灌输使他觉得自己哪里都是不对的，加上又缺乏独立的判断，结果搞得他稀里糊涂。

销售辅导、教练过程不是“你强我弱、你不行我行”的过程，销售教练过程是一个互相打开的过程，让销售人员看到自己，让教练看到自己，让销售人员看到教练。真正的教练过程是双方互相理解对方的想法、思考和意图，互相借鉴才能够成长。

（4）明确具体，避免笼统

无论是在现在的销售管理者和销售人员的沟通中，还是在我们展开的销售教练过程中，沟通双方用词、对话比较笼统的现象是非常常见的，如目前项目进展怎么样？还可以吧；我们下一步要继续加强客户关系；这个单子就按照这个节奏往下走吧……类似的话只要大家稍加留意就会发现在我们的工作中有很多，那么到底“还可以吧”代表一个什么状态和程度呢？接下来我们应该如何加强客户关系呢？这个节奏是什么节奏，怎么走呢？很多时候无论是销售教练（销售管理者）还是销售人员都不能给予或者是得到一个清晰的、具体的、理解一致的描述和回复。特别是销售人员不能得到一个具体的答案或者是指导的时候，他就不知道接下来应该怎么走。

（5）道出影响

爱因斯坦说：我们无法用提出问题的思维来解决问题。如果我们仅仅是局限在问题的表现层面的话，我们就无法解决问题，我们必须通过问题看到问题背后的本质才能真正地解决问题。我们不仅仅要看到问题的表象，更要看到问题可能带来的更加深远的影响；这也是我们在销售过程中挖掘客户需求时候经常提到的，我们不仅仅要看到客户明确提出来的表面需求，更要看到表面需求背后的隐性需求和这些需求产生的动机，只有抓住这些才能真正地影响客户；我们不仅仅在教练过程中教销售人员如何去做，更要告诉销售人员为什么要这么做，这么做背后的本质和逻辑是什么，只有这样，今后遇到类似的情况我们才能够融会贯通。当然，这也对销售教练提出了更高的要求。

（6）反馈及时

销售管理者作为销售教练对销售人员的教练和辅导最大的优势之一就是及时性，及时性也是保证对刚刚经历的过程和事实回顾效果最好的时间节点。由于事情刚刚发生，大家的印象还很深刻，训练效果就会大大增强。感受和想法就是反馈时的感受和想法了，而不是当时的感受和想法。联想柳传志先生倡导的复盘方法就是秉承着这种及时性，甚至半夜一两点钟才送走客人，然后就组织参与者对刚才的过程进行复盘。

一次，我陪同一位销售管理者和销售人员一同去拜访他们的客户，沟通期间销售经理问了客户一句：您现在退居二线了吧？当时听完这句话我一惊，怎么能问这句话呢？这会引起客户非常不好的感受。从客户那里出来，我马上就询问销售经理：你刚才问这句话是什么意思？销售管理者说：我问这句话了吗？我瞧着销售人员，销售人员说：你问了。我说：好吧，那我们回去听听录音。

销售人员的销售工作是一个动态的过程，从某种角度来说就是一种特殊的沟通工作，事后及时的反馈能够抓住销售人员一些下意识、无意识的行为，好的行为可以梳理之后继续发扬，需要改善的行为，提醒销售人员注意，并探讨改善方法。

（7）举例要具体、注意时效

其实举例子、引用案例是一件“风险”比较大的事情，因为每个案例都有其具体的情景和细节，每个人对这些情况的理解和认识又不同。这就要求我们举例子的时候要能够具体描述案例的信息和内容，要在时间、情景方面有着相似的、相符的情况，这样案例才能够比较好地起到借鉴作用。同时，我们引用的例子还要注意不要引起销售人员的猜忌、顾忌，让他们觉得你是在旧账重提、含沙射影。

（8）开诚布公，真诚相待

在与销售人员进行教练辅导反馈的时候，一定要做到开诚布公，心里想什么就说什么，不要心里想一套，嘴里说一套。既然对其展开了教练辅导工作，就要收到相应的效果，不要一方面对这个销售人员恨得咬牙切齿，都已经下了将其开除的决心，一方面还对其进行辅导，这样做是没有意义的。既然做了辅导就要真诚的、真实地面对销售人员和他的情况及问题，不要为了辅导而辅导。当然我们可以在说话技巧上注意一下，如这个事情做得比较好的地方是……还可以做得更好的地方是……

（9）关起门来说话

教练、辅导销售人员虽然对销售人员而言是一件帮助他成长的好事情，但是从绩效激励角度看这是一项负激励的行为，很多人认为只有能力不行的人才会被教练和辅导，被辅导和教练的销售人员有时也会脸上挂不住。所以，当我们辅导和教练销售人员的时候，要关起门来单独进行。

我在带领销售团队的时候，曾经对一位销售人员每周会有 1～2 次，每次 2～3 个小时的单独辅导，辅导就在会议室里进行。我们会议室的玻璃墙只贴了一半的磨砂膜，去茶水间的同事能够看到里面发生的情况。辅导几次之后，这个小伙子找到我说：领导，非常感谢您对我的辅导，我也非常受益，不过我有一个请求，您看以后的辅导能不能放到下班后进行？被别人看见，我有些不好意思。

（10）反馈是开发式的

我们教练销售人员的目的是开发他们的潜能，提升他们的行为能力，所以我们要秉承开发式的思想认识，不仅仅是在教练过程中，在反馈过程中同样要做到这一点。

销售教练要尽可能地通过提问的方式让销售人员认识到你们所讨论的情况，并从他的嘴里先说出来。开发式训练不是一触即发的，而是不断发展、具有策略性的；不能等到迫在眉睫再教急救方法，而是要通过循序渐进的方法逐步开发出销售人员的潜能。

（11）要注意语气

同样的文字内容使用不同的语气表达带给对方的感受是不同的，甚至对方（感受）的错误理解也会造成麻烦。销售管理者在面对销售人员时候的情绪、心理认定等都会有意、无意地表现出来，而且很多时候是通过语气表现出来的。这也是前面我们提到的开诚布公、真诚相待的根本。所以，如果作为教练正在气头上，带着情绪是不合适做教练工作的。

我最近在为一位销售管理者做辅导，4～5 周后（每周一次报告交流），他说了一个体会：我面对团队成员时最需要的就是控制自己的情绪，特别是兴奋的时候，要不然就会原形毕露，会直接对着他们指指点点，不仅没有办法调动他们的主动性，而且自己还费力不讨好。

（12）不要做信使

只要有可能，千万不要充当下属和第三方之间传递反馈信息的信使。当某位销售人员对某位同事抱怨的时候，最好的策略是鼓励他当面和对方交流。

错误的做法。

销售人员：老王这次报价又报高了，害得我们又丢了单子，最近这是第二次了。你一定要跟他说说。

销售经理：到底怎么回事？我会跟老王好好谈谈的，别担心，我会处理好的。

正确的做法。

销售人员：老王这次报价又报高了，害得我们又丢了单子，最近这是第二次了。你一定要跟他说说。

教练：这么听起来情况不太好，具体是怎么回事？你跟老王交流过了吗？

销售人员：我跟他谈没有用，他不会听我的，你知道的。

教练：那你是否跟他谈过这个情况呢？

销售人员：没，谈了也没用，你是领导，你应该跟他谈谈。

教练：你看这样行不行，在我跟他谈之前，你先把自己的想法告诉他，让他了解你的想法，以及他所造成的影响，然后我们再沟通。

……

（13）接受反馈

向销售人员反馈只是其中的一部分，还有一部分是接受销售人员的反馈。这部分更具有挑战性，当听到别人的反对意见的时候，大多数人的反应是自我防卫，而且由于不同意别人的意见，人们大多会在心里嘀咕：“他不懂、我有原因……”这种情况在双向反馈的过程中两方角色身上都会存在，而且销售教练接受反馈更具有挑战性。

为了更好地接受反馈，可以参考以下几点。

- 不要打断对方，先不要多做解释。
- 通过提问更好地了解问题，而不是急于解释和争辩。
- 做笔记。
- 向提供反馈者表示感谢。
- 反思反馈内容，而不是顾及颜面。
- 向上司、同事、销售人员主动要求反馈。

（14）反馈对话

很多销售管理者之所以能够坐到管理者的职位上是有他们的长处的，特别是很多销售管理者具有很强的目标感，很强势的性格。如果突然做反馈和训练，会不会让下属感觉到很突然，反倒使其不知所措？这时，可以先来进行“反馈对话”，让他们有个心理准备，告诉他们你会为其提供更多的反馈和训练，秉承“让对方先说”的原则，与他们一起建立反馈与接受反馈的氛围，这样能够减少他们的抵触情绪和不安。

7.1.3　开发式教练

琳达·理察森在其著作《完美销售教练：销售经理绝对提升指南》中给出了一套销售教练的模型，整个教练过程分为 5 大步，12 个小步骤，每个步骤都有着其必要的作用。接下来让我们来看看如何实施销售教练及其需要注意的地方。

1．建立关系、确立目标

一个有效的开场环节对于后面的沟通会起到促进的作用，教练过程是一个平等对话的过程，要让销售人员保持一个开放、轻松的状态，这样更有益于教练效果的显现。

（1）融洽关系

目的：轻松、愉快的环境，更利于教练效果的显现。

做法：和气待人、严肃论事；帮助销售人员、而非评价销售人员。

示例：小王，周末去哪里玩了？

问题：忽略融洽，单刀直入，造成对方的紧张感。

融洽关系是一个习惯性的动作，销售管理者应该有意识地从这个环节开始，慢慢地就会体验到融洽关系给教练对话带来的好处。这个过程不用太长，2～3 句对话直接转入到正式话题就好。

（2）阐明目的

目的：清晰的目的更利于沟通，减少对方不必要的担心。

做法：陈述目的、避免离题；不下结论、避免僵化。

示例：今天找你主要是想就 XXX 项目的情况与你进行交流。

问题：默认对方清楚目标，不去阐明，对方一直在揣测你的意图。

教练过程强调的是一次只做一件事，所以特别是在开场的时候不要把好几项工作放在一起和销售人员交流，这时销售人员会一头雾水，不知道你到底要跟他交流什么，心里就会不踏实，进而会采取一些防卫性的沟通举措。

2. 交换意见

（1）听取意见

目的：由于角色的关系，说话的顺序将决定对方说话的内容和思考。

做法：让销售人员先说。

示例：你先说说这个项目的情况和你的看法吧。

问题：自己铺垫，说的太多。

很多时候销售教练都是由销售经理和资深销售人员担任的，这种职位上的权威性对于沟通会有影响，如果销售教练先说，销售人员就会揣测销售教练的意图，会顺着销售教练的方向展开谈话，而不是表现出其全部的想法。这是销售教练过程中不应该发生的，了解不到销售人员更多的想法，就可能会把问题隐藏起来，销售教练的效果就无法得到更好的保障。

（2）给出意见

目的：让对方感觉到平等；反馈要具体。

做法：教练的双方是平等的，是双向的，倾听对方，倾听自己。

示例：类似的情况我之前也遇到过，当时的情况是……，我们在采取了……，最后那个项目……，你看这个做法对于你这个项目有什么帮助和借鉴吗？

问题：听到具体情况直接提出自己的意见，而不是交换意见。

交换意见是把自己的想法、看法与对方进行交换。由于销售管理者在销售方面的经验比较丰富，当听完销售人员的情况介绍之后，就容易进入直接给予答案的状态，“这个情况我觉得应该……（做）”，这样的情况还是好的，更甚者是上来就否定、批判对方的想法，然后给出自己的想法让对方直接去做。

我曾经辅导过一位优秀的销售人员，在不到一年的时间里，他把原来完不成 50% 销售任务的业务（范围），做到了翻倍的销售业绩。把这位销售人员从不了解客户行业，不懂产品的状态培养成优秀的销售人员，其中的一个关键就是我们能够充分地交流、交换意见和想法，甚至这位销售人员敢跟我拍桌子。正是这种充分、全面、深入的交流使销售人员能够看到更多、看得更深，加以实践，就能够快速成长。

3. 考虑可能的障碍

（1）销售人员对问题的分析

目的：让对方自己找到原因，比你告诉他一百遍都要强。

做法：聆听、了解、刨根问底；让销售人员自己找到原因。

示例：你觉得这种情况背后的原因是什么呢？

问题：急于说出自己的看法，倾听、提问不够充分，销售人员还没有来得及深入思考。

相比于销售管理者，销售人员在经验和能力方面不及销售管理者，这也是他们需要被辅导、培养的原因之一，所以进入到分析环节的时候要给予销售人员一定的时间去思考、分析，只有销售人员自己想明白才能真正地接受后面给出的建议；同时也能够培养销售人员的思维习惯。

往往从第（2）环节开始，作为销售教练的销售管理者就极容易进入到“自我表现”的阶段，会把自己的看法、分析、建议一股脑地倒给销售人员，这样就会完全失去了教练的意义和作用，销售管理者的“越俎代庖”就会使销售人员变懒、变惰，而且销售人员的想法、意见没有被听到，也使他感觉被忽视，会逐渐丧失工作的主动性和积极性。“反正我说了也白说，最后还是按照你的说法去办，那我还不如不说，反正最后责任由你来承担。”销售人员会这样想。

（2）你对问题的分析，并相互检验

目的：是加强、调整和优化，而不是强加。

做法：加强、调整、优化对方的看法；分享你的经验和意见。

示例：不错，看样子你对这个问题是思考过的，针对这个情况我分析原因是……，从你与客户直接接触的情况来看会不会有这种原因？

问题：经验主义、主观主义，急于说出你的经验和意见。

即便销售人员的分析是错误的、有偏差的，他能够说出来就是好事情，至少教练能够看到销售人员是如何想的，把背后的问题暴露出来，比直接掩盖问题要更容易解决问题。因此，在这个过程中我们要肯定的是销售人员思考的行为，要鼓励他们去思考，而不一定是鼓励他们思考的内容和方式。

在这个环节中，销售教练需要注意的还是不要将自己的想法、观点强加给销售人员。

在辅导一位销售人员的过程中，提到了给客户的报价，这个客户是第一次合作，销售人员说：准备给客户报 8.5 折的价格。我说：既然今后想长期合作，没必要报那么高，报 6.5 折就好，我的权限也能直接批。销售人员当时就应下了。以为这个事情销售人员接受了我的建议，可是下周一开例会，结果销售人员说的价格还是 8.5 折。当时我是一脸无奈，当时跟我们一起开会的技术支持工程师更是在那里捂着嘴笑。后来我在反思这件事情，问题的根本原因在于我并没有与销售人员说清楚自己的想法，与销售人员只是在表面上达成了共识，没有探寻销售人员的想法。

4．寻求解决之道

（1）销售建议解决之道

目的：让对方说出他的想法，逐步锻炼其思考能力。

做法：让销售人员先说；鼓励其发言、不计较对错。

示例：基于我们刚才的沟通，你觉得接下来要做什么才能更好地推进项目的销售进程。

问题：与上一步之间没有停顿，直接给出你的答案。

在辅导销售管理者和进行销售演练的过程中，这个环节几乎是所有销售管理者作为销售教练所能坚持到的最后一个环节，很多销售管理者在前面的环节中都在扮演销售教练的角色，而到这里就表现出了销售管理者的本色。这是因为销售管理者对销售教练所起到的作用还认识不足，销售管理者主要是为销售人员提供建议、指导和决策；销售教练主要是引导销售人员进行思考、自己找到问题、进行分析、制定方案，并将自己的想法、意见补充给销售人员。

（2）补充、调整、交换意见

目的：达成真正的共识。

做法：补充、调整，达成共识。

示例：看样子你的想法是针对……方面展开行动，那么在……方面是怎么考虑的呢？如果我们采取……这样的措施你觉得会起到什么样的作用呢？

问题：直接否定对方的想法，或者仅仅是口头上达成共识。

因为已经到了制定解决方案的环节，处于沟通的后半程了，有些销售人员可能一路“错”了下来，到这里销售管理者已经“忍无可忍”了，于是就会急躁地、迫不及待地否定对方的想法，将自己的想法强加到对方身上。作为制定解决方案的环节，在这一步是要制定出下一步销售行动策略（方案）的，销售教练和销售人员要对行动策略达成共识，在这里我们需要注意的是这个共识是真正的共识还是销售人员口头上答应的共识。这也是为什么接下来一步是“演练”的关键之一。

在销售管理者做销售教练模拟演练的过程中往往会忽略、忘记演练的环节，这个环节是非常重要的，是对前面环节有效性的校验。

在一次销售教练模拟演练中，我们提示教练要进行演练，结果不练不知道一练吓一跳。虽然，在演练前销售教练和销售人员（由其他销售管理者扮演）就沟通的内容、重点等达成了共识，销售人员向客户（由销售教练扮演）模拟实施刚才他们制定的行动策略的时候，我们惊讶地发现销售人员聚焦的重点和内容完全不是刚才他们达成共识的内容。事后我们询问“销售人员”为什么会这样？“销售人员”说：虽然刚才与销售教练沟通的时候，尽管他认同和接受和教练达成的共识，但是在脑海里自己的认识还是根深蒂固，并没有在认知层面与教练达成的共识。

（3）演练

目的：充分地准备将保证演练取得更好的效果。

做法：角色扮演、头脑风暴。

示例：非常高兴我们找到了解决方案，接下来我来扮演客户，我们演练一下，看看还有什么需要优化的地方。

问题：似乎很多人不喜欢做这个环节，觉得不习惯。

模拟演练是培养销售人员非常有效的方式，也能够更直接地展现销售人员拜访行为的有效性和具体（细节）表现，销售教练根据具体的情况和问题给予建议和指导。虽然，模拟演练是模拟，但是销售人员更容易在具体的（案例）情景下展现其本色，这也就能够观察销售人员是否真地理解了在教练过程中双方沟通的内容，是否真正理解了销售教练的意图。

5．付诸行动

（1）制定行动步骤

目的：明确的行动计划是对行动结果的保障。

做法：明确每一步行动，特别是关键步骤。

示例：非常不错，按照我们刚才制定的行动策略，接下来我们都需要做哪些工作呢，行动计划是什么？

问题：很多时候，想法出来了，就认为对方会做了。

要将行动策略落实到具体的行动中，在行动计划中一定要明确时间、地点、人物、预期取得的结果、需要的资源和支持。这样能够帮助销售人员描绘一份非常详细的行动地图，能够帮助销售人员全面、有效地展开销售行动，毕竟这个行动策略方案对于销售人员来说是新的、不熟悉的。

（2）总结

目的：对整个教练过程进行总结，首先请销售人员总结，其次销售教练进行总结。这是教练过程中的画龙点睛之笔。

做法：你说话的时候终于到了，要注意客观、平等。

示例：好的，对于这次沟通你能先做一个总结吗？你看到了、听到了、想到了什么，有什么收获？

教练：非常高兴我们能拥有刚才愉快的沟通，通过刚才的沟通我看到了你在……方面……，……

问题：很多时候我们认为解决办法有了就是结束了。

销售教练的目的不仅仅是就实际工作寻找行动策略（方案），更重要的目的是提升销售人员的行为能力，所以我们需要对教练过程做一个总结，这个总结过程也是一个意见交换的过程，在这个过程中销售人员和销售教练都要根据自己看到的、听到的、感受到的进行总结，并且交换意见，这样可以帮助双方互相看到自己。

（3）鼓励

目的：不管怎么样，鼓励总让人觉得暖乎乎的。

做法：鼓励很重要。

示例：非常不错，加油，相信你能行，等你的好消息。

问题：中国人似乎不习惯这种情感的表达方式。

我曾经辅导过的一位销售管理者跟我说：他原来的一位领导不知道学了什么课程，之后每次跟他们谈话结束后都会鼓励他们一下。

我问：那你们的感受如何呢？

销售经理：一开始觉得怪怪的，但是还是觉得感觉挺好的，很积极。

我问：那么现在呢，还有效果吗？

销售经理：现在虽然习惯了，但是听到鼓励还是觉得挺好的。

有意识地鼓励一下你团队中的成员，无论是不是在教练的时候，看看效果如何。

前文我们提到过一位优秀的销售人员，在不到一年的时间里，他把原来完不成50%销售任务的业务（范围），做到了翻倍的销售业绩。把这位销售人员从不了解客户行业，不懂产品的状态培养成优秀的销售人员。这个案例就是我们在迫于业务发展需求压力下培养销售人员成功的案例之一。当时我们面临着在区域内重点行业的销售方面无人可用的情况，我们只能想办法赶鸭子上架、边干边培养。我们按照图 7.4 的步骤展开了对销售人员的培养，很快他就快速地成长并拥有了不错的业绩。

- 入职培训，这种员工入职公司后靠常规培训是无法快速上手的，我们也曾经提到过入职培训最好先不要着急培训产品知识，而是培养销售人员如何挖掘客户需求。
- 办公室培训，在入职培训之后，我们针对这位销售人员展开了针对性极强的行业相关培训，几乎是填鸭式的培训，把我们能告诉他的全部告诉他了，不管他能不能接受，至少他脑子里有了一个印象。

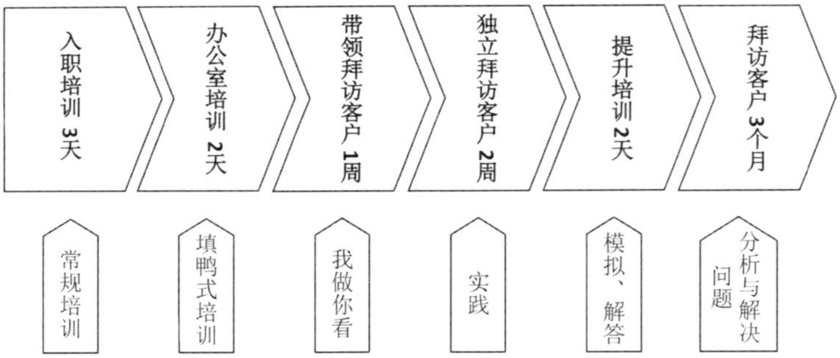

图 7.4

- 带领拜访客户，通过带着他拜访客户，我做他看，使他能够有直观的感受。
- 独立拜访客户，让他独立拜访客户，亲自感受拜访客户，暴露他存在的问题。
- 提升培训，我们特别邀请了产品经理和行业经理一同扮演客户向这个销售人员进行提问，进一步夯实了他的产品专业和客户行业专业，同时解决了一些销售专业的问题。
- 拜访客户，经过 3 个月的不断拜访客户，在拜访后教练、辅导、充分交流，使其在行业产品销售方面快速成长，并且取得了非常不错的销售业绩。

很多时候销售管理者觉得培养销售人员是一件费时费力、得不偿失的事情，甚至认为培养好了，销售人员跳槽了就白培养了。其实这种观点是错误的，与其总是没有合适的人可用，不如花上 3～4 个月的时间和精力培养一名销售人员，如果 3～4 个月还不能见成效，这名销售人员可培养的价值就值得考虑了。而且这样培养出来的销售人员的忠诚度及其产出的效益是依靠单纯的经济绩效激励所不能比拟的。

7.2　销售知识体系

一家公司的销售团队应该有适合公司销售业态的销售知识体系（特别是销售人员在 30 人以上的公司），而且这个知识体系不是掌握在培训部门、企业大学等机构中，而是在销售团队中。知识体系是为相应岗位的员工的行为能力提供支持的，离开了岗位行为结果的验证就失去了它的意义。所以，知识体系一定是岗位行为的指南，一定是根据战略目标要求和岗位发展不断完善的，一定是从实践中提炼出来，再反哺、助力实践的。

销售知识体系应该包含三个主要部分：销售方法、销售工具（包）、实际销售案例（见图 7.5）。

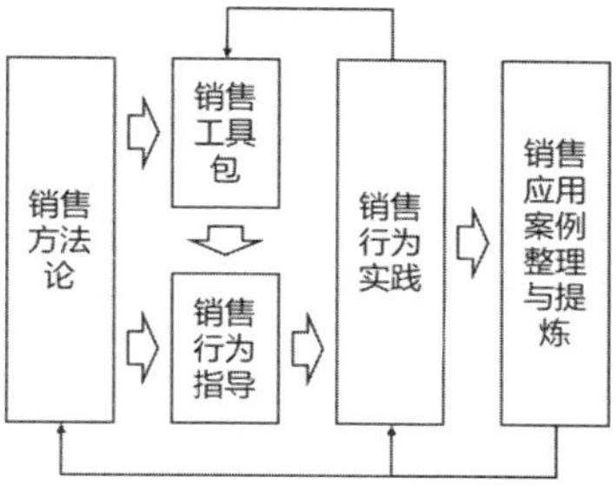

图 7.5

- 销售方法是销售人员的行为指南，近百年来国内外不乏优秀的销售方法，特别是国外优秀的、经过验证的销售方法比较多，如顾问式销售、解决方案式销售、挑战式销售等。每个方法论里都包含了很多的工具和方法，但是并不是每个方法论都一定适合你的公司，甚至没有一个方法论会完全适合你的公司。因为优秀的、得到传播的销售方法都是通过大量销售实践提炼、总结出来的，其通用性强的同时失去了适合具体企业的贴合性。

作为具体的企业需要选择合适的销售方法，结合企业实际情况，以现有的销售方法为框架基础，将其中的方法和工具具体化后落实到公司的实际业务当中。这也是为什么我们的销售知识体系会包括方法论、工具包、案例三个部分，工具包和案例就是方法论落实到具体业务的体现。对于一个企业而言，掌握和转化一套销售方法一开始还是存在一定难度的，因为大部分销售人员和销售管理人员都没有研究过销售方法，甚至也很少总结、提炼、升华他们优秀、丰富的销售经验。如果企业缺乏对销售方法的研究，建议可以请销售专家进行协助。同时，也不建议企业在没有销售方法指导、参照的情况下就展开销售经验的提炼和萃取，因为很多时候我们无法保证提炼出来的内容是否是合适的和正确的，这与提炼和萃取的方法无关，是参考标准的问题。

在了解了多个销售方法之后，就不难发现在这些销售方法背后还存在着更深层次的、相通的内容和逻辑，如心理学、逻辑学、沟通等。当然这些对于一家企业而言要求就更高了，没有必要一定去研究这个层面，当然也不乏IBM、施乐等公司基于这些开发了适合自己业务开展需求的销售方法。对于一般企业而言，将现有的经典销售课程移植、内化到企业内部就好了。

（1）销售工具包

销售工具包是优化销售人员日常销售行为的有效工具，虽然可能就是一个很简单的清单，但是能够给销售人员的工作行为起到提醒和参考的作用；也可以是一个很复杂的工具，如一个专用的APP，一套产品展示箱等。

根据很多经典的通用销售理论，结合企业的具体情况可以开发出很多供销售人员直接上手的工具，如未知信息清单，销售人员在拜访新客户的时候可以打印一份带在身边，在与客户交流的过程中，未知信息清单有助于销售人员检查是否全面地获取了应该获得信息。常见的工具主要有：

- 未知信息清单。
- 客户行动承诺清单。
- 组织研讨会。
- 提问清单。
- 客户常见顾虑、异议及其处理办法。
- 客户价值计算表。

……

我们在为销售人员提供销售工具的同时，还要培养销售人员的使用习惯，这非常重要，否则再好的工具不用也是白搭。

一个企业为了帮助销售人员更好地在客户那里展开销售工作，专门开发了一套计算工具，这套计算工具能够结合客户的业务情况，帮助客户分析，在使用了他们的产品之后能够产生的价值和收益。当时知道这个工具的时候，我眼前一亮，因为这是从客户业务角度出发的计算工具，其产生的价值和收益一定是客户关心的，对销售工作非常有帮助。可是我与销售人员聊天的时候发现，很多销售人员见客户的时候不带电脑，与客户聊起这套计算工具的时候会跟客户说：下次我带电脑来帮你算一下。

（1）应用案例

很多公司都会整理自己的产品和解决方案的应用案例，甚至将其印刷成彩页拿给客户看。可是大家想过吗，有多少客户会看这些资料，这些资料能给我们带来多少销售线索，这些资料能对我们的销售进程的推进起到多大的作用，销售案例正确的使用方式是在销售人员与客户交流的过程中适时地将方案讲给客户听。如果有宣传页那就拿出来，使客户有一种视听结合的体验。千万不要将宣传页放在客户桌子上说：有时间您看看。

针对实际销售案例的应用我们发现有两种情况存在。

- 很多公司没有整理过案例，很多在一个地区或者销售人员身上成功的案例，不能够被别的地区和销售人员借鉴和应用。
- 销售人员不会使用案例。销售人员在客户那里不是想不到案例，而是介绍案例的时候草草收场，让客户没有感觉到案例对他的帮助和价值。很多时候销售人员只是告诉客户，我们有跟你类似的案例，案例中的客户取得了成功。这个介绍过程缺少当前客户背景和案例客户背景的联系、缺少实际的数字和情况介绍、缺少客户具体的价值体现和数据，无法引发客户的欲望和增强客户的信任。

国内某个能源供应商，在青岛有一个工业园区能源综合应用的示范项目，很具有代表性。他们的销售人员几乎都知道这个案例，也会在客户面前提起这个案例，但是没有一个人能够说清楚这个示范项目的具体情况，这个项目产生了什么收益，给客户带来了哪些价值；好一点的结果是能够邀请客户去参观，起到一定的效果。

作为一个企业内部的销售知识体系要保证的是实用性和落地性，这就需要我们能够以销售业务目标（业绩）为根本出发点，基于销售任务做销售工作场景单元分解，梳理销售工作逻辑（过程）脉络图，充实销售工作知识（点），保证工作知识体系的全面性，不断更新自我认知，进而优化销售行为。

极少有企业能够在一开始就建立起自己的销售知识体系，因为缺少对销售理论和逻辑的研究，自己建立知识体系更多的时候是知识点的堆叠，缺少逻辑关系和销售知识体系与实际情况的联系。由于销售理论和底层逻辑的缺失，很多销售管理者只能看到问题的表象，却无法看到其深层次的原因。下面的内容是一位客户提出的一些培训需求。

① 关于营销基础理论。（此次培训为较高层级的营销管理人员，有必要进行专业理论的学习）。关于营销 4P–10P 理论架构。特别是在 PLACE、PUBLIC RELATIONS、PARTITIONING、PRIORITIZING、POSITONING 等方面能否结合案例来进行讲解（结合我司 2019 年营销工作的重点，多渠道开拓，公共关系的利用，市场细分，优先及定位方面）。

② 关于顾问式销售的技巧。可以以客户需求的市场营销 6C 理论为中心，挖掘客户视角的营销要素，同时在与客户建立交易时所需的谈判、协商的实战技巧。加强我公司销售人员自身的专业化素养。

③ 关于产业特点的经典案例。结合我公司产业化营销的要求，在汽车、化工、光电子、纸业等比较有代表性的行业中选取一些经典营销案例分享。增强营销管理者在

行业大客户开发时的综合判断和管理能力。

④ 关于营销方案的制定。我公司大客户营销中缺乏对专业方案的制作能力，可否展示在不同领域里大客户营销方案的样本，促进我公司在营销过程中的方案能力建设。

⑤ 关于传统营销模式与电商营销模式的分析。能否介绍一些行业在传统营销向电商营销成功转型的案例，同时讲解实际业务在电商营销中需要注意的关键点。

⑥ 关于建立产品组合的理论与实践。我公司产品品类逐渐增多，建议能够在产品组合营销方面给予专业的指导，特别是标准产品与特色产品如何融合销售，以发展我公司在传统业务范围外的端到端业务。

我们先不说客户的情况是怎样的，以及上述6点培训需求是否合适，至少客户是思考过其公司存在的情况和问题的，这是非常好的。即便这些要求全是对的、是需要的，那么如何把这些内容落实到企业内部呢？

任何一个知识体系都要为了企业战略服务，在销售体系搭建的过程中一定要有内部人员的参与，培养组织的自我造血能力，组织才能不断地、生生不息地发展起来，这个世界上没有万能的补药使组织瞬间强壮起来，所以企业在搭建销售体系和知识体系之初，可以引入外部专家结合企业的实际情况设逐步建设的路径。在互联网如此发达的今天，很多知识的获取是非常容易的，这时我们的重点并不在这些知识点上，更重要的是它们之间的联系、逻辑及其与实际情况的联系；并且通过外部专家的培养，企业内部人员能够自主分析、建立这些联系的能力，这就是我们说的组织的自我造血能力。

就上述6个需求来看，是很难在短时间内做到的，也是很难一下子被相关人员接受的。建立一个销售知识体系是需要有序推进的，过大的改变不仅仅无法带来销售体系的优化，甚至可能带来负面影响（相关人员接受度的问题）。

1. 根据战略，明确销售业态的具体形式

并不是所有的销售业态形式都适合公司的战略发展要求，如大订单销售和小单快跑两种不同的销售业态，无论是在销售行为能力，还是在销售人员素质的要求上差异还是很大的，只有明确了销售业态形式才能够明确与之匹配的销售方法和知识。

2. 根据销售业态的需求，明确相应的销售方法（论）

不同的销售方法落实到一个具体的企业和销售业态上的时候其适用性是不同的，也不太可能直接从销售理论的底层逻辑转化到企业销售行为实践中去，所以选取合适的、现成的、经过验证的销售方法是简单、快速的方法。

3. 结合销售团队现状，分析当前差距（问题），从迫切的、重要的问题入手

每家公司的情况和所面临的问题都是不同的，企业需要明确当前主要面临的问题，从迫切、重要的问题入手，尽快见效，这不仅仅对企业的业务发展有帮助，对销售体系建设和知识体系建设同样有帮助，大家都希望看到的好的结果，都愿意为好的结果付出努力。

4．基础行为能力和解决问题两手抓

仅仅是解决问题还不够，这只是权宜之计，就像给破衣服打补丁一样，一直在一味地解决问题，最后就是补丁摞补丁。所以，在解决问题的同时，销售管理者还要把销售人员的基础行为能力建设抓起来，打好基础，问题自然就会少了，在此基础上发展更高层次的行为能力也就容易了。

5．由销售管理者主导、销售人员参与，辅以外部专家支持，逐步完善销售知识体系

销售知识体系建设一定是由销售相关人员参与、主导的，其他人只是起到支持、配合、辅助作用。而且销售管理者作为公司销售体系中的中坚力量，其中坚价值所在就是对销售体系和知识体系能力要求和逻辑关系的掌握，销售管理者带领团队完成公司的业绩只是价值的表现形式，真正的内在价值是其所掌握的行为能力，而对销售体系能力要求和逻辑关系的掌握就是这个能力的“根”，也是销售体系自我造血能力的源泉。

7.3 没有一个销售理论完全适合你

在全球有很多很好的销售理论和方法，如顾问式销售、解决方案式销售、挑战式销售等；国内也有几位老师有着很好的销售理论建树，这些销售理论和方法对我们销售人员的销售工作都有着很大的帮助。

我经常看到一些朋友在寻找各种销售方法的资料，如 IBM 的 SSM（Signature Selling Method）等，并准备将这些销售方法引入到自己的公司当中。为自己的公司引入一套销售方法这个行为是对的，但是直接照搬、邯郸学步是不是对的是需要考虑的。在今天大家都在谈情景（场域）的时候，还不顾自身情景（场域）的具体情况引入各种方法论，这从一开始就埋下了隐患，不仅仅是情景，更重要的是基于情景（场域）而影响的每个人的心智模式决定了对于方法论的认识和接受程度。

之所以用“没有一个销售理论完全适合你”作为标题，原因有如下几个方面。

- 销售是一门实践的科学，任何一个销售理论必须是适合你的，适合的才是最好的，这是需要经过实践检验和调整的。
- 世界上没有任何两个一模一样的销售过程，这就需要我们的销售人员能够通过现象看本质，拨云见日，将表面现象背后的本质与销售理论的要素联系起来，这样销售理论才能够发挥作用。然而，大多数销售人员只能够看到销售过程的表面现象，如果仅仅将这些表面现象带入销售理论和方法中，可能从一开始就是错的，就像将豆油倒入汽车的油箱中。

- 很多销售理论在提出和设计的时候为了使销售人员更容易掌握和运用，设计了很多方法和套路，意图使销售人员将具体的销售过程情况套进来就能用，更容易上手。这样的模式看起来简单，但是容易出现邯郸学步的情况。所以我们主张从销售行为的基本理论出发，扎扎实实地提升销售行为能力，同时借鉴各个销售理论里的方法和工具，内化一套适合自己情况的销售理论和方法。

一个企业中的销售体系，需要有一套自己的销售理论、方法体系作为支撑，就像体操运动员一样，只有清楚地知道高分值的体操套路标准，他们才能够按照标准的要求优化他们的行为动作，销售人员亦是如此。

对于很多企业而言，很难像施乐、IBM 一样为销售体系打造一套属于自己销售业态的销售理论方法。但是利用现有的、广而周知的销售理论、方法、工具，结合销售工作中的基本理论，是能够内化出来一套适合自己企业销售业态的销售理论和方法的，这套理论、方法是要能够配合销售策略的实施、目标客户的需求、战略目标的达成而进行设计和内化的。

这个设计和内化的过程并不难，销售的基本理论知识、方法和各种销售方法就摆在那里，我们需要做的是将它们与销售实际工作的情况联系起来，让销售人员能够更快地上手。

在为企业培训的过程中，有一些客户会提出要求：希望培训能够在马上即将到来的业绩周期内产生效果。这是一个很有挑战的过程，意味着我们必须在培训过程中结合销售人员的实际工作情况联系相应的销售理论、知识和方法，这样才能够以最快的速度见到效果，才能够帮助销售人员一下子通过销售过程中的表象看到背后的理论联系，才能够使销售人员在理论联系实际的基础上进行举一反三的运用。

所以，我们采取了“案例+解析+点评+链接（延展）”的模式，请销售人员在培训过程中分享他们的实际销售经验案例（过程），只要描述案例过程情况就好；案例分享完成后，我们将和销售人员一起对案例进行深入了解和分析；然后老师再对案例给予点评和建议，并根据案例的情况讲解对应的销售理论、知识和方法，并做适当的延展，在帮助销售人员看到表象背后的内容和逻辑的同时，帮助其看到更多的相关的理论、知识和方法，从而使他们在后面即将开展的工作中能够得到更多的支持。这样一天课程下来，大家一起研讨 6～8 个案例，基本上就能够覆盖这个企业所需要的销售知识体系当中的 60%～70%的内容。这部分内容是以销售的实际工作为基础，生于销售实践，延展于销售理论、知识和方法，能够做到理论和实践相结合。这个过程基本上就是我们进行设计和内化企业自有的销售理论和方法的第一步，通过 2～3 次这样的过程，我们能够了解销售人员销售过程中常见的、典型的销售过程情况，并能够讲解这些销售情况背后相应的销售知识和理论（点），接下来我们需要将这些内容进行结构化梳理，反馈给销售人员进行实际工作的验证，优化后作为自有的销售理论体系，来支持销售人员的行为能力建设。（这个过程一般需要在销售经验比较丰富，销售知识和理论比较扎实的老师或引导者带领下才能完成，这个过程更关键的步骤在于点评和讲解，以及讲解后面可能的延展，这些才是销售知识体系需要的内容。仅仅对案例进行分享和解析更多的是量变，而在这里我们需要点评和讲解带来的质变，这个质变需要老师的引领。）

当然，在实施这个过程之前我们需要明确目前公司内销售人员的日常销售行为是能够符合销售策略需要的，在方向上是趋同的。作为有着大量销售实践的企业，其销售人员的日常销售行为和销售策略的需要在方向上基本上会是趋同的，否则他们的企业势必会遇到不可逾越的鸿沟。我们在做销售知识体系建设的时候需要注意以下几点。

- 明确销售策略及销售策略的要求。
- 优化销售人员的销售工作行为。
- 讲解各个销售工作行为背后的理论、知识，并做适当延展，以达到可复制的目的。
- 建立销售人员培养与辅导过程中销售工作行为动作的参考标准。
- 建立常见和典型销售过程中的主要场景，通过场景化的描述和模拟演练，为销售人员日后的销售过程和销售行为能力训练提供样板参考。
- 为帮助销售人员推进销售过程的销售案例、工具（包）提供相应的理论基础。

一家公司建立自己的销售知识、理论体系其实并不是一件难事，就像我们每个家庭利用自己的拿手菜搞一个“私房菜”一样，关键是利用现有的、成熟的销售理论、知识，结合企业自己实际销售情况和业态，构建出一套能够帮助、指导销售人员的理论知识体系，并通过销售人员的工作实践对这一理论知识体系进行检验和调整，配以企业的实际销售案例（不断进行更新），使销售人员参与到销售理论知识体系的建设、更新和完善的过程中来。销售人员不仅仅是学习者，也是参与者、分享者，这样才能够充分地做到实践和理论知识相结合，我们的销售理论知识才能够更有效地指导我们的销售实践工作，同时我们的销售实践工作也能够为销售理论知识的发展更新提供实际性的参考。

销售工作作为一门实践的科学，是建立在很多其他学科的基础之上的，我们只有对这些支持性的学科的理论知识充分了解才能够更好地展开销售培养与辅导工作，才能够拨云见日，使销售人员看到、感受到每个正确的销售行为背后的理论基础和来龙去脉，进而做到举一反三式的灵活运用。优秀的销售人员在实际的销售工作中能够根据自己的直觉和经验运用正确的销售行为，但是往往很难讲清楚其中的道理和原因，从而使这些优秀的经验只能被自己所用，很难被别人学会。一名合格的销售教练是能够通过销售人员的销售行为表现看到其背后的原因，并根据“事实-反映-联想-反应”的过程将这些销售过程中的基本理论结合实际销售工作，并对销售人员进行指导和帮助。这就是优秀的销售人员和销售教练的区别所在，优秀的销售人员会告诉你：遇到了这种情况，应该怎么做，而说不出这么做的原因。销售教练会告诉你：出现这种情况的原因，应该如何做，为什么这么做，还有哪些类似的情况或者需要注意的情况等。

为了给予销售人员更加有效的指导和帮助，需要销售管理者、销售教练对销售的基本理论有所了解和掌握。在这里销售基本理论的提法和很多其他销售理论并不同，大多数销售理论给予的是套路，而基本理论要求的是练习基本功，以不变应万变。就像在 SPI 的解决方案式销售理论中有一个工具叫作九宫格提问法（见图 7.6），这是一个很好地提问工具。

痛点	诊断原因	探究影响	设想愿景
开放型	R1	I1	C1
控制型	R2	I2	C2
确认型	R3	I3	C3

获得愿景

图 7.6

九宫格提问法是从客户的痛点开始，诊断痛点出现的原因，探究痛点给客户带来的的影响，设想痛点被解决之后的情况及对解决痛点方案的想法三个层面利用开放型、控制型和确认型三类问题与客户进行沟通，进而建立客户购买产品（服务）之后的愿景，有利于销售过程的推进。这样我们就需要利用 9 个，更准确地说是 9 类问题来与客户进行沟通。

我们在与提问相关的章节中介绍过一个案例，销售人员按照 R1、R2……C2、C3 的顺序进行提问。

我相信很多销售人员一开始都是照搬这个工具的顺序，这也是这个工具被简单化之后带来的问题，在我看来这个工具只是销售基本理论的一个逻辑关系的展示，这背后的销售基本理论都有哪些呢？让我们一起来看看。

（1）沟通

在这个工具里用到了三种类型的问题：开放型、控制型、确认型，其实就是两种沟通（提问）类型，开放型和封闭型；控制型问题是施加了一定限制条件、范围的开放型提问；确认型问题是封闭型提问。

我们在前面的章节中讲过，开放型问题是为了获取更多的信息，一般用于对话的前中期，封闭型的问题是为了与对方进行确认、明确一些信息，一般用于对话（阶段）的中后期，当获得了足够的信息形成了一定的判断和认识之后与对方就双方的观点、看法的一致性进行确认。

（2）心理

在这个工具中有三个层面：诊断原因、探究影响、设想愿景。这其实是人们常见的心理过程，就像我们去看病，首先医生要诊断病情，其次了解病情给你的工作和生活带来的影响，然后探讨治疗疾病的方案，有钱、好得快、痛苦小的，还是没钱、好得慢、痛苦大的，最后建立病愈的愿景。

我们再来看看雷克汉姆的 SPIN 法和这个心理过程也是一样的。SPIN 法是通过四类问题与客户进行沟通进而激发客户的采购欲望。

- ✓ S（Situation Question）：现状类问题，了解客户的现实状况，了解事实。
- ✓ P（Problem Question）：困难类问题，这些情况给客户带来的麻烦有哪些，在前面直接用诊断原因直接代替了 S、P 问题，这里还要注意这些问题包括没有达到预期的问题，以及期望更好的结果所带来的问题。
- ✓ I（Implication Question）：影响类问题，我们习惯称之为问题背后的问题，也就是当前这个问题可能带来更深、更大的问题和影响是什么，我们称这个过程叫作放大痛点。例如：你的手指破了个口子，要好好包扎和处理，否则伤口化脓会很麻烦的，会把手指截掉……，所以我们要用提问来让客户说出这些内容。
- ✓ N（Need-pay off Question）：需求-回报类问题，也就是问客户，您看如果这些问题能够得到解决，产品（服务）是不是您想要的，这些问题解决了能给您带来什么收益……

这些过程不是我们每个人正常的心理过程吗？只不过当销售人员面对客户的时候需要从对方的角度出发，去考虑对方是如何想的，他想要什么；其实客户的想法和我们是一样的，只是我们在面对客户的时候需要先从利他的角度出发，这不仅仅是探究对方心理的过程，同时也是探究自我心理的过程，不是吗？

从上面的例子我们不难看出，沟通和心理是销售人员的两大基本技能。不论是销售人员与客户沟通，还是销售管理者与销售人员沟通，沟通和心理都是支撑其过程有效性的两大基础能力。而且沟通和心理两者之间本身就存在着极强的关联性，在沟通过程中的认知就是我们每个人的心理建设过程，倾听、提问、表达的方式和效果就体现了我们的认知层次和认知角度。在销售和销售管理过程中我们就是需要利用沟通的方式了解对方的心理动态、行为背后的动机，只有这样才能够引导对方与我们一起达成有利于我们的共识。

支撑、充实一个销售理论知识体系的除了销售方面的内容外，还需要另外两个专业的支持——产品（服务）专业和客户行业的专业。这三个专业是一名优秀的销售人员必备的专业。

销售理论和方法要支持销售策略的实施和达成，要满足目标客户群体的需求，所以一套销售理论和方法不是凭空诞生的，其需要在目标客户群体和销售策略的指导下，进行设计和内化。这就需要我们在建立自己的销售理论、知识体系的时候注意以下几点。

- 从目标客户需求的角度出发，这就要求新的销售人员在入职培训时首先要学会的是如何挖掘、分析客户需求，而不是介绍自家的产品。

- 加强产品与客户需求的关联性和实证性，讲清楚产品是如何满足客户需求的，能证明产品是如何实现客户价值的，我们经常问销售人员，你有具体的案例可以佐证你的说法吗？销售人员回答有，但是却无法讲清楚具体的案例，这就是平时对产品（案例）与客户需求关联性和实证性工作做得不充分。
- 销售专业沟通、辅导、培养深入化，不要仅仅停留在见招拆招的层面上，要使销售人员更加清楚地知道为什么要用这些方法，这就需要我们从更深入的层次给予销售人员辅导，而不是仅仅停留在行为（言行）层面，使其知其然，更知其所以然。
- 要保证销售理论、知识体系对战略目标和销售策略达成的支持性和可验证性，任何一个销售理论都是需要经过大量的实践去验证的，否则说一套、做一套，再好的理论也没有作用。

这也是为什么我们很多企业开设了很多销售类的课程，可是销售人员的行为能力提升效果不明显的原因。按照克里斯•阿吉里斯对于组织学习的研究，人们在学习和工作的时候会运用两套理论，一套是名义理论，一套是践行理论。名义理论可能是大家都觉得好的，但是回到具体工作中他还是采用他习惯的那套方法去做，这就是践行理论。这也是为什么我们的培训很难转化落地、取得好的效果的原因所在，不是我们的课程不好，是我们的课程与销售人员的实际工作联系不够紧密。课堂式的培训形式不足以支撑销售人员在实际工作中的尝试、转化和落地。

之所以我们提出企业要有自己的销售理论、知识体系的另外一个原因就是让销售管理者和销售教练能够根据自己企业的销售实际情况去建设理论、知识体系，这样才能在工作实践中给予销售人员适时、适合的指导和帮助。

我们的企业不是用来展开学习活动的，尽管学习是未来企业发展的核心能力，我们的企业是为了达成战略目标而开展业务的。这也就要求我们的学习是能够内化在业务发展过程中的。针对合适的人员，在合适的时候引入适合的外部学习资源是必要的，但是更重要的是在企业内部如何开展能够伴随着业务需求发展的学习支持，那么这种支持一定是需要基础支撑的，这就是要有适合自己的销售理论、知识体系，要有合适的学习形式——合适的人员（销售管理者、销售教练）在工作中按照当时的具体情况及时实施学习的行为。

7.4 场景化

伴随着移动互联网和 AR 的发展，场景化这个词被频繁地提起。但是场景化并不是移动互联网或者 AR 时代的产物，只是因为移动互联网和 AR 更有助于构建我们想要的场景而已。场景化在我们的工作和生活中是无处不在的，无论互联网还是我们的销售工作都想通过营造相应的场景来推进过程的发展，以实现我们的目标。

那么什么是场景化呢？当我们看到、听到、触摸到的事物，在大脑中建立了映像之后，进而做出的反应性言行，这个过程就是场景化。这个过程也就是我们在前面提到的认知产生和建立的过程："事实（选择）——反映（定义）——联想（假设）——反应（行动）"。

销售人员需要营造这样的场景，使我们的客户看到、听到、触摸到之后，通过他们在大脑中建立的映象和与他们的认知链接，能够使客户产生有利于采购的反应性言行。我们希望通过场景的营造做到以下几点。

- 事实（选择）——使客户看到、听到、感受到他所关心的、关注的事实。
- 反映（定义）——使客户认识到我们提供的内容与他们的情况和问题有关系。
- 联想（假设）——使客户能够想到问题解决后的景象、我们能够给他们带来的收益，乃至能够给客户的客户带来的价值等。
- 反应（行动）——使客户对我们的产品、服务产生兴趣、进一步了解产品、服务、提出意见。

例如，我们在向客户做自我介绍的时候，我们希望营造一个场景，希望能够达到客户能够一次记住我们的效果，因为我们的客户每天见的销售人员太多了，他们很难在销售人员进行普通的自我介绍的场景下记住我们。

我们需要营造一个与众不同的自我介绍内容的信息（事实），如我叫潘桃，我属猴。这样的信息会使客户注意到他不熟悉的事实（选择），就会在脑海里产生一个反映——猴子（孙悟空）、蟠桃会，然后就会产生一个联想——孙悟空大闹蟠桃会，进而能够更好地记住你的名字。

如果我们还是传统式的自我介绍会怎么样呢？这时候客户脑海里的反映是：又一个新来的销售人员找我了，联想是：他想向我推销他们的产品，行动是：看看他们是做什么产品的吧，不知道对我有没有帮助。这样的自我介绍场景产生的效果是使客户进入了他熟悉的模式，其产生的行动和面对大多数销售人员一样——聊聊看吧。

因此，我们在营造一个场景的时候，首先要明确的是这个场景要达到的目的，也就是要取得什么样的效果，这个效果对我们的销售进程的推进会起到怎样的作用。

接下来我们要考虑提供给客户的事实如何能够影响客户的选择，使其可能产生我们期望的行动。这个部分非常关键，如你跟客户讲：我们的产品在 XXX 客户那里得到了认可并被大量应用。这时候客户回答你：XXX 公司跟我们没法比，在我们这个行业里也就是一个二流公司，从来都是他们跟着我们学。想想看，本来想通过同行业客户的应用案例使客户对我们的产品产生兴趣，结果没想到适得其反，这就是一个失败的场景营造。

在我们抛出去营造场景的事实之后，我们需要与客户进行沟通并确认以下内容。

- 这些事实是否引起了客户的关注，他们对哪部分比较感兴趣？

- 这些内容在他们的脑海里的映像是怎样的？
- 这些事实使他们想到了什么，他们脑海里对这些事实产生了怎样的既有认识（假设）？
- 他们的反应性的言行是什么，是否达到了我们营造场景的目的？
- 客户表现出来的反应性言行和我们期望的效果之间的差距有哪些，接下来我们应该怎么做？

在我们的销售过程中就是通过这样一个一个的场景营造推进销售进程的。在这个过程中我们需要不停地就上面几个问题在每个场景过程中向自己提问，以使我们尽可能取得场景所要达到的效果。

通过场景化的实践和演练，销售过程中的场景营造具有如下作用。

- 可以使我们通过场景营造取得的良好效果，更好地推进销售进程。
- 通过对场景化的设计、演练和预估能使我们更好地面对销售过程中的各种情况，并做出与之相应的恰当的反应（言行准备），而不是在面对客户的反应时不知如何是好。
- 场景化是我们平时进行销售人员培养与辅导（模拟拜访客户演练）的有效脚本，能够帮助我们熟悉和固化相应的销售行为。
- 通过对场景的研究、演练能够帮助销售人员更深入地看到销售过程中自己和客户的各种行为表现背后的逻辑和意图，进而能够快速地帮助销售人员通过现象看本质，提升销售行为的有效性。

因此我们需要销售人员进行一定数量的场景模拟演练，使销售人员熟悉、固化在各种常见和典型场景中应该做出的正确反应（言行），并通过模拟演练让销售人员针对客户的情况进行交流、剖析，使每个人的经验能够被他人借鉴，达到 1+1>2 的效果，这就需要我们在设计一个场景的时候需要注意以下几点。

- 场景表现出来的事实情节要从客户角度出发，要给客户带来好的、熟悉的体验，避免将客户带入对事实（信息）麻木的状况。
- 尽可能与客户关心的、关注的、客户的利益和价值联系起来，特别是客户的个人利益，能说的一定要说出来，不要以为客户（会）明白。
- 要对场景过程中客户可能的反应、联想有充分、全面的认识，并对于客户各种可能的反应预设相应的回应性行动（言行），以增强场景化的效果或者避免、减少损失。
- 一个场景就是一个“事实-反映-反应”的过程，一次拜访客户的过程中需要多个场景的连续推进，我们在制定客户拜访目标的时候要对可能发生的场景及场景之间的联系有预判和准备。
- 对于常见的、典型的场景要经常模拟演练，达到销售人员在真正面对客户的时候，遇到类似的场景能够形成下意识反应的效果。

场景化的模拟演练是销售管理者帮助销售人员提升、优化销售行为能力比较好的办法之一。通过场景化的模拟演练能够使销售人员通过自己的真实表现看到问题所在，能够使销售人员通过别人的表现联系到自己的实际情况，能够使销售人员将实际的销售行为与销售知识、理论进行联系，并对销售行为做出相应的优化和调整（当然这需要销售教练的帮助）。没有一个销售过程是完美无缺的，没有一个客户在拒绝你之前会让你感觉到自己的销售行为能力有问题，没有什么一招制敌、业绩倍增的绝技，销售就是一个不断精进的过程，销售管理者要帮助自己团队的成员不断精进，任何的销售辅导与培养都是为了帮助销售人员奠定更好的销售行为能力基础，利用更加优秀的销售行为表现去获取更多的目标订单。同时我们更需要看到，我们在管理销售团队、辅导销售人员的时候也是场景化的展现和实施。

7.5　销售案例

在企业中几乎每天都产生着大量的销售实际案例，在这些案例中有成功的、失败的，如果能够经过复盘、总结，这些案例的价值将是非常大的，然而在我们的很多企业中这些案例的价值却被浪费了。一个案例应该至少在以下几个方面发挥着作用。

- 对市场营销、拓展商机起到作用。一个好的市场应用案例能够给行业类客户或者存在同样问题的客户带来很好的参考，能够帮助销售人员挖掘更多的销售线索。

翻翻我们各家公司的宣传样本，其中有多少是从客户角度、客户的问题、客户的行业特点出发编撰的？营销就是为了好卖，是为了创造更多的商机，就相当于钓鱼下窝子，目的是让鱼都游过来，至于上钩（卖好）那是销售人员的事情，当然如果能通过营销直接上钩那就更好了。

- 对于在销售过程中向客户提供证明有很大的帮助。如果一家企业的产品在行业中有着 20 年的应用经验和具体应用（客户）场景，而另外一家是只有不到 5 年的应用经验的企业，假如你是客户，你会做出怎样的选择？

然而我们看到的情况是很多销售人员在向客户介绍产品时，知道有实际应用的案例，却无法说出具体情况，无法使客户信服。

- 对于企业内部销售人员之间沟通、分享销售经验有很大的帮助。销售过程的具体情景、销售过程中发生的情况和问题，销售人员当时对局面的分析，销售过程中人和事的发展动态及关系，案例中涉及的销售理论和知识，今后可被借鉴、利用的内容等，对于一个企业内部的销售人员而言这些都是极具价值的，都是能够激发他们的“反映-反应”的；这种反映-反应在每个销售人员脑海中的不同恰恰是销售人员之间应该交流探讨的地方，恰恰是销售人员销售行为能力差异产生的地方。

现在很多公司内部都开展了案例分享的活动，甚至做到了定期化、规程化，然而取得的效果却各不相同，为什么会出现这种情况呢？

- 缺少规范化的案例整理模板，很多案例在整理、分享的过程中是从销售人员的主观感受出发，提供的案例的事实信息比较片面，更多的停留在案例表现出来的情况层面，缺少深入的探究。
- 因为讨论引导的流程缺失，不能够形成有效的讨论环节，失去了内部案例分享最大的作用；甚至很多时候讨论流于形式，当人们发现讨论这个问题可能暴露自己的缺点和不足的时候他会选择不发言。
- 案例讨论缺少销售理论、知识的讲解，缺少系统化的总结，这样就没有起到案例分享的效果。

现在有的企业尝试从优秀销售人员的工作和案例中萃取好的销售经验，然后在团队内部进行复制；这个动作是对的，然而这只是第一步，缺少对好的经验的总结和与销售理论和知识的讲解，这种经验永远属于优秀销售人员个人，萃取只不过使它们凸显出来、显性化而已。

从上面销售经验案例的三个作用，我们不难看出，这三个作用与我们前面提到的优秀销售人员必备的三个专业——客户行业专业、产品专业、销售专业正好是对位的。这也恰恰说明了销售案例要在三个方面对销售过程起到辅助作用，也就意味着针对同一个销售过程可能要写出三种销售案例，分别用于市场营销、客户证明和销售经验交流。鉴于本书主要讨论的是有关销售管理的内容，我们在此主要讨论用于销售经验交流的案例。

7.5.1 【销售经验交流】案例的撰写

一个能够有效用于销售经验交流的案例应该包括以下几方面内容。

- 案例发生的背景，这其中包括宏观层面的政策因素，行业情况等，也包括这个案例中企业和客户的具体情况。
- 案例中的重要部分，在一个销售过程中会发生很多情况，但并不是所有的情况对于销售过程的推进都有帮助或者阻碍，很多情况可能只是发生了，但对销售过程并没有任何影响，所以我们要更加关注的是对于销售过程有推进和阻碍作用的重要部分。
- 遇到的困难和问题，这部分是案例中的重中之重，也是案例中容易产生借鉴价值的地方；这其中包括来自客户和企业内部的困难和问题，也包括解决了的问题和没有解决的问题，对于没有解决的问题，如果能够被解决，那么对其可能产生的效果也要做出判断。

- 目标和标准，这里主要指的是客户的目标和标准，在此有一个假设：如果不符合你的销售目标和标准，这个销售过程就不会发生，这个案例也就不会被拿出来分享、交流；这一部分主要是让我们从客户角度进行思考。
  - ✓ 客户的采购目标和标准。
  - ✓ 客户的采购流程和决策流程。
  - ✓ 客户关注的重点。
  - ✓ 卖方是否能够影响客户的目标和标准，是怎么影响的？
- 客户角色，目标和标准主要指的是销售过程中“事”的因素，客户角色主要是用来分析销售过程中“人”的因素，因为对于大多数销售过程而言，人的因素是销售结果的决定性因素；这其中包括以下几个方面。
  - ✓ 客户方都有哪些人参与了这次采购过程，他们的职务、采购角色和作用（决策权重）是怎样的？
  - ✓ 客户方相关人员的（利益）关注重点、个人利益诉求是什么？
  - ✓ 客户方相关人员之间的关系是什么样的，他们与销售人员的关系远近程度是怎样的？

针对客户角色我们可以利用“客户角色 8 要素（表格）、客户关系分析图”等工具进行进一步的分析，看清销售进程中人际关系的态势。

- 决策，在销售过程中我们都做出了哪些决策，决策所针对的情况和问题有哪些，决策内容是什么，决策执行的结果如何？了解这些的目的在于分析销售行为和行动策略的有效性。
- 结果和总结，本次销售的最终结果是什么，产生这样结果的原因是什么？请当事人对这次销售过程做一个总结。

在销售案例撰写的过程中，我们不要求案例的文辞华丽，尽可能要求案例撰写的完整性和真实性，最好在撰写的过程中除了案主本人，还有别人能够参与到撰写案例的过程中，这样可以更好地规避销售人员对销售过程中情况的主观认识的问题。

7.5.2　【销售交流】案例研讨

销售案例的撰写不仅仅是让我们的销售过程和经验停留在纸面上，更重要的是把我们总结出来的经验和销售行为背后的销售理论落实到更多销售人员的实际销售工作中，使更多的销售人员能够在日后的销售工作中得以借鉴和复制。这就需要销售管理者针对撰写出来的销售案例进行交流、分享，使更多的销售人员从中受益。为什么我们这么大力推崇企业内部销售案例的交流，就是因为企业内部销售案例的情况是最能够直接与每个销售人员的利益联系起来的，是每个销售人员最熟悉的场景和情况，是最直接的能够帮助销售人员在日后的工作中快速提升的活动。

在销售案例的讨论与交流的过程中，我们要能够充分利用与销售人员利益相关性的特点，利用合适的研讨流程组织活动，在这个过程中我们需要注意以下几点。

- 要突出案例讨论与交流给所有销售人员带来的**好处**，这一点尤为重要，人们更愿意为对自己有好处的事情投入更多的精力。
- 在案例讨论和交流伊始，就要向参与者明确**交流的目的和所要达到的程度**，如今天我们就 XXX 客户的案例进行交流，希望通过大家的交流讨论能够使我们对这种类型的客户有一个更全面的了解，能够总结出这种类型客户的特点及我们与之匹配的销售行为，探讨案例中客户行为表现背后的动机和成因，优化解决方案，以便于大家在日后工作中遇到类似的客户能够更加从容、有效地应对。
- 要在开始阶段明确阐述讨论和交流的规则，最好能够将规用海报展示或者写在白板上，这样能够随时提醒大家讨论的规则是什么，这个非常重要，我们的讨论和交流要能够充分地让大家互相看到各自的认识和观点，无论这些认识和观点是对还是错，质量如何。只有这些观点浮现出来，被听到、看到才能够使每个人看到针对同一个事物的不同认识以及他们之间的差距，只有看到这些差距才会引发每个人的思考。而不是被上级或者是某个人强行灌输某些认识，将交流和讨论变成了“要我做……”一场真正的交流和讨论所要做到的是通过每个人充分的交流后，主动说出：“今后，我要做……”

这就需要我们在讨论和交流过程中注意以下几点。

- ✓ 利用提问调动大家发言的积极性。
- ✓ 利用发言球等工具组织发言的顺序。
- ✓ 在鼓励大家发言前，给予大家一定的时间进行个人的独立思考，这样才能够提升的发言内容质量。
- ✓ 在不发生人身攻击、不跑题的前提下支持激烈的讨论。
- ✓ 鼓励大家多用提问的方式参与交流和讨论。
- ✓ 当争执不下的时候，先搁置己见，倾听新的观点和看法。
- ✓ 对于讨论过程给予适当的干预（注意不是控制）以促使讨论更加顺利地进行。

- 在交流的过程中，相关人员要随时记录，一方面是讨论和交流的整体过程的记录，特别是大家发言过程中的要点记录（要尊重发言者的原有用语）；在小组讨论过程中也要注意及时进行记录，这样一方面便于后面的总结回顾，另一方面便于其他小组的人进行浏览；根据讨论的进程，阶段性地展示讨论的结果，并将其张贴在墙上。
- 如果销售管理者参与讨论或者作为讨论的引导者，要注意自己的职务角色对讨论产生的负面影响。这种讨论的根本旨在提高销售人员的行为能力，结合案例的形式是为了让销售人员更加贴近实际的工作情况，将其在实际工作中的想法和思考展现出来，这样我们才能更清楚地看到销售人员的情况（现状），才能够给予更适合的指导和帮助。如果销售管理者的职务角色在讨论过程中过多地体现出来，可能会使销售人员进入到一种自我保护的状态，怕说错了什么得到领导不好的评价。这种行为是组织中常见的组织防卫行为，员工为了避免自己的损失，就会掩盖、掩饰自己真实的想法和言行，这就使我们的活动陷入一种困境。这时就需要销售管理者在讨论中让大家清楚地知道，自己的角色和所有的销售人员一样都是活动的参与者，对于讨论的判定原则是说了就是对的，内容无对错。（注意，包括日后也不能让销售人员感觉到秋后算账。）

如果销售管理者作为讨论的引导者，就需要不断地鼓励参与者发言，即便你认为刚才的发言是错误的，你不认同的，也不要给予评判，而是要鼓励更多的人去说，这时候你可以说：谢谢你的观点，让我们来看看别人是怎么想的？作为引导者的时候，销售管理者要能够保持中立的态度，不对发言内容的对错进行评判，尽可能通过讨论流程引导讨论的方向。如果实在需要进行观点的阐述，也要事先和参与者明确，这时你的角色是参与者而不是引导者。

7.5.3 【客户证明】案例的编写与应用

我们的企业不乏这样优秀的客户证明的案例。在一次课上，学员提到他们的产品检修时间比同类产品的检修时间能够节约一半，也就是一天。而且这一天的时间对于客户而言是能够直接产生经济效益和价值的。于是，我问他们：你们是否计算过一个具体的客户，1 天检修时间和 2 天的检修时间差异对他们的生产影响有多大，这一天的生产效益是多少？我得到的回答是：没有。

客户证明的案例应该属于销售工具的范畴，我们放到这里与大家一起讨论。

在与很多企业和销售人员交流的过程中，我发现一个很有意思的现象，很多人都知道这种客户证明类的案例对于推进销售进程会有一定程度的帮助，但是有很多人无法拿出具体的案例向客户讲述，涉及这部分的时候，销售人员更多讲述出来的是一个模糊的案例内容，很难使客户建立起一个客观的认识，案例对于销售过程的推进作用大大衰减。本节开始的案例是一个多么好的客户证明案例呀，如果整理出来在我们与客户交流的过程中展现给客户能够提高我们的效率，进而推进销售进程。那么这样的一个客户证明案例应该如何编写呢？

① 确定标题。标题要能够起到结论性的作用，而且必须是能够引起客户兴趣的。例如，上面的案例，我们就可以用“检修时间减半，生产效益十万”作为标题。从标题开始我们就需要注意一点，我们要从客户的角度出发，而不是只介绍自己的产品。

② 案例开头的概述。概述要描述客户的场景，以及在这个场景下客户遇到的问题和困难。争取在这个环节引起客户的共鸣，激发客户愿意继续探讨下去的兴趣。注意，

在概述的最后要描述问题解决后给客户带来的效益。

③ 从细节方面论述是如何实现效益的。例如，安全性、经济性等。需要强调的是在这一环节需要描述客户在这个过程中涉及相关人员的个人收益。

④ 概括性的总结。在总结中还是突出效益，这里最好能够用客户的话来进行描述，例如：这个设备每个月帮助我们节约了一天的检修时间，这一天给我们带来了十万元的生产收益，使我们的生产效率提升了 3%，……

我们在编写和使用客户证明案例的过程中还需要注意以下几点。

- 在编写和讲述的过程中一定要从客户的角度出发描述案例的过程和收益，要尽可能地使用客户的语言。
- 案例中的专业术语要准确，特别是客户行业的专业术语要准确、具体，专业性是建立客户信任最快的方法之一。
- 案例中的逻辑关系，特别是客户行业的专业逻辑关系要准确，不能出现漏洞，如果有创新的地方要能够说得清楚。
- 在案例中要尽可能地运用数字进行描述，这样会使案例看起来更加具体和生动。
- 不要造假。
- 客户证明案例最好在销售人员与客户面对面沟通的过程中使用，但同样需要将纸质或电子文档提供给客户，以便客户在内部进行交流。
- 销售人员在与客户沟通案例的时候，要注意观察客户对案例内容，特别是对细节内容的反应，挖掘客户感兴趣的点，千万不要像背书一样去交流。
- 在案例介绍完之后，要有意识地问一下客户：您觉得这个案例对于您现在的情况有什么帮助吗？

销售案例之于企业销售工作是非常有效的工具和证明。销售案例库是任何一个企业销售体系都应该具备并不断完善的；利用电子化、信息化和互联网化手段方便销售人员及时查询相关案例，甚至能通过手机将案例随时展示给客户。销售案例也是逐步完善销售知识体系的入口，每个销售案例背后都有很多销售知识点，通过销售案例能够挖掘、总结更加贴合企业销售业态需求的销售知识，然后将其用于销售人员的销售行动指导中。

7.6 销售培养机制

曾经我与一位朋友沟通他们公司 B2B 销售培养体系建设的问题，他们的公司是国内的行业巨头，甚至在世界范围内都是行业的巨头。由于公司销售业态比较多，每个销售业态中的销售人员也很多，我们在讨论的时候面临着师资力量和实施量与效果的矛盾的问题。当然像这么大的公司的销售培养体系搭建的确是困难的，甚至是独一无二的。但是无论公司大小，企业都应该拥有一套销售培养体系或者销售培养机制，这是销售体系自我造血功能正常的保障。

销售培养体系的建设不是销售课程的堆叠，更不是所谓分阶段的销售课程的堆叠。负责销售培养体系搭建和运营的相关人员必须懂销售的业务需求。一个有效的销售培养体系首先要考虑的是培养形式和内容的有效性。作为销售体系的一部分，销售培养体系必须要能够解决销售体系当中的问题——这就是如何优化销售人员的行为和销售管理行为。

一个销售培养体系不仅仅是上课，上课只是培养形式中的一种，更多的时候课程只是一套销售方法和理论的输入，在这之后还需要将相应的方法与公司的销售实际工作结合起来，内化到销售实践中，将其转化为能够帮助销售人员的有效方法。

一个企业想对精英销售人员展开两年的培养，这听起来是一个不错的事情。在看过培养计划之后，我立即感觉到这个计划的实施几乎无法取得任何效果，这样的培养项目的效果完全取决于被培养者的自驱力，也就是被培养者的积极性、主动性和他们的学习效率将决定培养效果，而不是通过培养过程带动被培养者取得预期的效果。

在为期两年的培养项目中，人力资源部门考虑到各地人员集中学习的费用等问题，安排了每年 2～3 次集中学习，每年基本上有 5～7 天课程，两年共 12 天课程。他们认为这种节点式的培训就能够达到人才培养的目的。这是很多人的逻辑——你学了就应该会，教给你就够了。其实不然，至少在销售人员的培养过程中不是这样的。

销售工作是一项实践性极强的工作，这就要求我们对销售人员的培养一定是“学中干，干中学”的过程。同时，无论是销售新人还是成熟的销售人员，在面对客户的时候对销售人员行为能力的要求都是全面的。从销售工作角度看，主要分为拜访客户和制定销售行动策略两个方面。这也就需要我们在培养销售人员的时候一定先要从拜访客户和销售行动策略两个方面为销售人员导入相应的理论知识（如《高效客户拜访》《策略销售》《解决方案销售》等课程）。在这个基础上，销售人员在实际工作中理论联系实际，不断地复盘、总结。在实践的过程中还有一个问题需要解决——销售人员如何进行复盘、总结，掌握这一能力的销售人员是很少的，这就需要他们的直属领导能够在实践工作中给予他们及时、合适的辅导。销售管理者在掌握拜访客户和销售策略两方面理论知识的同时，还需要掌握销售辅导的相应方法，这样才能采用正确的辅导方法和合适的销售理论知识辅导销售人员，才能够真正达到培养的目的。所以，这就需要我们在销售人员的培养过程中做到以下几点。

- 首先，针对销售人员和销售管理者导入拜访客户和制定销售行动策略的相关课程。
- 其次，针对销售管理者导入销售辅导的相关课程。
- 在前两者的基础上展开在实际工作中销售管理者对销售人员的在职培养。
- 根据典型销售周期的长短，组织销售管理者每隔 1～3 个月进行一次研讨，讨论培养过程中遇到的问题，并请外部专家给予建议。

- 组织销售人员每隔 1～3 个月进行一次复盘和总结，并根据情况做出相应的调整。

合适的内容、合适的形式、合适的过程是销售培养的关键。培养形式的设计需要相关人员明确企业中近期目标，参考企业销售团队现状、销售业态需求等情况，根本原则就是能够落地、见效，提升销售团队的行为能力。

图 7.7 是我们为一个客户制订的销售培养计划的初步构想，客户为了实现销售任务的达成，针对销售团队目前良莠不齐、基础薄弱的情况，在既有销售人员不变的情况下（销售人员年拜访客户次数是稀缺资源），我们建议客户从方向和方法两个角度展开培养工作。

（1）方向正确

要想更好地完成销售任务，首先要保证销售方向是正确的，并且将精力和时间投入到重要的方向上，方向不正确，再苦也无功。“目标市场分析、明确行动方向、优先规模客户、稳固基础行业、扩张行业范围”这些动作都是需要做的，并且需要进行阶段性复盘和调整。我们可以通过“销售策略工作坊”“复盘工作坊”等形式，由相关人员设计工作坊流程，引领参与者就相关目标展开讨论，面对实际情况制定可行的行动方案，从而进一步培养参与者的方向分析、判断、决策、调整能力。

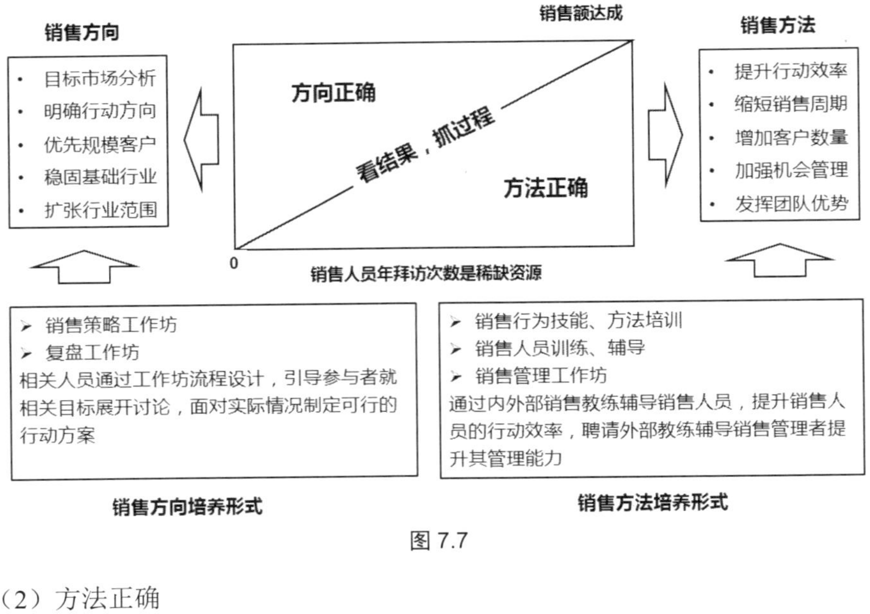

图 7.7

（2）方法正确

在方向正确的前提下，要尽可能地使用正确的方法，进而提升销售效率。销售人员拜访客户次数是稀缺资源，提升销售拜访效率和销售行动策略的有效性才能保证资源价值最大化。“提升行动效率、缩短销售周期、增加客户数量、加强机会管理、发挥团队优势”这些方法能够有效提升销售的效率。我们可以通过“销售行为技能、方法培训”“销售人员训练、辅导”“销售管理工作坊”等培养形式，提升销售人员行为效率；聘请外部教练辅导销售管理者，使其提升管理能力。

【重点回顾】

- 一个销售组织要有自己的销售辅导、培养体系和机制，保证销售团队行为能力的提升。
- 一个销售组织要有自己的销售知识体系，包括销售方法、销售工具包、产品知识、客户行业知识等。
- 最有效的销售辅导、培养方式就是 On Job Training，OJT 能够保证辅导和培养的时效性，使其直面刚刚发生的情况和问题。
- 每位销售管理者同时也应该是一名销售教练，作为销售教练所需要的行为能力、方式、方法与销售管理的日常行为能力是不同的，这需要销售管理者能够区分行事，并告知销售人员。
- 结合销售方法的销售工具开发和整理，对销售案例的整理和应用是一个销售组织快速成长的途径之一，它们更加贴近公司的情况和实践，更容易被销售人员理解和接受，并将其运用于销售实践中。

第 8 章　销售支持——销售绩效与管理

本章提要

作为结果导向的岗位，绩效是激发销售组织有效性的有力工具和方法。绩效的目的是调动销售人员的积极性，进而更好地达成组织目标。绩效并不是根据销售业绩结果发放提成、奖金这么简单；一个有效的绩效体系要能够支持战略目标的达成，要配合销售策略的实施和展开，促进销售体系的完善和发展；所以保证绩效体系的有效性，首先要从配合销售策略的销售团队构建开始，通过对销售结果指标、过程指标、行为指标的设置，充分调动销售人员的积极性，进而达到实现销售策略的目的。

绩效是针对销售团队和销售人员的，是为了能够更好地达成我们的战略目标的，不是用来惩罚销售人员的，我们期望在有效的绩效激励制度下销售人员能够创造出更好的效益。绩效的目标不仅仅是为了考核，更重要的是为了更好地优化销售人员的行为能力，使其符合组织战略发展的需求，这才是我们组织发展所需要的。绩效指标设定的根本目的是提高销售人员的销售行为效率，如果不能明确绩效指标所能引发的行为改变是什么，那就是无效的绩效指标。

对于销售团队而言，其绩效管理是以达成组织战略目标为方向和目的的，以销售团队结构和职能为基础，结果指标为主、过程指标为辅，在保障组织利润需求的前提下进行设计、实施的。在很多公司里，绩效是基于岗位（职责）进行设定的，这是没有问题的，对于与销售相关的岗位来说也是这样。这就需要我们明确销售团队的岗位（职责）和销售团队的结构。

一个销售团队的结构就像一支部队的配置一样，不是一个销售管理者招聘几个销售人员那么简单，如图 8.1 所示。

- 我们需要明确组织的战略意图，并根据战略目标制定相应的销售策略。
- 根据销售策略中的团队目标制定销售团队目标。
- 根据销售团队目标和目前组织的现状，设计销售团队结构，明确团队中各个岗位的职责。
- 依据岗位职责招聘相关人员。

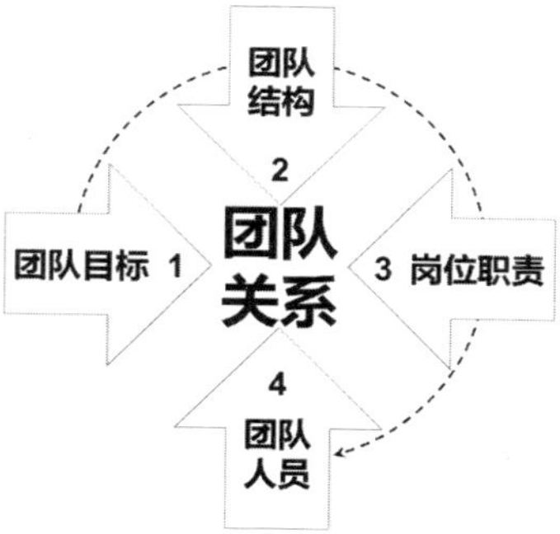

图 8.1

有一位销售团队的管理者与我讨论他们团队的情况，他提出想让团队的销售人员互相组合，搭伴儿开展销售工作。

我问道：为什么要搭伴儿呢？两个相同职责的销售人员搭伴儿会降低销售工作的效率。

销售经理回答道：有的销售人员开拓能力特别强，但是技术能力不行；有的销售人员技术能力比较强，开拓能力不足；所以想让他们组合在一起。

我继续问道：那么团队中有多少人技术能力强，多少人需要技术支持呢？

销售经理道：其实就一个人技术能力强，其他人都需要技术支持。

我继续说：你的想法是好的，但是组合并不是两两搭伴儿那么简单，为什么不考虑直接把技术能力强的销售人员调整为技术支持人员，为其他销售人员提供技术支持，将他的销售任务分派给其他销售人员呢？

既然销售团队的业务需求需要比较强的技术支持，直接在团队中设立技术支持的职能对销售工作自然是有帮助的，如果技术支持岗位的人员对销售工作有着深刻的理解，那么一定会为销售人员提供更好的技术支持。

销售团队的构成和销售人员行为能力要为目标市场和客户的需求服务，是以我们的目标客户为中心的。通常，我们在调整销售团队结构的时候，选用销售人员的时候，会考虑到既有的销售人员和团队的情况，这是没有错的，但是这绝对不是阻碍变革的难点所在。我们需要清楚地认识到所有销售人员和他们的销售团队都是为了达成企业战略目标而服务的，都是要以目标客户为中心的，都是为了满足销售策略需求而变革的。

当然，我们并不是毫无顾忌地在销售团队中进行变革，在我们进行销售团队变革之前需要设立这次变革的底线和原则。例如，在原有业务团队不变的情况下，设立新的销售团队去开拓新的业务；在保证基础销售额不受影响的情况下，加强新业务的开拓力度，增加目标客户的拜访次数和频率等。

无论我们的销售团队是否变革，我们都需要清楚地知道销售团队结构和销售人员行为能力是为了达成我们的销售策略而存在的，我们的销售策略是为了达成战略目标、服务目标客户而制定的。我们不能保证销售策略和销售团队结构的绝对正确性，但是我们需要通过不断的优化来促使我们的销售策略和团队结构能够更好地支持战略目标的达成。

当我们需要进行变革的时候，无论什么样子、什么程度、涉及谁的变革都会遇到相应的阻碍，克里斯▪阿吉里斯称之为组织防卫。也就是说与变革相关的利益者在没有搞清楚利弊之前，首先做出的是防卫性的行为和行动，接着的就是对变革的抵触，使管理者无计可施、感到无奈，甚至可能导致变革的失败。

这就要求我们在做变革实施之前要让每一位与变革有关系的利益相关者清楚我们进行变革的目的，明晰变革成功后可能带来的收益和愿景。使这些利益相关者的心理状态从“我要被干（掉）”转变为“我要干”。甚至这些利益相关者可能包括一些企业外部的人员，如客户、供应商、合作伙伴等。我们需要做的是疏导变革可能遇到的阻力，缓解变革过程中每个人承担的压力，看到所有的变革利益相关者可能的认知和想法，只有这样我们才能够保证我们将要实施的销售策略能够落地。

任何一项变革或者是绩效（制度、机制）改变都会受到来自利益相关者的反对，甚至有一些假的声音，因为并不是每一个人在一开始的时候就能够跟我们站到同一个认知的出发点上。

我们曾经帮助过一个销售团队进行绩效制度改革，为了激发销售人员的积极性，我们设计了个人绩效考核制度，同时也取消了一些原有的绩效激励制度，如每天 100 元的外出拜访补贴。尽管如果销售人员能够完成任务，将在年底能够拿到比原来年收入翻倍的收入，在分配销售目标和任务的时候还是遇到了助力，每位销售人员都想拿更少的任务，每个人都想保留原来对他们利好的那些政策。一年之后，绝大部分销售人员挣得盆满钵满之后，我私下里问一些销售人员：你们明知道当时的销售任务和那些取消的政策是不可能争取回来的，而且也没有多少钱，为什么当时还坚持呢？他们的回答很实际：虽然我们心里有数，也算过，新制度下我们的收入会大幅提升，而且对于多数人来说可达成度也比较高，但是原来那些对我们有利的政策我们也不想放弃，所以我们想争取一下，但并没有坚持，因为我们看到了更大的利益。

无论什么样的销售团队结构变革和绩效制度的改变，每位销售人员都能比制定这些变革措施的人更清楚、细致地分析出对他的利弊，并提出他们的意见乃至抗议的言行。这是因为变革措施的制定者和变革措施的利益相关者所站的角度是不同的，这就需要我们在制定销售策略、团队结构的时候，在保证能够对达成战略目标支持的基础上，结合当前销售团队、销售人员的情况，要在保证组织利益的前提下更好地兼顾个人利益，这样才能够保证销售策略的有效实施。

在销售团队结构设计过程中我们需要清楚地认识到我们需要发挥的是团队的效用，而不是将一群很牛的销售人员聚集在一起。所以，对于销售团队而言，并不仅仅只有销售一个岗位，还包括售前技术支持、大客户销售人员、行业销售人员、商务支持、方案专家等。我们要根据销售策略、销售业态、销售团队现状、可用候选人情况来确定岗位，在设计销售团队结构的时候切忌以下几点。

（1）有岗无人

相关人员在销售团队结构中设计了相应的岗位，在岗人员如果能够完成岗位职责，对业务发展有着很好的推动效果，但是却迟迟无法找到合适的人。

在我从事销售工作和销售管理工作的时候，会不时接到猎头的电话，提供的职位是某某公司的行业经理、产品经理等，虽然职位一般，但是开出的待遇还是不错的。跟猎头细聊之后，我发现他很难为客户找到合适的人。我告诉猎头：这家公司虽然很有名，但是在这个行业或者产品上他们并没有优势，显然这是他们业务开拓的一个想法（策略），但是了解这个行业或产品了解的候选人是不会接这个职位的，因为这是一个坑；对这个行业或产品不了解的人接了这个职位能干好的可能性不大，毕竟行业（产品）的具体指向性太强了。（其实对于这种情况，公司应该在内部选择合适的人进行转岗）

（2）因人设岗

对于很多公司和老总们而言，找到一位优秀的销售人员是幸事，遇到一位优秀的销售人员恨不得马上将其收入麾下。往往会因为这个人设置专门的岗位，但是这时却会发现随着这位销售人员入职，自己的团队业绩却没有想象当中变得那么好，而且用不了多久这位销售人员或者团队原有的销售人员就会离职。

根据团队结构和岗位设置遇到一位优秀的销售人员自然是幸事，因人设岗往往会对团队带来负面影响。

（3）岗责不分

销售人员岗位职责划分不清，出现抢单、重复跑客户等情况，降低了销售人员的工作效率。很多管理者对此还乐此不疲，因为在他们眼里：不管你们怎么做，只要能够把单子拿回来就好，甚至还会出现销售团队管理者抢下属销售人员的订单、分割销售人员的销售收入等情况，搞得团队鸡飞狗跳。

这种情况往大方面说是组织文化的问题，健康的组织文化是可以促使组织健康、良性、长久的发展的；病态的组织文化，会为组织将来的发展埋下隐患。随着国内企业的发展，员工文化层次的提升，组织发展更加趋向面对更多的知性员工，对于知性员工的管理和调动他们的工作积极性，已经不是过去职能分工、流程管理能够做到的，在团队的建设过程中必须要考虑到人的因素。

（4）要求过高

当销售岗位要求过高的时候会出现两种情况，一是无人可用，二是销售人员拿不到薪酬激励。表面上看起来对销售岗位要求高是没有错的，但是这却是一个死结，找到优秀的销售人员是每个企业管理者的诉求和常年所面临的问题。销售团队结构设计和销售人员选用要结合事实情况，符合高要求的人才自然是好的，但是确实很难找到。招聘销售人员的成本并不在招聘费用本身，而是因为销售人员的缺失造成的业务损失。

我曾经通过猎头花费了 5 个月的时间寻找一位负责区域销售的销售人员，5 个月后找到一位符合基本要求的候选人，接下来是 3 个月的试用期。等到其能够产出销售业绩的时候已经 8 个月过去了，而当时我在这个区域设定的销售目标是 300 万元，意味着有 200 万元销售目标已经无法达成了（300 万元一年 12 个月，8 个月平均算下来就是 200 万元）。这 200 万元才是我真正的招聘成本。（300 万元的目标是预算外的目标，所以当时对于销售人员的要求会比较高，以避免素质不好的销售人员将地种烂了，如果这 300 万元是预算内的目标，那么就要降低对销售人员的要求。）

8.1 销售团队

华为铁三角模式的雏形，最早出现在华为公司北非地区的苏丹代表处。2006 年 8 月，业务快速增长的苏丹代表处在投标一个移动通信网络项目时没有中标。在分析会上，他们总结出导致失利的原因有如下几点。

- 部门各自为政，相互之间沟通不畅、信息不共享，各部门对客户的承诺不一致。客户接口涉及多个部门的人员，关系复杂。在与客户接触时，每个人只关心自己负责的领域，导致客户需求的遗漏、解决方案不能满足客户要求、交付能力也不能使人满意。
- 对于客户的需求，更多的是被动响应，难以主动把握客户深层次的需求。最典型的例子是在一次客户召集的网络分析会上，华为共派了七八个人，每个人都向客户解释各自领域的问题。客户的 CTO 当场抱怨："我们要的不是一张数通网，不是一张核心网，更不是一张交钥匙的工程网，我们要的是一张可运营的电信网！"

为此，苏丹代表处决定打破原有模式，以客户为中心，协同客户关系、产品与解决方案、交付与服务、甚至商务合同、融资回款等部门，组建针对特定客户（群）项目的核心管理团队，实现客户接口归一化，更好地帮助客户取得成功。具体来说，苏丹办事处以客户经理（AR）、解决方案专家/经理（SR/SSR）、交付专家/经理（FR）为核心组建项目管理团队，形成面向客户的以项目为中心的一线作战单元，从点对点被动响应客户需求到面对面主动对接客户，以便深入、准确、全面地理解客户需求。

"三人同心，其利断金"。苏丹办事处就把这种项目核心管理团队称为"铁三角"。

"铁三角模式"的效果立刻就显现出来了。2007 年苏丹办事处利用"铁三角模式"获得苏丹电信在塞内加尔的移动通信网络项目。其后，华为在全公司内部推广并完善"铁三角模式"。

为了配合企业战略目标的达成我们需要在销售团队结构和销售人员选用上做出与之匹配的改变，使我们的销售团队和销售人员能够更快、更好地适应新的销售形态的需要。

图 8.2 的“铁三角模式”是华为根据自己的业务开展过程中遇到的实际问题和企业“以客户为中心”的核心价值观构建的项目型销售模式，这是一个（岗位）角色配合的模式，是基于客户需求情况，面向客户组建的一个尖刀班，是一个涉及跨部门合作的、有机的、系统的、可快速延展的整体，这一模式从客户关系到解决方案，再到项目交付，覆盖了整个项目流程。

图 8.2

华为的“铁三角模式”和基于“铁三角模式”的项目管理团队构成体系是为了支撑华为庞大的项目需求、复杂的销售过程、繁多的内外部关系部门构成的。其实无论项目大还是小、销售复杂还是简单主要就涉及三个专业：销售专业、产品专业、客户行业专业。这三个专业的协调配合将使我们能够更好地面对我们的目标客户。这也是为什么我一直强调一位优秀的销售人员要具备三个专业的原因所在，但是的确对于很多销售人员和他们销售的产品和服务而言，同时具备这三个专业能力的可能性不大，这时就需要我们通过销售团队结构的搭建和调整来满足在销售过程中对这三个专业的需求，

从公司的角度看，无论是销售人员、技术支持人员还是行业经理，都应该将焦点放在客户的身上，从三个角度合力实现企业战略目标、为客户提供其认可的价值（见图 8.3）。

- 销售人员要为自己负责范围内的销售机会负责。
- 技术支持人员要清楚产品能够满足客户的哪些需求。
- 行业经理要清楚我们能够帮助客户解决什么问题，能够带来什么价值。

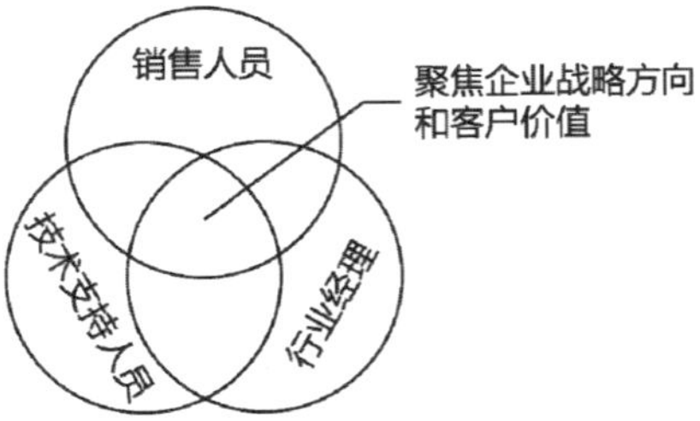

图 8.3

技术支持人员和行业经理应该如何配备，要根据公司的具体情况，业务规模的大小和重要性及业务模式和销售过程中对两个角色的需求来确定。总之一个指导原则是在保证两个岗位角色对销售过程支持的有效性和便捷性的情况下，尽可能地控制投入产出效能（投入成本和角色作用效率）。

8.1.1 常见的销售团队结构

我们以销售专业为核心，看看不同的销售团队结构的优势和劣势分别是什么及其适合什么样的销售业态。

（1）区域导向型销售团队结构

区域导向型销售团队结构如图 8.4.a 所示。

对销售人员负责的业务范围按照区域进行划分，这种划分方法对于销售人员的要求比较高，其要在一个区域内面对不同类型、不同行业的客户，销售多种品类的产品；所以，区域导向型销售团队结构适合客户行业差异影响不大，产品品类差异不大的销售业态。

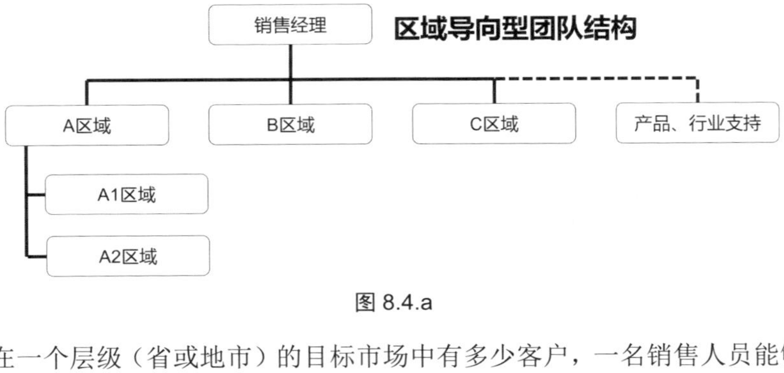

图 8.4.a

- 在一个层级（省或地市）的目标市场中有多少客户，一名销售人员能够覆盖多少客户？
- 如何在这个区域层级内进行划分？
- 我们的销售管理者能够（直线）管理多少人员？（建议不超过 7～10 人）。

适用于产品品类相对专一或者关联性比较强，客户行业比较广泛的企业，其利用区域型划分有助于相关人员梳理区域内的目标客户。

- 优点：销售费用相对低，适合区域内客户深入挖掘，利于交叉销售。
- 缺点：对产品了解不够深入，横向交流沟通不足，会出现产品/行业销售不平衡的现象。
- 强调：销售人员的通用性强，需要专门的产品和行业团队的支持。

（2）产品导向型销售团队结构

产品导向型销售团队结构如图 8.4.b 所示。

图 8.4.b

公司内部的产品品类之间关联性很弱，产品之间跨度比较大，产品的专业性比较强，需要比较了解产品的销售人员进行销售。

一般在这种情况下，公司内部会形成两个或多个不相干的销售团队同时开展销售工作，但是有可能他们会面临相同的客户群体，当公司拥有比较充分的客户资源的时候，管理者通常想充分发挥客户资源的最大效用，引入新的产品品类满足客户的需求。在产品引入的初期，专门的产品导向型销售团队能够尽快地带来销售收益。

- 优点：适合产品系列跨度较大的情况，能较充分地发挥产品的专业度。
- 缺点：可能出现针对一个客户多重销售的情况，客户资源共享性差。
- 强调：要求销售人员专业性较强（产品和客户行业），管理相对复杂。

（3）行业导向型销售团队结构

行业导向型销售团队结构如图 8.4.c 所示。

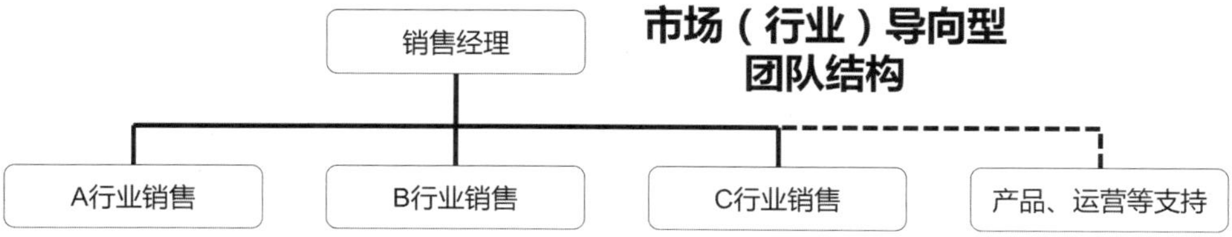

图 8.4.c

当产品具有比较强的客户行业性的时候会采用以行业导向型的销售团队结构，这种结构有助于团队成员对客户行业有充分、深入的了解和理解，大部分客户也对产品有充分、深入的了解，双方能够建立起比较专业的对话。好的产品甚至能够引领客户行业应用的走向。

某些产品在某个行业 具备比较突出的优势，也可以就这个行业单独组织销售人员进行行业性的销售工作，以客户行业为核心的销售工作能够更加凸显对客户行业的专业度，能够更好地做到以客户为中心。

- 优点：适合行业针对性强的产品，更贴合客户需求，适合针对优势行业进行精耕细作。
- 缺点：销售费用较高，全面覆盖客户能力较弱。
- 强调：要求销售人员行业知识丰富，管理相对复杂。

（4）销售职能导向型销售团队结构

销售职能导向型团队结构的目的在于充分发挥不同的销售人员在销售过程不同阶段的能力，如图 8.4.d 所示。

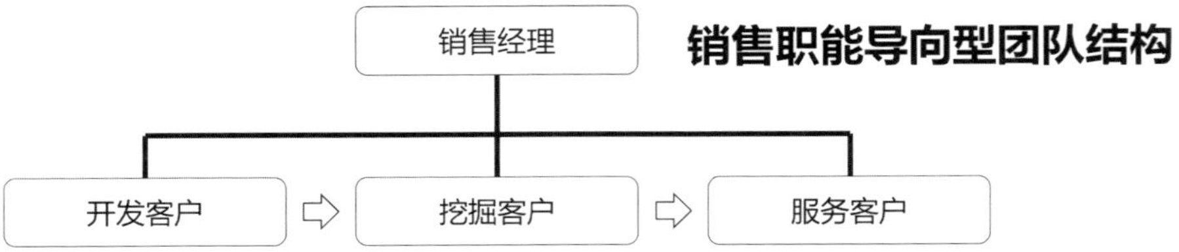

图 8.4.d

这种结构常见于销售线索挖掘、转化和销售过程深入推进的情况下。

- 为了减少高级销售人员寻找销售线索的时间，提升挖掘销售机会（需求）的效率，很多时候，由专门的销售人员负责寻找销售线索，并把有效的销售线索转给高级销售人员进行深入跟踪和挖掘。
- 在很多销售过程的中后期，需要做出更大的、更重要的判断、决策的时候，往往会有销售管理者介入销售过程，帮助销售人员一起推进销售进程。
- 优点：适合项目型等非经常性、重复性销售，能发挥不同角色的最大能力，销售费用较低。
- 缺点：各阶段之间的沟通协调至关重要，客户管理能力较弱。
- 强调：匹配合适人选，要求较高，内部协调占管理工作的比重较大。

（5）混合型销售团队结构

混合型销售团队结构如图 8.4.e 所示。

混合型销售团队结构的目的是在保证基础销售额达成的情况下，最大限度地发挥产品或者行业优势，做到全面覆盖、突出重点。

在这种结构下，企业要给予重点行业、重点产品更好的资源和支持，在考虑不同业务之间销售人员的绩效（目标）的时候就要予以具体的政策。不要将行业或产品的单独划分在多数人眼里形成一块肥肉的概念，这样容易对其他销售人员的积极性造成伤害。

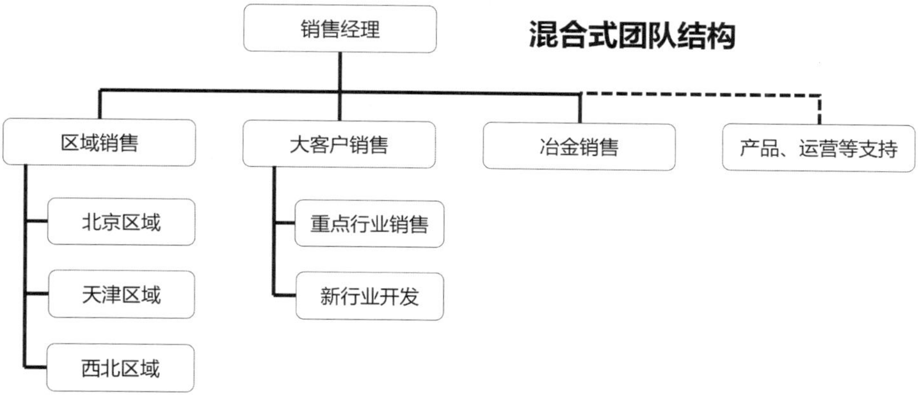

图 8.4.e

- 优点：充分发挥优势行业能力，对客户覆盖能力较强。
- 缺点：不同业务之间差距较大，不同业务的销售人员之间容易产生情绪。
- 强调：对销售人员能力要求较高，管理非常复杂。

8.1.2　销售团队构建原则

（1）以获得最大销售收益为目标

销售是组织开源的重要来源，如果因为销售团队的变革影响了销售收益是得不偿失的，所以要在保证销售收益不受损失或损失在可接受的范围内的前提下开展变革行动；也可以采用逐步转变的形式，小步骤、小范围地尝试转变。

（2）尽可能快地发挥效用

任何的销售绩效和团队结构变革都是为了发挥更大的作用，如果在 3～5 个典型销售周期内还不见起色（至少是在销售行为和过程性指标上看到了好的转变），那么销售管理者就要思考绩效政策的实施和变革实施过程中是否存在问题了，是执行的问题还是存在方向性的错误，千万不要一味地等到年底看结果。

（3）最好逐块结构转化，避免大手术、大地震

销售的核心是人，任何绩效政策的实施和变革影响最大的也是人，如果因为变革造成了人心惶惶、人员流失是得不偿失的，除非变革的目的之一就是让不合适的人离开，并且为新的变化准备好了新的人员，否则尽可能地通过政策的宣讲、讨论与销售人员达成共识。

（4）组织内部上下明确结构组建、改变的作用及意图

无论是绩效政策的实施还是团队变革都需要让与这次变化的利益相关者（甚至包括合作伙伴、渠道商等）明确组织的意图和想法，并且听取他们的想法和意见，同时也要看到因为变革给某些人带来的利益损失及他们为了维护的利益可能做出的防卫

性行为；只有把这些都考虑到了，并且通过事前的活动和行动处理了这些隐患和风险，才能使一个新的绩效政策和变革措施得到有效的执行和落地。

（5）注意个人利益的小算盘，以组织大局为重

没有一个绩效政策或者变革是完美的，或多或少都会伤及一些人的利益，当这些人看到变革可能带给他们的损失的时候，他们会采取保护性的行动，如转移客户、制造假象、讲条件等，这些行动是本能的、下意识的。作为绩效政策的实施者、团队变革的组织者，需要提前看到这种情况、进行引导和预防，强制性措施只是最后一步，尽管在个人与组织的对抗中，表面上看个人一定会失败，但是其给组织埋下的隐患、给其他人带来的影响、甚至给组织带来的损失可能是巨大的。

（6）以产品、市场（行业）优势为突破点，尽可能发挥最大优势

任何销售团队的结构都是为了尽快使组织利益最大化。对于很多新团队、新市场、新区域是无法做到迅速全面撒网、重点捕捞的。特别是在面对一个未知的情况的时候，很多时候组织是有尝试性的策略的。这时为了更快见效，就需要我们寻找那把能刺破麻袋的锥子，产品和行业是在 B2B 销售业态中最常见的突破点，利用某个具体的产品或者是具体的行业应用，先立足，再展开。

（7）人员能力与结构职位的匹配度，切忌有位置没人做（要求太高找不到人，职位难做没人做）

人员能力和职位匹配度的问题是近些年来出现的一个比较有意思的情况。

曾经有猎头找到我说：XX 公司准备找一位 YY 行业的行业经理，您有意向吗？我付之一笑，告诉他：你找不到合适的人的，对 XX 公司产品和 YY 行业了解的人是不会做这个职位的，因为他知道 XX 公司的产品并不是 YY 行业客户的菜，除非其在产品结构上做出适应性的变革，否则这类产品无法在 YY 行业中立足。同时，敢于接这种职位的人说明他对产品和行业客户都并不了解，一方面不是 XX 公司想要的人，另一方面也不太可能做好 YY 行业突破的事情。当然 XX 公司职位的需求是他们在销售策略层面的事情，至于是否是合理需要另当别论。

8.2 销售绩效管理

任何一个组织都要求其销售人员有好的绩效结果，然而绩效制度的设立不仅仅是为了考核，绩效制度是为了更好地管理团队，达成好的绩效结果，在这个管理过程中包括绩效盘点（对话）、绩效培养、绩效激励等内容。

我们利用下面的公式直观地来看看绩效结果是如何产生的。

绩效结果 = 工作行为 × 工作态度（情绪）

工作行为 = 行为方向(+/-) × 行为效率(%)

工作态度 ＝ 主动态度(+/-) + 被动态度(+/-)

绩效结果 ＝ 行为方向(+/-) × 行为效率(%) × ［主动态度(+/-) + 被动态度(+/-)］

从上面的公式我们不难看出，想让绩效结果有效，要从行为方向、行为效率、主动态度、被动态度四个维度进行调整。我们在前面提到的销售目标和销售策略就是帮助大家明确行为方向的，作为组织中的一员首先要保证个人行为方向与组织的行为（战略）方向一致，其取得的绩效结果才能够得到组织的认可。

（1）行为方向，做什么，做对的事情

行为方向将决定绩效结果，方向错了，有苦劳，没功劳，干得再多也没用。这也是为什么我们在销售体系中是从战略解读销售策略及营销策略开始的原因。

（2）行为效率，怎么做，把事情做好

销售人员和销售管理人员大部分的时间都是在处理行为效率方面的事情。销售过程管理、销售支持、销售辅导等都是为了提升销售行为效率，这也是为什么很多企业都觉得有必要组织培训活动的原因；在解决行为效率问题方面往往会存在以下几种错误的情况。

- 没有搞清楚行为方向，这种情况在很多公司内都是存在的，当管理者制定了一项政策、措施、策略、战略的时候，会想当然地认为下面的人应该懂，其实不然，这里面缺少一个解读、落地的过程，缺少了一个让大家达成共识的过程，然后下面的人就按照自己的理解去行事了。
- 行为缺少合适的指导，这个指导包括两方面，一个是指导的内容，一个是指导的方法。每家公司都需要有适合自己公司业务和销售业态的销售知识体系的支持，尽管不需要像施乐、IBM 那样构建一套自己的销售方法，也需要根据市面上的销售方法进行本土（司）化转化和定制，这个转化和定制主要是指具体的工具和方法要贴合企业的实际情况，这样销售工具和方法才能被销售人员更直接地理解和利用。

有很多公司觉得自己公司内部存在很好的经验，于是就用很多萃取的方法来萃取所谓的经验然后在组织内部进行推广，这个方法表面上看起来是不错的，可是这个过程其实跟病人自己给自己开药没有什么本质上的区别，如果病人能给自己开药，治好自己的病，还要医生做什么呢？

对于销售管理者而言，其日常主要工作的一部分就是指导销售人员的日常销售行为，指导的方法对于销售人员的行为效率有着很大的影响，甚至错误的指导方法会养成销售人员懒惰的习惯，降低销售人员的主动性，使销售人员的行为效率下降。

从图 8.5 中我们不难看出工作行为的效率对于目标的达成起着非常关键的作用。在厘清一项工作所需要的关键工作行为（清单）之后就要对关键工作行为进行指导（优化）和激励了，其目的就是通过提高行为效率更好地实现目标。

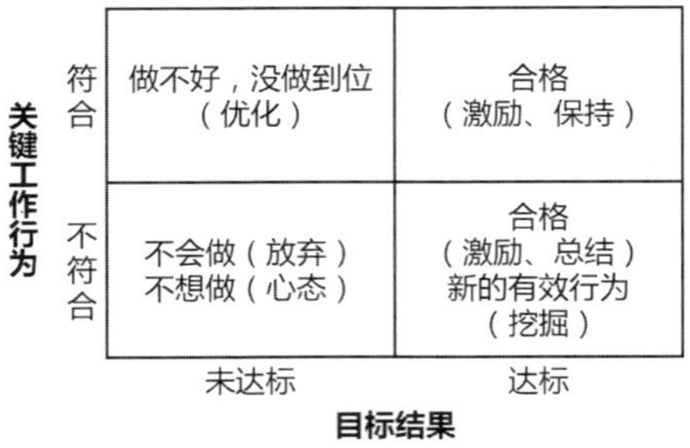

图 8.5

缺少对行为效率的管控会对销售目标的实现有着不良影响。一方面缺少对关键工作行为的梳理（先不讨论其正确与否就像练武不练基本功，即便武功再厉害，遇到了正规的练家子也支撑不了几招，而目前国内的销售人员恰恰是这种情况。缺少了基本功和套路，即便对行为进行指导也缺少参照系）；另一方面缺少对关键行为的记录，缺少了行为记录就不能使行为效果与行为之间的关系建立联系，也就不容易发现问题所在。

（3）主动态度，为什么做，我要做

如果一个人想清楚为什么做一件事情的时候，他将会充分发挥其主观能动性，努力地完成任务；这种状态也是很多企业管理者期望员工能够达到的，但是很多时候员工的行为却不是这样。这个问题并不仅仅是销售方面的问题，要调动员工在组织内的主动性就要通过企业文化影响员工，使其具有主人翁意识。

调动员工的主动性首先要增强员工的参与度，并且在让员工理解公司意图的同时了解员工的想法和看法，进而形成共识。（让利益相关者参与到这个过程中并达成共识是非常关键的。）增强员工的参与度本身就是组织文化和价值观特征之一。组织文化和价值观并不是墙上的口号和标语，而是时刻体现在组织内员工的行为中，特别是管理者的行为表现更是其下属的榜样。

2014 年我们为一家世界级的办公用品公司做咨询，在咨询过程中我们发现这家企业的销售额增长速度非常快（由 2014 年的 50 亿元到 2018 年的 100 亿元），其中一个重要的原因就是他们的中高层销售管理者都是“子弟兵”，也就是大学一毕业就加入公司，从基层一步步晋升到管理层的；而且他们由销售人员晋升成为销售管理者时要回到总部与大老板吃一顿饭，大老板点头了才可以升职。这些都是组织文化和价值观发挥了极大的作用，对组织文化和价值观的认同和一致性使管理者的行为效率非常高，自然就能够达到好的效果；同时公司也不断引入外部的知识和理念，不断丰富销售知识体系。

从“销售体系结构图”中我们也不难看出战略解读单元是整个销售体系的咽喉，而战略解读恰恰就是联系公司和中层管理者层面的关键，战略解读使中层管理者在制定营销策略和销售策略时与公司战略保持一致。如果在这一环节中，中层管理者的想法和观点不能够被听到、看到，自然就不会很好地执行和贯彻制定好的策略，那么也就很难将制定好的策略落实到基层销售人员的行动任务和计划层面，从而为销售目标的达成埋下了隐患。

（4）被动态度，凭什么做，要我做

为什么我要做这个事情，值得我去做吗？

这也是很多老板觉得“重赏之下必有勇夫”的原因所在。

这时事情本身是不能够调动员工的主动性的，还需要寻找能够调动员工主动性的绩效激励方法和制度使员工更好地投入到工作中。当员工被动地投入到工作中的时候，这并不是一个好的情况，这时员工会按照他自己的理解去做事情，可能不是他不会做事情，而是他认为自己这么做就足够了（可能只做到了我们要求的 60%），再多了，他会觉得不公平、不开心、不满意等。

比员工不会做事情更可怕的是员工不愿意做事情，因为只要员工有意愿，即便他不会做，我们能找到各种办法教会他，无非就是效率和效果的区别而已；而面对员工不愿意做的情况，就需要管理者进行仔细地分析，到底是员工有不满情绪、不愿意做，还是自我感觉良好、自我满足了。管理者要及时发现情况，缓解、疏导员工情绪的障碍点。这些障碍点可能与员工个人的认识、情绪等有关，也有可能跟组织内的情况有关，一般影响绩效的关键因素有以下几个。

- 工作者本身的态度、工作技能、掌握的知识等。
- 工作本身的目标、计划、资源需求、过程控制等。
- 流程、协调、组织内部的工作方法。
- 工作环境，包括文化氛围、自然环境等。
- 管理机制，包括计划、组织、指挥、监督、控制、激励、反馈等。

在员工绩效管理过程中，我们需要明确一点：绩效虽然是为了解决、促进、优化组织的事情，但是绩效不是绞杀机器，也不是矫正器，我们要看到绩效管理过程中人的因素的存在，没有一项绩效政策是能够让所有人都满意的，在保证绩效政策能够支持组织目标实现的前提下，争取更多人的共识。

8.3　销售人员的收入

这是一个大家很感兴趣的话题，很多人都说：销售人员不靠挣底薪，要靠奖金和提成等。那么销售人员的收入到底怎样呢？我们在销售管理咨询的过程中发现一些公司在销售收入结构构成、各个收入部分的设计目的上是糊涂的，甚至出现了到年底一算账，成了老板给销售人员打工了。

（1）销售岗位要有基本工资，且基本工资也是调节绩效的手段之一

无论给销售人员发放的基本工资是多少，都要发放，最低金额要符合劳动法和各

地的相关规定。销售人员的基本工资要在完成一定的销售任务后足额发放，除非公司规定这个岗位是无责任底薪制。销售人员的基本工资可以根据其职级确定，当然这和他们承担的销售任务量一定是相关的；销售人员的基本工资可以与提成一起构成销售人员的收入调节器，如高底薪低提成，低底薪高提成等。

在很多公司里销售人员的基本工资可以被分为两部分：底薪和绩效工资。每个月的底薪是无条件发放的，绩效工资要根据销售人员的工作行为表现进行发放。两者的比例要根据公司想要达到的销售目标和销售策略来确定，目的在于促使销售人员完成销售任务。

工资与销售业态、销售周期也有关系，如果销售周期长（一年以上）、项目大，就可以采取高底薪、低提成的方式；如果销售人员负责维护客户，可以使底薪高一些、提成低一些，对于老客户新开发出来的业务可以给予高额奖励等。

（2）销售岗位的收入要依据每个人的销售目标进行设定

当达成目标的时候，任何一个人都能知道自己应该拿多少钱。这笔收入的数字应该是经过事先计算的，是公司所能够承担的，并且在正常情况下对于销售人员超额完成的部分，有更多的销售激励。

没有依据销售目标设定销售收入的绩效政策，对公司而言是存在隐患的，特别是在业绩不好的时候隐患就会凸显，且难以挽救。没有依据销售目标设定的销售收入的绩效政策就像没有缰绳的马儿，当道路平坦、方向正确的时候没有问题，一旦前路受阻再想给马儿套上销售目标的缰绳会受到来自销售人员的极力抵制，甚至有人宁可跳槽到另外一家有销售目标依据的公司，也不愿意在原来的公司接受销售目标的约束。没有销售目标依据，有时候看起来销售业绩是在增长的，相对于公司前期的情况是增长的，但是放眼同行业的公司我们就会发现，自己可能已经落后于同行业的业绩增长水平，关起门来自嗨，只能自娱自乐、自欺欺人。

如果销售人员不能够清楚地计算自己的销售收入，或者销售目标很难达成的时候，这个绩效政策是无效的。没有人会为一个模糊不清、没有保障的制度和政策去努力。这时他们更多的是选择观望、等待，而不是先干起来，特别是对于职场经验丰富的销售人员来说，他们非常害怕面对年末算账时的心寒。

如果销售人员超额完成的部分没有额外的激励政策，没有人愿意去做更多。因为做得多就意味着明年的任务会更多、更重，为什么不把更多的机会留到下一个任务目标周期（明年）呢？除非当下销售人员迫切需要更多的钱。这时其带给公司的市场反馈就会出现偏差，销售人员的人力资本（成本）不能发挥最大效用。

8.3.1 销售收入结构设计原则

销售人员的变动收入是为了达成公司销售目标服务的，任何不能够促进销售目标实现的绩效政策都是无效的。销售人员的收入基本上由“基本工资、奖金、提成、特殊奖励”等部分构成，公司的销售绩效政策也会针对这几个部分进行设计，在设计绩效政策的时候我们要遵循以下几个原则。

（1）销售目标设定要合理

销售目标（任务）的设定是合理的，通过销售人员的努力是可以达到的，并且销售人员清楚销售目标是可以达到的。太高的销售目标会使销售人员失去达成目标的信心，太低的销售目标会滋长销售人员的惰性。这里需要注意的是这个销售目标的高度不是销售人员认为的高度，而是公司经过计算的，并且在完成目标的过程中，公司向销售人员提供帮助、支持。有的时候这两个高度可能会出现很大差距。从公司和销售管理者的角度来看，不是过去我们做了多少，而是还有多少没有做到，只有这样才能够实现销售额的快速增长，使企业在市场中占据合理的份额。

（2）绩效政策的两面性

制定绩效政策的时候，不仅要看到其积极的一面，还要看到其消极的一面，也就是这个政策可能存在的漏洞。好的绩效政策能够促使销售人员超额完成销售任务，而不是销售人员利用政策寻找那个让自己舒服的平衡点。

一家公司的销售额完成情况不乐观，在 4 月份的时候，销售总监推出一个政策，只要回款，销售人员就又 1%的提成，意图激励大家完成销售任务。这 1%的提成已经脱离了销售人员销售目标的依据，势必会造成销售人员只愿意去拿那些容易获得的销售额，因为更多的销售额意味着他们要付出更多的努力。所以，从公司角度来看，这个政策是无法保证、促进公司的销售目标的达成的，销售人员只会把容易摘的桃子摘下来了，而桃子的数量（公司的销售目标）是无法控制的。

一家公司为了收回超期账款，专门为超期账款回收制定了激励政策，希望大家能够把长期账款收回来。这项激励政策从表面看起来是好的，但是却是不对的。一方面，本身超期账款收回就是销售人员的责任，我们已经给他们发工资了，超期账款没有收回，不罚反奖，这不是成了笑话，也会让那些账款正常的销售人员寒心；另一方面，这个政策会造成销售人员故意使账款超期，因为收回超期账款还可以多拿一份钱，何乐不为？公司收回超期账款的想法是对的，如我们可以制定一个特赦（一次性有效的）激励，通过 3 个月的超期账款催收活动激励大家把应收账款收回来，当然前提是这部分账款的前期激励奖金没有发放给销售人员。

（3）销售收入构成部分的作用

提成和奖金的作用是不同的。根据字面的意思，提成是指当销售人员完成一定量的销售任务的时候，根据销售额提取一定比例的收入。如果在一家公司中，提成和奖金同时存在，那么这时奖金的激励一定要在提成层次之上。例如，为了鼓励销售人员更多地销售某一款产品，在其销售额达到一定程度，且这款产品的销售额达到一定比例之后，给予其提成以外的奖金；也可以为了鼓励销售人员在完成销售任务的基础上创造更多的利润，可以根据不同的利润率（公司公开给销售人员的利润率或者是价格折扣），在完成一定的销售任务后给予销售人员相应比例的奖金。

我们不鼓励零基础提成，也就是销售人员只要有销售回款就给予相应比例的提成，哪怕是完成程度不同、提成比例不同，也不鼓励这么做。因为这么做看起来更像是一群个体户在围绕着公司做生意，这时候我们面对的不是销售团队，仅仅是一个销售群体而已。为了扭转这种情况，我们可以将原来的提成分为提成和奖金两部分，降低新的提成比例，提高奖金比例为了更好地达成销售目标。

（3）销售收入考核点

销售绩效政策的考核点不宜过多，且要对销售额的产出起到直接作用。销售绩效考核指标还是要以财务性结果指标为主（建议财务性结果指标至少不低于总指标的60%）如销售额、利润率、产品销售占比等；为了促进公司销售团队的良性发展，可以以一些非财务性结果指标和过程性指标为辅，如新客户开发率、拜访效率等。

设定销售绩效政策考核点的根本目的是达成公司战略目标和销售策略，通过考核点的设定指引销售人员向我们想要的结果努力。销售绩效政策考核点就是为了调整销售人员的销售行为，过多的考核点会使销售人员失去调整的主要方向，所以主要考核指标和辅助考核指标每类不超过 2～3 个。为了增加考核的灵活性（以面对复杂的实际情况），我们可以设定考核指标的组合，特别是对于辅助考核指标。例如，月度销售辅助性考核指标要求销售人员挖掘销售机会总额不低于 150 万元，或开发新客户不低于 10 家。

在销售绩效政策制定之前一定要进行财务计算，这个计算的前提是：在完成公司销售目标的前提下，公司要获取的利润是多少。当成本、利润、费用（比例）等确定之后，剩余的部分可以作为销售绩效政策中的额度，再根据销售目标设计销售绩效政策。在这里我们需要注意以下几点。

- 在某些情况或某一时期中，利润可能是负的（一定范围之内）。
- 销售绩效政策应该与行业水平相差不大，并且在这个绩效政策之下能够找到基本适用的销售人员。
- 除了销售人员 100%完成销售目标，我们还需要计算公司能够承担的变动收入的起点是多少，也就是当销售目标完成多少的情况下可以发放部分变动收入；任何一家公司都有其运营费用和成本，如在完成 40%销售目标的情况下公司的收入和成本才能够持平，这就意味着销售人员的提成和奖金开始计算的起点就是完成 40%的销售目标（任务），或者更高一些（考虑到销售人员完成任务比例的不均衡性）。

8.3.2 销售绩效政策示例

接下来我们通过一个案例来看看一家公司销售绩效政策的制定过程是怎样的。

这是一家设备制造公司，一季度刚过，公司就面临着无法实现全年销售目标（任务）的局面，公司的老总和销售副总都束手无策，不知道如何是好，可见他们当时面临什么样的窘境。我在那年春节之后就入驻这家公司做销售咨询服务，通过前期调研已经看到了这家公司的主要问题。

- 公司处于一个专业性较强的行业，行业竞争并不激烈，行业利润还不错。
- 目标客户市场的潜力和规模足以支撑公司销售目标的达成。
- 销售团队的成员销售效率不高，没有销售预测，销售管理更是无从谈起，甚至在销售绩效方面还存在着吃小锅饭的情况。
- 销售人员的基础素质不错，但是销售管理者的管理能力不足，甚至个别销售管理者存在拉山头的情况。

对销售人员专业行为能力的培养和通过绩效政策的激励激发销售人员的行动积极性是当下要采取的必要行动。在进行销售行为能力培养的过程中，我们与公司的老总和财务负责人一起商讨了绩效激励政策，我们的咨询顾问提供绩效政策的框架逻辑，老总和财务负责人计算具体的额度、比例。

1. 将销售目标（任务）落实到销售人员个人层面

因为缺少销售方面的历史数据，无法根据具体销售人员负责的业务范围测算销售目标额，所以在其潜在目标客户市场足够大的情况下，采用单向反算的方法，先将目标额落实到各个区域的销售团队，各个区域的销售团队再根据自己团队人员的情况调整销售人员的业务范围和目标任务。

这种单向反算、由上向下压销售目标的方法是目前很多公司制定销售目标的方法。这种方法的好处是看起来能够将公司的销售目标落实到各个销售团队和个人，但是必须有一个前提，那就是潜在目标客户市场要足够大。

销售目标不能够被完成，甚至实际完成情况与销售目标存在很大差距，这对公司和个人来讲都不是好事。为了更好地保证销售目标制定的客观性，我们需要进行双向测算，一方面公司根据市场情况制定期望的销售目标，一方面销售团队和销售人员根据其实际负责业务范围内的情况制定销售目标，两个目标出来之后，在两个目标之间寻找差距和问题，并寻求解决问题的办法，最终对销售目标达成共识。这样销售目标的达成率会更加有保障。

2. 根据销售人员进入公司工作的年限和既往销售业绩，划定销售人员职级，并根据职级落实具体的销售目标。

销售人员的不同职级决定了销售人员的基本工资和销售目标（任务）的不同。所有销售人员的销售目标总额构成了公司的销售目标额，或略超出公司的销售目标额。

鼓励低职级的销售人员挑战高职级的销售目标。由于当时该公司的销售团队中只有 40 多人，所以只设定了 3 个职级。根据职级高低被别给予了 800 万元、600 万元、400 万元的销售目标额。同时为了保证各职级的销售目标被完成，在实施销售行动过程中要求各个区域团队负责人调整销售人员的业务负责范围，以保证潜在目标客户市场的挖掘深度。

3. 根据销售目标制定销售提成比例

在给不同职级的销售人员设定销售目标的基础上，采用了一套绩效提成制度（见表 8.1）。

表 8.1

销售目标达成比例	60%～70%	70%～90%	90%～100%	100%以上部分
销售提成比例	1%	3%	5%	5%+2%

- 只有完成 60%以上的目标销售额才可以拿到销售提成。
- 全年完成 60%～70%目标销售额，提取销售额 1%的提成；完成目标销售额 70～90%目标额，能拿到销售额 3%的提成；以此类推，超额完成的部分，在 5%提成的基础上，再增加 2%的提成。
- 我们前面讲过销售提成计算起点不能低于公司收入–成本平衡的销售目标比例，并且设定的建议销售提成计算起点比例不要过低，起点过低会降低销售提成的激励效果；起点太高销售人员会感觉拿到提成很难，这样也会降低激励效果。
- 通过调节销售比例梯度和销售提成比例来提升销售提成的激励效果，在本案例中，我们将销售提成比例的重点放在了“销售目标达成比例 70%～90%”，这 20%的空间给予 3%的提成，这是我们期望更多的销售人员能够完成的销售额。“销售目标达成比例 60%～70%”这一阶段，给予 1%的提成是对销售人员的激励。在“销售目标达成比例 70%～90%”这一阶段，3%的提成是对销售人员很有吸引力的。不算不知道，这种级差增长收入放大的绩效激励可以极大地刺激销售人员的积极性。当年公司完成了销售目标，那些积极付出的销售人员也获得了不错的销售收入。

4. 落实绩效政策，宣讲推行新绩效政策的目的

再好的销售绩效政策如果不能够被销售人员接受和理解是达不到其目的和效果的。任何一个销售绩效政策的推行都会面临来自销售人员的抵制，因为具体到每个销售人员新的绩效政策可能会影响他们的既得利益。

在这个绩效政策推行的过程中也受到了来自销售人员的抵制，原有的绩效政策对于销售人员来说还是有一些好处的，如拜访一天客户就给 100 元的补助，有销售回款就有 1%的提成等。这些是销售人员唾手可得的收入，他们自然不愿意放弃。甚至有销售人员给我打电话询问为什么要取消原来的绩效政策。经过宣讲推行新绩效政策的目的，销售人员还是接受了新的绩效政策，毕竟有能力的销售人员能够清楚地看到完成任务后能够得到的收入是远超原来的收入的。

8.4　销售指标结构

绩效管理要基于指标来展开，企业要尽可能地通过更客观的指标来反映绩效实现过程中行为和结果的情况，所以我们不仅要关注结果指标，更要关注过程性指标。对于销售人员而言，每个销售机会都是唯一的，不可能重来，过程性指标能够帮助我们更好地进行事前和事中的管理，而不是仅面对事后结果进行反思。在《99%的销售指标都用错了》一书中，作者将销售指标分为结果指标、管控指标、活动指标，并将其与销售体系相结合，分别对应战略层面、策略层面、行为层面（见表 8.2）。

表 8.2

<table>
<tr><th>脉　　络</th><th>指　　标</th><th>指 标 主 体</th><th>细 分 指 标</th><th>示　　例</th></tr>
<tr><td>战略</td><td rowspan="3">业　务（财务）结果指标</td><td rowspan="3">公司</td><td>财务指标</td><td>营业收入、营收增长率、销售生产率（收入/销售成本）、利润（率）……</td></tr>
<tr><td rowspan="2">目标市场</td><td>满意度指标</td><td>客户满意度、业务便捷指数、客户转介绍率、员工满意度、合作伙伴满意度……</td></tr>
<tr><td>市场份额指标</td><td>市场份额、市场渗透……</td></tr>
<tr><td rowspan="3">策略</td><td rowspan="4">销　售（过程）管控指标</td><td rowspan="5">团队、部门</td><td>市场覆盖指标</td><td>客户覆盖比例、销售时间占比、拜访成本……</td></tr>
<tr><td>客户组合指标</td><td>新客户数量、客户留存（活跃）率、客户重复购买率、客户盈亏（利润率）占比、客户组成占比……</td></tr>
<tr><td>产品组合指标</td><td>（各）产品营收、各产品占比、跨产品线收入、产品客户渗透率……</td></tr>
<tr><td rowspan="2">团队</td><td>销售团队能力指标</td><td>能力评估指数、平均结单率、各阶段推进比、销售机会转化率、平均销售周期……</td></tr>
<tr><td rowspan="5">销　售（行为）活动指标</td><td>销售支撑指标</td><td>销售辅导时间、频次、销售工具利用次数（率）、销售培训次数、培训转化销售评估指数……</td></tr>
<tr><td>区域</td><td>团队或个人</td><td>区域管理指标</td><td>（潜在）客户数量、客户平均拜访量、客户交互活动类别、（新）客户开发数量……</td></tr>
<tr><td>客户</td><td rowspan="3">个人</td><td>客户管理指标</td><td>客户计划完成数量（率）、客户跨部门活动、客户活动数量……</td></tr>
<tr><td>商机</td><td>机会管理指标</td><td>（新）销售机会开发数量、销售机会转化率、销售机会覆盖率、销售机会质量评估……</td></tr>
<tr><td>行动</td><td>客户拜访指标</td><td>拜访计划达成率、客户承诺获取率、平均拜访时间、拜访质量评估指标……</td></tr>
</table>

销售绩效指标一定要为达成战略目标而服务，结果、过程、行为三个层面的指标要有联系（见图 8.6）、互相促进、上下贯通，公司层面的结果性指标的要求要能够落实到部门、团队层面的过程性指标上，部门过程性指标要能够落实到一线员工行为性指标上。按理说，这种指标结构（内容）在每家公司年初制定销售目标时应该确定下来，最直观的形式就是将销售目标分解，再落实到每位员工的年度工作计划中。但是，

我们在与企业实际接触过程中发现，很少有人能够对新的一年做出具体的规划，往往更多的是空话、套话，缺少方法、方向和具体的细节；而且在公司层面也不能将这种工作计划细化、落实下去，工作计划做完了就放在那里束之高阁了，缺少对工作计划的讨论、落实等环节。所以，建议在工作计划制订之后部门领导带领各位销售人员展开讨论，明确、明晰每个人的具体销售策略和行动计划，这样才能使三个层面的指标联系起来，而不是将冷冰冰的数字摆在那里。

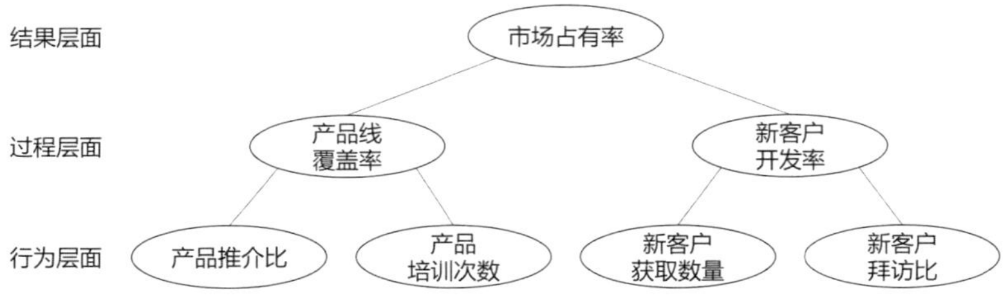

图 8.6

- 指标要根据战略目标方向和策略中的要素进行设定；指标是为了更好地判断和促进战略和策略目标的实现；设置、选取的指标要能够体现战略和策略中相关要素的情况，如我们要重点开发潜在客户，就需要关注新客户开发数量（率）；我们想提升成交率，就需要关注销售机会转化率等指标。
- 指标不仅用于绩效考核，更应该用于目标过程管理；指标不仅仅是用来考核、奖惩的，更重要的是用来反映一项工作实施过程中的具体情况，就像人的各种生理指标，大多数生理指标是用来反映人的健康状况的。在销售团队中，我们更需要利用相关销售指标，来反映团队及成员在当前过程中的情况，并根据情况及时做出调整。
- 任何一个目标承载体（团队、个人）都需要将结果、过程和行为指标相结合；越向上，越偏重结果性指标；越向下，越要提升行为性指标的比重。但是由于销售工作是以结果为导向的工作，所以结果性指标还是占据重要比例，一般至少不要低于 40%～50%。
- 无论是结果性指标、过程性指标还是行为性指标，都是某一个时点阶段性的结果指标，这个指标最好是定量的，如果无法定量也要通过清楚的定性描述将其转化为定量分析；含糊的、主观感受式的指标判断只会起到负面作用。

战略（落地）和策略与指标体系相辅相成，没有指标就无法客观地衡量战略、策略的执行、落地情况；没有战略和策略，指标只会被员工们理解为克扣其收入的工具，不能优化员工的行为，甚至会引起员工的反感和抗拒。

【重点回顾】

- 销售绩效的设计要配合销售策略的达成。
- 绩效结果只是一个结果性指标，我们更希望每位销售人员都有好的绩效结果，那样企业的销售目标一定能够达成。
- 绩效考核不仅要对结果性指标进行考核，还需要对过程性指标和行为性指标进行考核，三类指标的结合需要根据销售组织当前的情况、所要达到的目标和需要解决的问题进行调配；绩效考核制度的设计要能够换回所期望得到的回报，这是一个交换的过程，而不是一味付出的过程。
- 绩效管理中不仅有绩效结果的考核，还有绩效实施过程中干预、绩效面谈、绩效反馈和调整等。
- 很多时候，特别是绩效不起作用的时候，不见得是绩效制度出现了问题，有可能是其他方面出现了问题。

第 9 章　销售体系梳理流程及方法

本章提要

纸上得来终觉浅，绝知此事要躬行。销售体系的建设绝不是一蹴而就、全面开花的，销售体系的建设首先要解决销售组织当前比较重要的问题，通过问题的表象看到问题的本质，这需要相关人员对销售策略和销售行为进行梳理。

9.1　策略层面的梳理

策略层面的梳理以财政年度为阶段，结合公司当前或下一个财政年度的战略方向和目标制定相应的策略，并以半年或者一季度作为相关策略的反馈、复盘、调整的周期。

策略层面的梳理旨在帮助公司中层管理者正理解公司战略意图，结合自己负责的业务单元与公司高层管理者和其他业务单元的负责人达成对战略理解的共识，并制定相应的策略和行动计划。

（1）达成战略共识

在公司战略目标方向和内容明确的前提下，相关人员根据自己负责的业务单元职能要求对战略意图做出理解性的阐述，在阐述过程中可以通过主要业务案例来表达对战略目标的理解，在理解战略意图的同时也要考虑相关业务单元的联系。最终，各业务单元的负责人要就战略意图的理解达成共识。

在这个过程中，需要将各业务部门从部门职能角度对战略目标的理解放到桌面上，这个过程力求相关人员把自己想到的、看到的、听到的、思考的都呈现出来，让大家都能看到，这样才能更好地展开深入的讨论，只有经过充分的讨论，最终相关人员才有可能达成战略共识。

- 组织形式：战略解读工作坊
- 参与者：公司高层管理者、各业务单元负责人及其他相关人员

（2）目标市场 / 目标客户

任何一个战略方向都会有其指向的目标市场和客户，这个目标市场可能是能够被清晰地识别出来的，也可能是一个模糊的客户群体。相关人员需要对目标市场有一个

清晰的认识，明确目标市场的细化特征，并划分细分市场及重点细分市场。即便无法迅速明确具体的目标市场，也要建立识别、辨析目标市场的标准。

- 组织形式：客户画像、目标客户盘点工作坊
- 参与者：销售 VP、销售团队负责人、销售骨干等

（3）梳理内外环境现状及可能的障碍

前两步是为了制定出切实可行的、支持战略目标实现的营销策略和销售策略。为了使制定出来的策略更加符合实际情况，避免空中楼阁、闭门造车，我们需要对当前内外部的情况和可能存在的障碍有一个清楚的认识，为制定策略打下基础。

- 政策、法规等宏观层面的情况。
- 行业、客户行业等微观层面的情况。
- 公司在客户行业中的行业位置。
- 公司的优势、劣势、所面对的机会和威胁。
- 当前公司内部人员情况、资源情况、渠道情况等。
- 目前销售团队的行为能力对战略实现的支持情况。

……

- 组织形式：战略落地工作坊、策略制定工作坊。
- 参与者：销售高层管理者、销售团队负责人、销售骨干、相关人员。

（4）列举可行的策略并进行优选

根据前三步梳理出来的情况，发动参与者集思广益，列举能够想到的策略及其策略因素，不急于判断它们的优劣、可行性。通过看到可能的策略（策略因素）的集合，讨论它们之间的优劣，明确必要性和重要性，进而初步筛选可行的策略（方向）和可供选择的其他策略方案，最终，优中选优。

- 组织形式：战略落地工作坊、策略制定工作坊
- 参与者：销售高层管理者、销售团队负责人、销售骨干、相关人员。

（5）制定销售策略及执行计划

根据优选的策略方向，从销售方向考虑，填充详细的销售策略内容，并明确策略的主要构成因素，明确需要重点发力的构成因素，进而形成业务单元的销售策略。同时，要根据策略内容，为营销策略的制定提供参考意见。根据销售策略的内容，落实业务单元层级的销售策略执行计划（包括执行过程中 PDCA 的具体内容）。

- 组织形式：战略落地工作坊、策略制定工作坊
- 参与者：销售 VP、销售团队负责人、销售骨干、相关人员（例如：关联业务部门、渠道商）等

（6）执行营销策略及计划

通过营销策略与销售策略相结合，挖掘销售线索，扩大品牌影响力。营销策略与销售策略需要相互呼应、相互协同。

- 组织形式：战略落地工作坊、策略制定工作坊
- 参与者：销售高层管理者、销售团队负责人、销售骨干、相关人员。

（7）明确绩效支持方案

在明确营销策略和销售策略之后，我们还需要能够调动相关人员按照策略方向所要求的任务展开工作行动。为了能够更好地把控相关人员的行为，我们需要一套相应的考核、激励、绩效管理制度。

- 组织形式：绩效支持工作坊
- 参与者：销售高层管理者、销售团队负责人、人力资源部门的相关人员。

9.2 执行层面的梳理

（1）销售机会识别与界定

在明确了业务单元（销售团队）营销策略和销售策略的情况下，我们需要帮助每位销售人员明确其个人的销售策略。其中的第一步就是为其明确结合销售策略方向，如何识别销售线索，如何将有效的销售线索转化为销售机会，如何深入挖掘销售机会中的需求。

- 组织形式：销售策略单独辅导、销售策略落地工作坊。
- 参与者：销售团队管理者、销售团队成员及相关人员。

（2）销售任务/行为分解、明确与落实

帮助销售人员明确将销售机会转化为销售成果所需要完成的销售任务和主要的销售行为动作，这个步骤需要销售体系和销售教练的支持。在明确销售任务和行动的基础上，销售教练还需要不断地演练，帮助销售人员固化有效的销售行为。

- 组织形式：销售行为模拟演练、销售策略落地工作坊
- 参与者：销售团队管理者、销售团队成员及相关人员

（3）销售过程管理与销售指标明确

销售过程管理是将销售机会转化为销售成果的关键管理方式，在这个过程中对“行为指标、过程指标、结果指标”的管理、把控是销售管理的关键，通过销售指标（结构和比重）的调整推动销售人员的行为方向和重点的调整。

- 组织形式：销售绩效管理、销售例会等。
- 参与者：销售团队管理者、销售团队成员及相关人员。

（4）销售工具与方法

销售工具与方法是帮助销售人员更好地提升销售效率和效果的重要资源。所有销售工具和方法要结合相应的销售知识体系落实到销售实践中，并将销售实践中的经验融入销售知识体系，使销售工具和方法更加具体化、细致化、通用化。

- 组织形式：销售策略落地工作坊、销售工具开发（行动学习项目）
- 参与者：销售团队管理者、销售团队成员及相关人员

（5）复盘与调整

复盘和基于复盘对销售行为的调整是提升和优化销售人员行为能力的有效方式。根据销售团队的销售情况、销售进程情况，定期、适时地开展复盘活动能够不断地在提升销售人员行为能力的同时，丰富、完善销售体系。

- 组织形式：销售策略单独辅导、销售策略落地工作坊。
- 参与者：销售团队管理者、销售团队成员及相关人员。

一个企业的销售体系建设，初期可以找外部专家帮助企业构建起销售体系基本框架，建立、培养销售体系运转机制，引入外部销售知识、理论，通过外部专家和内部销售体系建设人员的共同努力，逐步使外部专家能力转化为企业内部能力，并利用销售体系架构促进企业销售团队自我造血能力的形成。

【重点回顾】

- 销售体系的梳理和建设需要以组织的战略目标为出发点。
- 战略解读落实到销售策略和市场营销策略层面，再将销售策略落实到销售行为执行层面，这样才能保证组织的战略意图在销售行为执行层面得到正确的理解、认识和执行，才能够真正保证执行的效率和效果是支持战略实现的。

写在后面

从开始提笔写下本书的第一个字，历经 16 个月完成了书稿。之所以选择以销售体系建设的角度出发撰写本书，出于以下三点考虑。

一、从企业角度来看，销售是一个系统的事情，管理者需要全面地考虑企业中与销售工作相关的事宜，寻找真正影响战略实现过程中销售工作的因素。

二、现在市场中关于销售方法、销售理论的书籍很多，有很多销售方法和销售理论也都是从实践中总结出来的，具有非常好的效果。但是有很多企业在吸纳了这些销售方法和理论之后并没有取得好的效果，其原因在于这些有效的方法和理论并没有根植于企业的实践工作中，有效的方法和理论必须经过大量实践，取得了好的效果之后才能够被员工们接受。关于如何提升销售人员的效能、加强销售管理等方面的书籍却比较少见，特别是有体系、有步骤、有规划地建设销售体系的书籍更是少见。管中窥豹、井底之蛙势必做不好销售及销售管理工作，只有看得见才有可能做得到。

三、在实际工作中很多销售人员的销售行为并不合格，这给企业取得好的销售业绩设置了隐形的障碍，很多销售人员无法依靠自身力量优化其销售行为，所以企业需要具备培养销售人员的能力，这样才能够提升销售人员行为的有效性，提高其销售业绩。

鉴于上述原因，我一直在坚持把本书完成，不求本书写得多么精彩，只求把我能够看到的、想到的、思考过的、实践过的内容呈现出来，力求能够为相关人员的销售工作提供一点帮助。

在撰写本书的过程中，我得到了家人和很多热衷于销售研究的朋友们的支持、鼓励和帮助，在此特别向他们表示深深的感谢！

为了更好地帮助企业构建销售体系，使其拥有更好的销售结果，我们可以与企业一起结合企业的实际情况，利用研讨工作坊的形式，帮助企业构建行之有效的、支持战略实现的销售体系，如有需要请联系作者。